HENRI FAYOL

"Administración industrial y general"

Nueva traducción, con especial atención al estudiante

Título original en el idioma francés:

Administration industrielle et générale

Publicación original: «Bulletin de la Société de l´Industrie minérale» 1916
Dunod, Paris, 1918
Bordas, Paris, 1979 pour la présentationde P. Morin

Formateo del manuscrito y publicación vía Kindle Direct Publishing realizados por el propio traductor: Pedro De Fridman Ferro.
Carátula de Pierre N. Fridman.

ISBN 9798375139074

PRESENTACIÓN.

Una traducción al español para estudiantes que han entendido la necesidad de tempranamente poseer un lúcido entendimiento del oficio cuya escolaridad están prontos a iniciar.

A ser estudiada cual quien activamente dialoga con Henri Fayol, autor de "Administration industrielle et générale", obra que marca los inicios de una muy sentida necesidad: la formación sólida de aquellos a quienes corresponda por sucesión o elección, vocación u obligación, el ejercicio de un oficio cuyos orígenes se pierden en el tiempo, pero cuyo desempeño en calidad y acierto ha estado azarosamente muy sujeto al talento natural por ellos poseído y auto-cultivado.

Como parte del dictado de una asignatura muy al inicio de los estudios, se trata de una obra clave y por lo tanto de estudio obligado como introducción al campo que nos concierne, llámese, según de cual escuela se trate: gerencia, administración, gestión, dirección de empresas, "management", "business", etc. En términos de Fayol, --reputado "padre" del campo-- de una introducción al oficio de gobernar.[1]

Vía comentarios y ejercicios –crecientes en profundidad y complejidad– apunta a que se trate de una lectura/estudio que profundiza en lo que auténticamente es capaz de transmitir la obra cardinal de Fayol.

Pero, tratándose de Fayol, ¿Por qué "oficio de gobernar" en lugar de "administración"? Porque bien leído es él quien nos lo indica. En efecto, así lo evidencian las dos primeras oraciones de su obra: "La *administración* cumple en el gobierno de las empresas, de todas las empresas, grandes o pequeñas, industriales, comerciales, políticas, religiosas u otras, un papel muy importante. En lo que sigue, me propongo exponer mis ideas acerca de la manera en que este papel debería ser cumplido."[2]

---

[1] Introducción considerada innecesaria por parte de la mayoría de las escuelas de postgrado, visto que de hecho usualmente el estudiante ya se encuentra suficientemente bien informado acerca del campo cuyos estudios está pronto a iniciar. Pero... "suficientemente bien informado" no equivale a "realmente bien introducido".

[2] Por no intencional, un error de interpretación muy generalizado: quien egresa de los estudios de administración creerse poseedor de un oficio. Quede claro que no es de Fayol este entendimiento de la administración: aunque muy importante, ella tan solo es parte de un oficio. ¿Cuál? El oficio de gobernar.

ÍNDICE GENERAL DE LA PRESENTE EDICIÓN

INTRODUCCIÓN GENERAL

Bien leído, vigencia de Fayol

Administración, Gerencia, Gestión, Dirección, Conducción, "Management", "Business", Liderazgo, palabras a las cuales a modo de precisión puede que esté adjuntado cierto calificativo, es la que —debería sorprendernos— diversidad de denominaciones y calificativos acuñados a cierta categoría de escuelas que enseñan un determinado **oficio**, las más de las veces vagamente sobrentendido, sin una debida y explicita, rigurosa, introducción acerca de cuál oficio se trata, su naturaleza y singularidades.

Creemos que no exageramos cuando a los fines de presentarla nos atrevemos a afirmar que la obra "Administration industrielle y générale" de Henri Fayol profundamente bien leída es aún la mejor introducción de carácter general al oficio medular y consecuente oficio de apoyo que estas escuelas suponen enseñar.[3] Dos oficios como se ve, aun cuando la obra de Fayol fundamentalmente se centra en el primero, quedando mayormente en manos del lector inferir las clases de apoyo apropiados que habrían de prestar los formados en el segundo oficio.[4]

---

[3] "Administración industrial y general". **AIG**, siglas, para referirnos a esta obra cuando así convenga a los efectos de facilitar la lectura.

[4] Dos oficios usualmente no claramente diferenciados en esas escuelas. En el lenguaje de Fayol, veremos, "gobernar" el oficio cardinal. El otro oficio de carácter subalterno al cual solo brevemente se refiere y trata, corresponde a quienes componen lo que, a falta de una mejor denominación, denomina "Estado Mayor" y cuya razón de ser es prestar todos los apoyos (asesorías, consultorías, estudios, etc.) que pudiera requerir quien está a cargo de ejercer el oficio de gobernar. Ignorado por subalterno el segundo, en las escuelas un único pensum de estudios para dos oficios cuya enseñanza debería atender a cuan diferentes son en cuanto a pericias necesarias y orientación profesional de vida; (e.g.: la elevada capacidad de interpretar la realidad económica que requiere tener quien está a cargo de gobernar, sin duda muy diferente a los conocimientos de teoría económica requeridos por parte de quien habrá de realizar estudios, o por ejemplo econométricamente modelar realidades económicas; teoría de la organización muy distinta para quien de hecho está a cargo de organizar, a la requerida por parte de quien habrá de realizar los necesarios estudios previos; muy diferente la utilización de las estadísticas que en apoyo a la toma de sus decisiones habrá de hacer quien está a cargo de gobernar, del dominio del campo de las estadísticas y probabilidades requerido por parte de quien está a cargo de montarlas, estimar probabilidades, etc.; muy diferente, profundo y sin embargo estratégico el entendimiento de los principios del derecho que ha de poseer quien está a cargo de gobernar, del vasto conocimiento de las leyes y realidades judiciales poseído por quien habrá de asesorarle; etc.).

Amigo estudiante, tiene Ud. en sus manos la mejor introducción al oficio cuyo campo de estudios está por iniciar. A pesar de su aparente sencillez y llaneza de lenguaje, sorprenderá saber que la lectura de esta obra no está exenta de ciertas importantes dificultades a mantener presentes a todo lo largo de su estudio.[5]

La primera y posiblemente principal dificultad

¿Qué opinaría Ud. acerca de un experto en el campo de la natación que escribiese un libro pretendiendo que mediante su lectura sus alumnos aprendiesen a nadar… que cuando así lo quisiesen pasasen a ser capaces de nadar ejecutar este verbo— supuestas las condiciones externas propicias? Bien se sabe que no se aprende a nadar leyendo un libro. Aunque ello parezca paradójico, se aprende a nadar nadando.

Ahora bien, mutatis mutandis tal es el caso de la obra clave de Henri Fayol "Administración industrial y general". En su libro lo clave son los verbos, cuyo ejercicio apunta a enseñar; entre los cuales, aunque lejos de ser los únicos, están: administrar, gobernar, prever, organizar, mandar, coordinar y controlar, como los más relevantes.

Muy posiblemente Fayol supuso que el estudiante/lector se daría cuenta de ello y entendiese que la manera de leer y por lo tanto de aprovechar su obra, sería —cual antesala a una real ejecución— el que lo más vívidamente que le fuese posible se visualizara como actor partícipe de aquellas circunstancias de obligado, conveniente o preferido ejercicio de los verbos clave que figuran a todo lo largo de su obra. Asumida esta actitud —no exenta del esfuerzo necesario— saldría a relucir la riquísima experiencia y pertinencia de lo que vía su obra se propuso transmitir.

---

[5] Una simple ojeada evidencia cuan particular es la presente introducción al campo. Su enfoque y desarrollo muy diferentes a la supuestamente apropiada visión panorámica del campo proporcionada por los típicamente voluminosos libros de textos utilizados, sobre todo a nivel de pregrado en apoyo al dictado de una —solo una, usualmente— asignatura introductoria muy al inicio de los estudios. Vía la obra cardinal de Henri Fayol, la nuestra pretender ser —creciente en profundidad y complejidad— una auténtica introducción al campo que nos concierne, llámese, según de cual escuela se trate: gerencia, administración, gestión, dirección de empresas, "management", "business", etc. En términos de Fayol, uno de los reputados "padres" del campo, se trata de una introducción al **oficio de gobernar**. Introducción considerada innecesaria por parte de la mayoría de las escuelas de postgrado, visto que de hecho usualmente el estudiante ya se encuentra suficientemente bien informado acerca del campo cuyos estudios está pronto a iniciar. ¡Qué necesidad hay entonces de introducirlo! Pero… "suficientemente bien informado" no equivale a "realmente bien introducido".

Esta primera dificultad exige ser explicada: ¿por qué tan difícil tal lectura por parte de los estudiantes? Porque a lo largo de sus estudios lo que sobre todo han practicado y en ello vueltos expertos, es la lectura —califiquémosla de contemplativa— de los textos presentadores de las múltiples materias cursadas a lo largo de sus estudios: física, matemáticas, química, geografía, economía, sociología, historia, etc.

La lectura contemplativa de la obra de Fayol es el primer gran obstáculo para su real entendimiento y provecho.

Mantener en mente el espíritu centralmente verbal de la obra.[6]

Segunda gran dificultad: el oficio no mencionado en el título de la obra

Objeto de esta dificultad es el oficio que Fayol, bien leído, pretende enseñar a través de su obra, cuyo título ya de entrada es engañoso visto que la palabra clave que en él figura es "administración". Pero… que quede bien claro lo siguiente: "Administración" <u>no</u> es el oficio enseñado.

"Administración industrial y general" no es una simple introducción a la administración. El oficio que Fayol realmente apunta a enseñar es a <u>gobernar</u>. De allí que conviene no dejarse distraer por la gran pertinencia que la administración habrá de tener a la hora de gobernar… tan solo una parte, ciertamente muy importante, del ejercicio de ese oficio.

Pronto debería el lector caer en cuenta que, visto el significado que Fayol le da a los términos clave de su obra, su real tema es el oficio de gobernar, ejérzase donde se ejerza: clase, nivel o magnitud del ente social objeto de gobierno.

Basta con leer las primerísimas líneas de la obra para comprobarlo. Dice:

"La *administración* cumple **<u>en</u>** el gobierno de las empresas, de todas las empresas, grandes o pequeñas, industriales, comerciales, políticas, religiosas u otras, un papel muy importante. Me propongo…" (resaltada en negrillas y subrayada la palabra "en" para indicar que gobernar es el oficio y que la administración —administrar, como realmente lo veremos— tan solo es parte del gobernar, aun cuando ciertamente muy importante el papel que al efecto ha de desempeñar).

---

[6] Aunque como pronto veremos frecuentemente disimulado tras la utilización de sustantivos.

¡Estudiante!: A todo lo largo de su lectura/estudio de "Administración industrial y general", no pierda de vista que el oficio que Fayol bien leído verdaderamente se propuso enseñar es a gobernar. Pero entonces ¿por qué tanto empeño suyo en destacar la importancia del papel cumplido por la administración en el gobierno de las empresas, cualesquiera sean ellas? ¿Qué tanto tiene ella de especial como para merecer semejante atención? Tarea esta que no ha de perder de vista a todo lo largo de su lectura/estudio.

Tercera gran dificultad concerniente a los inicios del campo

Se trata de la frecuente impresión convertida en creencia de que los inicios son indicativos de lo primitivo, de lo ya superado, de lo poco sofisticado, sobre todo cuando se les compara con los ulteriores desarrollos alcanzados, afianzándose así esa creencia, vuelta entonces en simple incuestionable certeza.

Tal es la impresión que dejan las relativamente muy breves obras de Henri Fayol y Frederick W. Taylor: "Administration industrielle y générale" y "The Principles of Scientific Management". De allí la tendencia muy marcada a minusvalorarlas, cuando no a simplemente pasarlas por alto.

Pero... ello es olvidar que, apartando momentáneamente a importantes precursores y seguidores, tanto Fayol como Taylor son considerados "padres" del campo que nos concierne. El campo, como ya hemos apuntado, objeto de enseñanza en escuelas cuya diversidad de denominaciones debería sorprendernos: Administración, Gerencia, Gestión, Dirección, "Management", "Business"...

Y... sobre todo no entender lo que los inicios son. Bien entendidos son el todo por venir, usualmente expuesto de manera muy compacta: en ellos todo lo ulterior está, por así decirlo, aún comprimido. Así ocurre con las semillas: propicias las circunstancias externas, en ellas la totalidad del árbol en que habrán de convertirse ya está allí.

Si se quiere, para expresarlo en términos ya vueltos familiares, tanto lo proyectado por Fayol como por Taylor, cada uno por su lado, puede ser considerado cual el ADN, iniciador del campo que nos concierne.[7]

---

[7] **¿Dualidad de origen acaso?**: una de las grandes interrogantes a ser resuelta acerca de los inicios y naturaleza del campo que nos concierne. No son idénticos los inicios de Fayol y Taylor.

Si se quiere entender la naturaleza de un determinado campo necesario es remontarse a sus inicios, al instante cuando por primera vez fue concebido y proyectado.

Apartada la falsa primera impresión, corresponde al lector la labor de expandir y profundizar en lo que las obras de Fayol y Taylor son capaces de entregar.[8]

Cuarta gran dificultad; también proviene del propio título de la obra.

"Administración industrial y general" es su título. Pero… ¿ante todo industrial?

Cierto es que la obra de Fayol en gran medida se nutre del sector industrial en el cual se desempeñó y que múltiples comentarios y cuadros-ejemplo que figuran en su libro provienen del sector industrial. No quita sin embargo que lo verdaderamente imperecedero del aporte de Fayol sea el carácter <u>general</u> de lo que procuró transmitir acerca de la administración y gobierno de las empresas, las del sector industrial incluidas, pero no las únicas o siempre las más importantes. ¿Timidez de Fayol? ¿Asegurarse que sus colegas del sector le prestasen atención? Quién sabe… Queda pues en manos del lector apuntar a lo general depurando de su lectura las particularidades que solo aplican al sector industrial.

Muy al inicio de "Administración industrial y general", tras introducir la publicación de las dos primeras partes, Fayol anuncia la publicación de una tercera parte; publicación que no alcanzó a ocurrir. Ha quedado, sin embargo, un largo aunque todavía crudo manuscrito de esa tercera parte. En ella ciertamente Fayol expone con mucho detalle su experiencia como dirigente empresarial en el sector industrial. No quita sin embargo que en las dos primeras partes de su obra, aparte de algunos ejemplos y cuadros, la tónica de la obra concierna más a la administración y gobierno en general que a lo particularmente industrial.

Quinta gran dificultad: dos clases de obras.

Afirmamos que la comprensión de la obra "Administración industrial y general" de Henri Fayol puede iniciarse destacando a cuál de las dos grandes clases de obras siguientes pertenece.

---

[8] A modo de ejemplo de esta labor, concerniente a los inicios del campo, consultar **[Henri Fayol y el oficio de gobernar; introducción a su aprendizaje vía la lectura de "Administración industrial y general"]**, también publicado vía la plataforma "Kindle Direct Publishing" de Amazon en noviembre 2020 por el propio autor de la presente traducción. Aunque voluminoso el estudio, lejos está de poder presentar todo lo que, leída en profundidad, es capaz de entregar la obra de Fayol.

Una primera gran clase de obras corresponde a aquellas que normalmente son leídas una sola vez, posiblemente debido a que el lector quiere enterarse de algo –cierta noticia u opinión, por ejemplo– o seguirle la pista a una determinada narrativa, cual es el caso de las novelas y cuentos. La comprensión total de esta clase de obras tan solo requiere del entendimiento de las partes secuencialmente leídas. Ciertamente nada impide su relectura, pero no es lo usual. Concluida la lectura de punta a punta, el lector mayormente ha recibido lo que esperaba de esta primera clase de escritos.

Sin embargo, por otra parte, están aquellas otras obras, usualmente bastante más exigentes, que es preciso releer para recibir de ellas lo que son capaces de entregar. Esto se debe al obstáculo dual siguiente que el lector enfrenta. Aunque la lectura de cualquier escrito necesariamente es secuencial, el cabal entendimiento de las partes que componen a esta segunda gran clase de obras supone haber alcanzado una cabal comprensión de éstas como un todo. Sin embargo, también ocurre que el entendimiento cabal de estas obras como un todo supone ya haber alcanzado el cabal entendimiento de todas y cada una de sus partes. Brevemente expresado: comprender la obra toda supone entender sus partes, en tanto que entender sus partes supone ya haber entendido la obra toda. Enfrentamos una circularidad y la única manera de superarla es recorrer el círculo. Esto es, reiteradamente pasar de las partes al todo y del todo a las partes. Tan solo así podrá el lector alcanzar a captar la íntima compenetración que existe entre ambos niveles –la obra toda y sus partes– y alcanzar su cabal entendimiento. La relectura de la obra es pues el único camino. ¿Cuántas relecturas? La cruda respuesta es: las que sean necesarias.

Es necesario, pues, que el estudiante recuerde lo siguiente: cuando en una obra los temas parciales se compenetran al punto de conformar una totalidad, su real comprensión solo se adquiere realizando tantas veces como sea necesario su lectura; esto es, el paso reiterado de las partes al todo y de este a las partes. Con la real compresión ocurrirá que aquellos aspectos de la obra que inicialmente pudieron haber dejado la impresión de ser incomprensibles u arbitrarios terminen no siéndolo, y esto debido a que cada lectura habrá permitido comprobar cómo cada aspecto de la obra se articula y compenetra directa e indirectamente con todos los demás.

Sin pretender colocarlo a la altura de aquellos grandes clásicos cuya riqueza intrínseca parece ser inagotable así como las relecturas que requieren, afirmamos que la obra "Administración industrial y general" de Henri Fayol pertenece a la segunda clase de obras descrita.

De lo recién expuesto y dejando el lector a sus propios medios, pertinente es hacerle la recomendación siguiente:

Relativo a esta segunda clase de obras en general y a la de Fayol en particular, pasa a ser recomendable suspender cualquier concepto previo que se tenga de las palabras clave que en ellas figuran e igualmente mantener en suspenso cualquier juicio positivo o negativo acerca de lo leído, hasta tanto no haber asimilado la obra toda y sus partes. Realizadas las relecturas de rigor y cual si estuviese en presencia de un rompecabezas ya bien armado, debe el lector quedar con la sensación de haber asimilado un todo bien integrado, así como haber captado muy bien el significado propuesto por el autor para cada una de las palabras clave por él introducidas.[9]

Sexta gran dificultad: palabras y términos que Fayol utiliza.

Cuatro pares de palabras clave presentes en la obra. Pertenecientes a un grupo semántico que bien visto centralmente atañe al campo de nuestro interés, cuatro son las palabras clave que con importante recurrencia figuran en "Administración industrial

---

[9] No debería lo explicado acerca de las obras de la segunda clase sorprendernos. Tiene todo que ver con la noción de sintaxis, empezando por la correspondiente a la oración, pero que no solo se limita a las oraciones y su estructura ya que ciertamente también es trasladable el concepto de sintaxis a todo un texto: a todo un párrafo, a todo un capítulo, a todo un libro, como en efecto afirmamos es el caso de la obra de Fayol, quien no siendo un académico de profesión, difícilmente alcanza a lograr la perfecta sintaxis global de su obra. Tendrá que ser el propio lector quien sintácticamente la perfeccione. A propósito de la sintaxis, clásico es el ejemplo de los escritos de Kant: largas, incluso larguísimas oraciones, una de las cuales alcanza a página y media; antes de llegar al punto final, figuran en ella múltiple comas, punto y comas, guiones, paréntesis, puntos suspensivos, etc. Para extraer de tal oración pleno provecho, Kant exige entenderla —"mantenerla en mente"— como un todo, lo cual no se alcanza sino leyendo y releyendo esa larguísima oración; esa y muchas otras en Kant, aunque quizás no tan largas. La contemporánea "política" convertida en imperativo estilístico de procurar escribir oraciones "cuanto más breves mejor", ciertamente le sorprendería. Apartando el entendimiento muy disminuido obtenido de temas intrínsecamente complejos, la aplicación facilista de tal "política" sin duda implica una marcada disminución de las facultades intelectuales de los lectores, lo cual en modo alguno puede considerarse ganancia. Masificación sí, pero ganada a costa de entendimientos empobrecidos.

y general". Son los sustantivos: gobierno, administración, dirección y conducción. Son los verbos: gobernar, administrar, dirigir y conducir.

Acerca de los dos primeros verbos veremos a Fayol proponer definiciones, dos de ellas formuladas de manera muy explícita en el primer capítulo de la primera parte de la obra; las otras dos, también presentes en el mismo capítulo, pero que suponen ser dilucidadas por el estudiante/lector. Definidos estos dos verbos, han de ser considerados, junto con sus respectivos sustantivos, **términos** clave del enfoque que Fayol apunta a transmitir vía "Administración industrial y general". Obsérvese que los definidos son verbos y no sus correspondientes dos sustantivos, aunque de hecho, son éstos los que figuran con mayor frecuencia en el texto francés, como se explicará más adelante.

Ni como verbos, ni como sustantivos son definidas por Fayol los otros dos pares de palabras clave: dirección/dirigir, conducción/conducir. Aunque importantes, suponen ser leídas según el significado corriente que se desprenda del contexto en el cual son utilizadas. No son términos, aunque seguramente han de guardar cierta relación con ellos.

Importante es visualizar en cuanto a frecuencia de utilización los cuatro pares de palabras clave utilizadas a lo largo de la obra. Como términos: gobierno/gobernar, administración/administrar; como palabras clave complementarias: dirección/dirigir, conducción/conducir.

En cuanto a mayor frecuencia de utilización a lo largo de la totalidad del texto, encontraremos que son los sustantivos "dirección" (71 veces) y "administración" (57 veces), en tanto que mucho menos frecuentes las utilizaciones de las otras seis palabras clave (16 para "gobierno", 3 para "gobernar", 2 para administrar, 2 para conducción y 3 para conducir).[10]

Una explicación muy necesaria. Tomado en cuenta en cada caso el contexto de su utilización, queda bien claro que el significado 71 veces transmitido mediante el

---

[10] Siendo que a los efectos de la traducción al español corresponden sin problema alguno las ocho palabras del francés, facilitó en mucho determinar estas frecuencias el contador de palabras provisto por el procesador utilizado.

sustantivo "dirección" corresponde con el significado que transmite la palabra "gobierno" solo utilizado 16 veces en el texto. ¿Por qué recurrir al sustantivo alterno "dirección" en lugar de utilizar "gobierno", término clave del enfoque de Fayol? Muy posiblemente debido a que tratándose la obra mayormente del gobierno de empresas de cualquier clase y no del solo gobierno ejercido por los Estados en sus respectivos Estados, Fayol seleccionó la palabra que de ordinario mejor transmitiese el gobernar de entes sociales de cualquier clase y magnitud desde sus más altos niveles. A todo lo largo de su lectura mantenga pues en mente el estudiante/lector considerar a "dirección" como sinónimo del término "gobierno".

Otra explicación también muy necesaria. Ahora bien, ¿por qué semejante elevada utilización del sustantivo "dirección" y no de los verbos "gobernar" o "dirigir" que apenas figuran 3 veces cada uno, cuando, definido, "gobernar" pasa a ser un término clave del enfoque que Fayol propone? Igualmente, ¿por qué la igualmente alta utilización de "administración" y no del verbo "administrar" también definido como término y que solo figura 2 veces? Respuesta: Porque nuestra traducción traslada literalmente las palabras francesas "direction" y "administratión" a las nuestras "dirección" y "administración", **cual si también tuviese que atender a cierta restricción muy propia del idioma francés**, que en verdad no aplica en nuestro idioma. Y es que el español tiene una muy particular posibilidad –ventaja– que el francés no permite, cual es la de los **infinitivos nominales de naturaleza sintáctica**. Estos permiten la utilización de verbos cual si fuesen sustantivos. Un par de simples ejemplos para visualizar el asunto. En nuestro idioma nada nos impide expresarnos como sigue: "el ladrar de los perros…", "el lento caminar de la gente…". Por el contrario muy lejano al oído de cualquier francés sería oir decir: "l'aboyer des chiens…", "le lent marcher des gens…". No pudiendo Fayol optar por esta categoría de infinitivos nominales, no le queda más remedio que utilizar sustantivos para referirse a los verbos clave de su obra.

Únicamente por simple respeto a las palabras que Fayol seleccionó en cada caso utilizar es que nuestra traducción literalmente las traslada tal cual al español, desaprovechando la ventaja de los infinitivos nominales que éste ofrece y que de hecho mejor podrían haber puesto de relieve el espíritu fundamentalmente verbal que ha de dársele a "Administración industrial y general". Espíritu que fácilmente pasa desapercibido dada la alta frecuencia de sustantivos contra la muy reducida presencia de verbos.

En principio bien podríamos haber con los ajustes en cada caso necesario haber traducido verbalmente la obra toda diciendo 71 veces "el gobernar" o "el dirigir" donde dice "dirección" y 57 veces "el administrar" donde dice "administración".[11] Sin embargo, aunque el análisis precedente sugiera la posibilidad de haber optado por una traducción como ésta fielmente interpretativa del texto y que hubiese implicado importantes cambios en las palabras y términos seleccionados por Fayol... a riesgo de lucir demasiado literal, hemos considerado preferible la estrategia de preservar la apariencia general de la obra respetando al máximo las palabras y términos seleccionados/utilizados por Fayol que pueden directa e inequívocamente aparearse del francés al castellano. ¿Implicación? Que a pesar de ser ésta la traducción que el estudiante/lector lea, su lectura suponga constantemente mantener en mente la apropiada interpretación de la obra. Preservadas en nuestra traducción las palabras seleccionadas por Fayol, solo queda que el estudiante/lector no se deje despistar por los sustantivos y en ningún momento pierda de vista el carácter centralmente verbal de la obra.

Frecuencias que refuerzan el verdadero propósito de Fayol: la enseñanza del oficio "gobernar". 71 veces "dirección" (= "gobierno") versus 57 veces "administración", confirma al gobernar como el oficio y tema central de la obra, quedando la "administración" como parte muy importante del "gobernar" como, aunque mediante

---

[11] Viable muy fácilmente cuando de títulos se trata. En lugar de "Definición de la administración" haber titulado el primer capítulo primero de la primera parte "Definición del administrar" que precisamente es el verbo que vemos definido en este capítulo. En lugar de "Principios generales de administración" haber titulado el primer capítulo de la segunda parte de la obra "Principios generales del administrar". Y... no solo términos clave de primer orden sino también los títulos de las secciones atinentes a términos de segundo nivel, por ejemplo "Prever" en lugar de "Previsión", "Organizar" en lugar de "Organización", "El mandar" en lugar de "mando", etc. Y en lugar de "La *administración* cumple <u>en</u> el <u>gobierno</u> de las empresas..." haber iniciado la primerísima oración de la obra en su Advertencia inicial con "El *administrar* cumple <u>en</u> el <u>gobernar</u> de las empresas..." Aunque legible en español tal traducción sin embargo se presentaría como estilísticamente muy inhabitual a nuestros oídos, no acostumbrados a una utilización tal extensa de los infinitivos nominales. De allí que nos hayamos quedado con los sustantivos que Fayol seleccionó.

sustantivos, lo expresa Fayol en la primerísima oración de la obra (Advertencia inicial: "La _administración_ cumple **en** el g̲o̲b̲i̲e̲r̲n̲o̲ de las empresas, de todas las empresas, grandes o pequeñas, industriales, comerciales, políticas, religiosas u otras, un papel muy importante. Me propongo…").

Recomendación general. Si no queremos inadvertidamente mezclar el pensamiento de Fayol con puntos de vista que le son ajenos y que distorsionarían nuestra posterior comprensión de su obra, es muy importante que evitemos la intromisión de cualquier significado previo que para nosotros tengan los términos clave que introduce en "Administración industrial y general".[12] Se le sugiere al estudiante/lector, pues, que por así decirlo, "aparte de su mente" cualquier entendimiento previo que de ellos tenga, y asuma, aunque siempre con cautela, la actitud receptiva requerida para captar los muy particulares significados —entendimientos precisos— que Fayol introduce en la obra. Solo entonces y tras completar la lectura de toda ella, podrá evaluar y decidir la conveniencia o no de asumirlos.

Tal es notoriamente el caso de la palabra "administración", término que puede causar problema si el lector no aparta de su mente cualquier utilización y significados ordinarios previos que pudieran interferir con la ya clásica definición del verbo "administrar" que Fayol propone en el primer capítulo de la primera parte de su obra. Visto que dirección/dirigir confortablemente se corresponden con el par gobierno/gobernar, y que de los cuatro grupos de palabras pertinentes señaladas anteriormente tan solo resta encontrarle lugar apropiado al par de palabras conducción/conducir (de infrecuente utilización: 2 y 3 veces respectivamente), pudiera ser tentador creerlas asociable con el par administración/administrar. Pero ello no es posible. Difícilmente calzaría con la utilización que Fayol hace de este otro par en el texto. Si a asociar vamos, veríamos que en adición a dirección/dirigir, la utilización que Fayol hace de conducción/conducir también supone su correspondencia con el par central clave gobierno/gobernar. ¿Evidencia? La definición de "gobernar" que propone en AIG: "Gobernar es c̲o̲n̲d̲u̲c̲i̲r̲ la empresa hacia…", dos veces así iniciada su definición

---

[12] Palabras clave más importantes: administración/administrar, gobierno/gobernar, previsión/prever, organización/organizar, mando/mandar, coordinación/coordinar, control/controlar.

en el texto, clara asociación del "conducir" con el "gobernar" como lo indica la palabra identificadora "es". (Definición: entendimiento que ha de identificarse con lo definido).

A falta de un par de palabras alternas que pudieran confortablemente utilizarse en substitución del par de términos "administración/administrar" y así evitar las dificultades de entendimiento a las que éstas se prestan, solo cabe que estudiante/lector estudie el texto de Fayol apartando disciplinadamente de su mente cualquier otro significado que no sea el proporcionado por la definición del "administrar" que propone en el capítulo primero de la primera parte de la obra.

Muy importante. Tanto la palabra "empresa" como "organización" figuran en la obra de Fayol. Sin embargo, debe quedar claro que la utilización que Fayol hace del sustantivo "organización" se aleja substancialmente del uso vuelto muy corriente de la palabra "organización", como el sustantivo genérico apropiado para referirse a cualquier agrupación humana a cargo de cierta función, claramente definida ésta o no, la cumpla debidamente o no, esté bien organizada para llevarla a cabo o no. Es así que son organizaciones cualesquiera empresas del sector privado, los entes públicos de todo tipo, los sindicatos, los partidos políticos, las sectas religiosas de cualquier confesión, las agrupaciones criminales, etc. En Fayol es la palabra "empresa" la que desempeña papel recién descrito. Es así que se constituye en el término genérico que utiliza a todo lo largo de "Administración industrial y general" para referirse a cualesquiera de los entes sociales mencionados. Puede estar claro o no la función que la empresa está llamada a cumplir, así como bien organizada o no para debidamente llevarlo a cabo. ¿Por qué la prefiere? Respuesta: aunque parezca un simple detalle, para Fayol es un claro contrasentido referirse a una organización desorganizada como lo supone la utilización genérica ordinaria hecha de la palabra "organización", en tanto que no lo es referirse a una empresa desorganizada.

Otras precisiones. Muy al inicio del primer capítulo de la primera parte de su obra, Fayol introduce los seis grandes grupos de operaciones: técnicas, comerciales, financieras, de seguridad, de contabilidad y administrativas; cada grupo entendido como llamado a cumplir una determinada función esencial. Ahora bien, de empresa a empresa, de sector a sector puede que las denominaciones cambien. Por ejemplo: cuando para Fayol son operaciones todas las correspondientes a los seis grandes grupos, en algunas empresas tan solo califican de operaciones a las del primer grupo, las que él denomina "operaciones técnicas". En esas empresas no se honran como operaciones a las financieras, comerciales, de seguridad, de contabilidad y administrativas. Otro caso: en el sector público tampoco es usual encontrar las denominaciones que Fayol introduce para cada uno de los seis grupos, pero ello no significa que con otras denominaciones –ministerio de hacienda, por ejemplo– no se lleven a cabo en ese otro sector operaciones conceptualmente afines a cada una de las seis grandes clases que Fayol introdujo, financieras para el caso ejemplo.

En otras ocasiones, conviene que el lector asuma la labor de actualizar algunas de las palabras y términos que Fayol utiliza. Particularmente viene al caso el término "contabilidad" que introduce muy al inicio del primer capítulo de la primera parte del libro como uno de los seis grandes grupos de operaciones o función esencial, y que a pesar del elogioso comentario que acerca de ella hace al destacar su gran importancia, luce un término conceptualmente muy estrecho para las operaciones que contempla, cuales son todas aquellas que tienen que ver con el estar amplia e inteligentemente informado. Lo confirma el comentario que el propio Fayol hace acerca de ella: *"Es el órgano de visión de las empresas. Ella debe permitir en todo instante saber adónde se está y para donde se va. Debe dar acerca de la situación económica de la empresa informes exactos, claros y precisos. ...es un poderoso medio de dirección"*, como se ve asuntos que van bastante más allá de lo que la simple contabilidad por sí sola puede suministrar. El remedio es fácil: mutatis mutandis podríamos en lugar del término "contabilidad" proponer alguna palabra u expresión que tuviese que ver con el "estar informado y entender todo lo concerniente a nuestra empresa, tanto interna como externamente" (en adición a la contabilidad estarían todas las operaciones conducentes a estar bien informados: estadísticas, estudios especiales, inteligencia estratégica del entorno, etc.).

Por último y que no cabe tratar de aclarar aquí, es la intrigante introducción de la palabra "doctrina". Término inusual para los efectos empresariales, pero enfáticamente introducido por Fayol en el tercer capítulo de la primera parte de "Administración industrial y general". Utilización que exigirá ser explicada.

Formato de exposición de la traducción que sigue

Las nuestras principalmente serán notas al pie de página para exponer alguna que otra observación concerniente a la traducción, comentarios orientadores, precisiones, *así como importantes advertencias, interrogantes y tareas a ser tomadas en cuenta y resueltas por el estudiante-lector.*

En recuadros de texto abiertos al efecto, cada capítulo es precedido por recomendaciones de carácter general, así como interrogantes y tareas a cumplir por parte del estudiante/lector.

Recomendaciones

El arte de leer tiene sus dificultades y amerita ciertas recomendaciones, incluyendo la que sigue. La actitud del buen lector no es cerrarse a priori a toda comprensión; tampoco la de una servil aquiescencia. En nuestro caso, lo indicado es una cautelosa receptividad a las afirmaciones y ulteriores propuestas de definición de Fayol

Leer constantemente preguntándose acerca del porqué Fayol dice lo que dice y la manera en que lo hace, surgiendo así problemas a ser acertadamente planteados y resueltos. Al estudiante/lector corresponde solucionar muchas de las incógnitas a las que se presta el texto; asuntos que el propio Fayol no aclara o resuelve.

Una primera gran lectura de la obra puede ciertamente ser beneficiosa, pero hecha ella ya no se trata en lo que sigue de una traducción a ser leída apresuradamente. Vistas las dificultades de las tareas y retos que habrá de enfrentar, en múltiples ocasiones puede que el estudiante/lector tenga que detenerse largo rato antes de poder proseguir.

No leer a Fayol en busca de cualquier cosa que lo disminuya o debilite. Más bien siempre darle el beneficio de la duda y perfeccionar lo que haya que perfeccionar a fin de maximizar los beneficios que puedan extraerse de su obra. Evitar La falacia del atacar a un "hombre de paja".

Considerar su lectura como una oportunidad para aprender lo que leer en profundidad significa; apuntar al máximo aprovechamiento de lo leído.

Finalidad fundamental de la presente traducción/edición

Que al cabo de la lectura integral de la obra de Fayol completada mediante la realización de las tareas sugeridas, el nivel de sofisticación y profundidad de entendimiento alcanzados por el estudiante/lector acerca de los temas tratados se haya elevado considerablemente, y por extensión que el nivel de su sofisticación y profundidad con los cuales aborde cualquier otro tema acerca del cual le corresponda expresar opiniones y exponer conocimientos a lo largo de su vida también se eleve substancialmente. Por extensión también un mayor aprovechamiento de las asignaturas a cursar a lo largo de sus estudios.

¡Aprender a leer pues! Aprender a leer no solo textos como la obra aquí traducida. Entender que vivir plenamente significa leer lo que la vida constantemente presenta ante nuestros ojos, ante nuestra conciencia: situaciones y circunstancias de todas las clases y localizaciones, pretéritas, actuales y porvenir. Entender que vivir plenamente supone, valga la expresión, "auto-leerse", ciertamente no menos importante que el entendimiento de aquello usualmente calificado de "externo".

PERTINENCIA DE FAYOL EN TIEMPOS DE PROFUNDAS TRANSFORMACIONES

Una interrogante muy legítima: ¿Encontrar en una obra publicada hace poco más de un siglo respuesta a algunas de las más notorias inquietudes de la actualidad?

Evidenciando la necesidad del oficio de gobernar:

Afirmamos que preguntarse por la pertinencia de lo que Fayol intenta enseñar vía "Administración industrial y general" en nada difiere del interrogarse acerca de la pertinencia del oficio de gobernar mismo. ¿Por qué? Por la sencilla razón de que tal es el oficio que Fayol se propuso enseñar, aun cuando puso especial énfasis en su componente más importante, la denominada "administración"; más importante más alto sea el cargo, más importante más desarrollada la empresa (capítulo 2 de la 1ª parte).

Entonces, tratándose de Fayol, ¿por qué "oficio de gobernar" en lugar de "administración"? Porque bien leído es él quien nos lo indica. En efecto, así lo evidencian las dos primeras oraciones de su obra:

"La *administración* cumple <u>en</u> el <u>gobierno</u> de las empresas, de todas las empresas, grandes o pequeñas, industriales, comerciales, políticas, religiosas u otras, un papel muy importante. En lo que sigue, me propongo exponer mis ideas acerca de la manera en que este papel debería ser cumplido." (Subrayadas las palabras que destacan que para Fayol, a pesar del despiste que puede causar la palabra "administración" en el título de su obra, **gobernar** es el oficio y la administración, aunque muy importante, no es el todo de ese oficio).

La originalidad de Fayol, bien leído, radica en no ser el suyo el enfoque de un filósofo de la política, pero tampoco lo es el de un científico estudioso de la política (politólogo). La actitud y punto de partida asumidos por estos otros es en cada caso contemplativo, trátese de reflexionar o investigar acerca de un oficio que en lo esencial no es el que ellos mismos han desempeñado a lo largo de su carrera, principalmente académica. Contrasta con esto la actitud de entrada no-contemplativa de Fayol, quien tras haberse desempeñado en creciente jerarquía por más de 50 años como dirigente de una en un importante conglomerado empresarial de su época, cree, vista su larga experiencia, estar en condiciones de contribuir, vía una obra escrita, al mejor desempeño generalizado del oficio de gobernar.

Ahora bien, nunca habiendo estado tan a la vista como lo es hoy mucho de lo que ocurre en nuestro mundo, ¿pueden ponerse en duda las profundas transformaciones de todo orden en curso actualmente? Visualizadas cual el fluir de un sinnúmero de corrientes diversas atinentes al devenir de los seres humanos, individual y grupalmente considerados, una realidad global en profunda transformación. Corrientes cuyo fluir difícilmente puede anticiparse en cuanto a la naturaleza y característica de cada una, así como hacia dónde conducen en relación a una gran diversidad de contextos diversos, algunos de alcance global, otros más regionales o locales. Cual poderoso y tumultuoso río, un fluir global, marco para una multitud de sub-corrientes y turbulencias diversas a ser sorteadas —visualícese— por un sinnúmero de "remeros" —miles de millones de seres humanos individualmente considerados o en grupo para así conformar la vasta multitud de entes sociales de todas las clases existentes en el mundo— diversos todos ellos en cuanto a circunstancias vividas, características, experiencia, equipamiento y tipo de "embarcación" utilizada.

¿Podrían los seres humanos, individual y grupalmente considerados, renunciar a procurar, por así decirlo, tener cada uno en sus propias manos su porvenir? ¡Difícilmente! Puede entonces que a la luz de la elevada turbulencia descrita nunca mayor haya sido la pertinencia del gobernar en cuanto oficio. Cada vez más indispensables gobernantes y gobiernos que lo dominen, el cual a todos corresponde ejercer, trátense de seres humanos individualmente considerados, agrupaciones y entes sociales de todas las clases y magnitudes.

Pensemos pues que el porvenir de cada quien, favorable o perjudicial, siempre habrá de estar en alguna medida importante en manos de, califiquémosla así, una cierta mano invisible. Mano invisible que los seres humanos tanto individual como colectivamente se empeñan en lograr poner a su favor; metáfora que no es sino otra manera de expresar su querer en todo instante que su porvenir, el inmediato y los que vienen después, estén en sus propias manos.

LA MANO INVISIBLE; UNA NOCIÓN AMPLIADA

La pertinencia del oficio de gobernar, tal es la tarea que nos proponemos evidenciar en lo que sigue, vía una visualización que permita la mejor comprensión de cuan vital es ese oficio a la luz de una cierta inescapable incertidumbre actual acerca del porvenir humano global, regional o local, cualquiera sea el horizonte temporal de interés contemplado: cortísimo, corto, mediano, largo o larguísimo plazo.

Bases para una visualización.

Con miras a profundizar y ampliar contextualmente la comprensión de la expresión "mano invisible" (hecha famosa por supuestamente condensar el pensamiento económico liberal de Adam Smith) [13] y como expediente didáctico, en lo que sigue es presentado el referido ejercicio de visualización, intencionalmente de cobertura global –195 Estados– aunque simplificada la actuación de todos y cada uno de estos actores según una sola y misma filosofía social. Una filosofía medularmente centrada en lo económico entendido como el fundamento infraestructural sobre el cual descansa todo lo que ocurre en sociedad. Simplificación unidimensional que reduce solo a dos los extremos de la filosofía económica puesta en práctica:[14]

---

[13] En cuanto a la visualización que sigue, importante es observar que no se trata de la todo-beneficiosa y objetada como falsa por sus críticos, de la mágica "mano invisible" atribuida a Adam Smith. La suya pasa a no ser otra cosa que una instancia particular de la noción ampliada de la "mano invisible" aplicada en la presente visualización. Dejando, pues, a un lado la "mano invisible" atribuida a Adam Smith, supuestamente capaz de concentrar en ella sola lo esencial de la totalidad de su pensamiento económico, desarrollaremos una visualización que supone una utilización mucho más general –todo abarcadora y profunda– de la expresión "mano invisible".

Adam Smith. Reconocido padre fundador del campo de la economía, por cuanto fue quien, para estudiarlos, más claramente marca el inicio de tratar por separado –posible vista la facultad humana de abstraer– la faceta económica presente en cualquiera de los muy diversos comportamientos posibles de los seres humanos en sociedad; faceta ahora aislada convertida en el comportamiento económicamente puro –esto es racionalmente interesado– de los actores. ***Observación pertinente:*** la "mano invisible", tan solo en escasas ocasiones brevemente utilizada por Adam Smith a todo lo largo de sus dos principales obras y aunque hombre de fe, solo como simple figura retórica

[14] Con miras a preservar una visualización de carácter global a la par de simplificar la presentación del ejercicio: 195 Estados soberanos, dos grandes categorías de comportamiento y actores muy diversos en cuanto a particularidades, intereses y magnitudes. **Ello muy inferior a la visualización que hubiésemos querido exponer:** --> Idealizada, piénsese en un sinnúmero de entes: los millares de seres humanos

1°- Economía de mercado y liberalismo total (cero regulación pesa sobre el comportamiento de los actores de la economía).

2°- Intervencionismo total en lo económico y del comportamiento social (economía planificada y ejecutada hasta el más mínimo detalle).

Obsérvese que por tratarse de extremos idealizados, jamás Estado alguno –pretérito, actual o por venir– ha puesto, pone o pondrá intencionalmente en práctica cualquiera de estos dos extremos. Las posiciones de hecho puestas en práctica son las realizables. Corresponden y corresponderán en cada caso con alguno del sinnúmero de posibles estados y modos de funcionar mixtos posibles entre esos dos extremos.

Reiterando: dos extremos que más allá de considerarse simple filosofía económica pasan por implicación a constituir los dos extremos de una singular filosofía social: medularmente centrada en lo económico, pero que no ignora sus implicaciones sociales y posibles retroalimentaciones.

Desarrollo de la visualización

Una visualización centrada en la actuación de 195 Estados considerados soberanos. Soberanos sí, pero diversos en cuanto al singular poder –intensidad y modalidad– que cada uno posee relativo al de otros que le conciernen, implicando esto que aunque *de iure* soberanos, *de facto* no necesariamente plenamente así, visto el poder real que sobre cualquiera de ellos puedan elegir ejercer otros Estados.

---

tanto individualmente considerados como conformando todas las clases de agrupaciones y entes sociales de diferentes magnitudes, naturalezas y características, considerados en función de todas las clases de comportamientos que realizan (económicos y no económicos, políticos y a-políticos, religiosos y profanos, lícitos e ilícitos, etc.). Tal es el verdadero ejercicio global de visualización que hubiéramos querido presentar y quisiéramos que el lector mantenga en mente a todo lo largo de la descripción que sigue, aunque inevitablemente tan solo vagamente así. Añádase a esto los altamente inciertos hechos fortuitos de cualquier magnitud, beneficiosos o no, deparados por la "madre naturaleza" y podrá entonces el lector captar la increíble complejidad planetaria, visualizándola cual si constantemente fuese llevada de la mano, quien sabe hacia dónde, por cierta "mano invisible", y una humanidad que a los efectos de una tal idealizada visualización, tanto globalmente como a nivel de cada Estado sinceramente empeñada en lograr tornarla todo lo más favorable posible para todos: su reto gubernamental fundamental, lejos de haber sido exitosamente realizado.

Por lo demás, en el escenario internacional cada uno procurando actuar en función del que cree ser su verdadero interés.

Con el tiempo y debido a la muy única historia habida por cada uno de estos 195 Estados, lo que de hecho han puesto y ponen en práctica <u>internamente</u> es una economía y sociedad que se sitúa en algún punto y modo de funcionar mixto intermedio entre los dos extremos de filosofía antes definidos.

Entre todos estos Estados habrán de ocurrir una infinidad de transacciones económicas e interacciones de todo tipo; el comportamiento de cada uno centralmente entendido como el de un actor económico, pero sujeto al poder real que otros Estados tengan sobre él.

Ahora bien, a pesar de cada uno disponer de cierto poder relativo con respecto a los demás —algunos más, otros menos— ningún Estado tiene en sus manos todo el poder imperial requerido para, cual titiritero, ser quien maneje el comportamiento de todos y cada uno de los 195.

Aunque ninguno de los Estados ha puesto internamente en práctica una economía y realidad social extrema (Liberalismo total o Intervencionismo total), al no existir Estado titiritero alguno todo poderoso y mientras no exista, lo que de hecho a nivel planetario habrá de imperar entre todos estos Estados, grandemente se aproximará a uno de los dos extremos antes definidos. ¿Cuál?: ¡pues claro! apartando el cálculo que cada uno haga de hasta donde atreverse en función de las reacciones que espera de los demás, una economía mundial principalmente caracterizada por un liberalismo extremo, libre de toda regulación lo que cada Estado haga en el ámbito internacional, cualquiera sea la clase de comportamiento interesado que elija poner en práctica.[15]

Cabe ahora formular la interrogante siguiente: ¿Cuál habrá de ser la resultante final de todos estos comportamientos interesados de cada uno de estos 195 Estados;

---

[15] "Comportamiento interesado": expresión que por inseparables reúne a los comportamientos típicamente calificados como económicos (transacciones) con los usualmente no calificados como tales. Toda transacción económica tiene —cercanas o lejanas— implicaciones no económicas de cierta intensidad, pero igualmente todo comportamiento usualmente no calificado de económico tiene cercana o lejanamente implicaciones económicas de mayor o menor intensidad.

comportamientos individuales que justifican con base en el soberano derecho que cada uno clama poseer? ***Respuesta***: de antemano nadie lo sabe con toda exactitud. ¿Por qué? Porque ninguno de ellos cual todo poderoso titiritero ha tenido la oportunidad de, creyéndolo en su propio interés, planificar y asegurar la implantación de un tal liberalismo radical planetario.[16]

Aunque de antemano nadie está en condiciones de exacta y detalladamente describir lo que habrá de ocurrir como resultante de una tal realidad mundial súper-liberal, lo que sí puede afirmarse sin temor a errar es que, suspendido súbitamente en la imaginación y para un determinado instante, cual brusco corte transversal, todo devenir, entonces ¡cierta resultante sí habrá!

Resultante considerada beneficiosa para la sociedad humana planetaria como un todo según ciertos criterios, e.g.: crecimiento económico global, innovaciones en diversos campos, etc. Considerada perjudicial para esa misma sociedad planetaria según otros criterios, e.g.: contaminaciones diversas, zonas de conflictos entre Estados aún sin resolver, etc. Como se ve: ¡una mezcla de beneficios y perjuicios de todo orden!

Pero igualmente, una resultante global que necesariamente habrá de recaer en segunda instancia, cual retroalimentación y de manera muy particular y diversa sobre cada uno de los 195 Estados, vista la variedad de circunstancias y condiciones internas y externas que caracterizan a cada uno de ellos. Evaluación que cada uno podrá, en función de los intereses particulares que cree tener, considerar beneficiosa en cuanto a ciertos aspectos, e.g.: apertura de nuevos mercados externos, reducción de la pobreza relativa interna, etc.; pero perjudicial bajo otros, e.g.: decrecimiento económico propio a la luz de un crecimiento desigual de las economías, inestabilidad política, etc. Como se ve: ¡otra mezcla de resultantes, aunque ahora de orden nacional en lugar de globales!

Gran conjunto de resultantes que a modo de retroalimentación habrán de a su vez implicar ulteriores variaciones en el comportamiento interesado de quien sabe cuántos

---

[16] Entiéndase aquí la utilización del término "resultante" como cuando a la luz de múltiples fuerzas actuando en diferentes direcciones con diferentes intensidades, al profesor de física de bachillerato se le ocurría preguntar: "Ahora bien muchachos ¿cuál habrá de ser la resultante de un tal juego de fuerzas?"

Estados así como cambios en el poder relativo de cada uno en relación a los demás que le conciernan.

En todo caso, hemos de precisar, pues, que se trata de un gran conjunto de resultantes globales y estatales de gran diversidad, y no de una única gran resultante global.

No habiendo habido titiritero alguno, puede que quien quiera comunicar lo descrito opte entonces por recurrir a una cómoda figura retórica para referirse a la en el fondo inexistente causa única del gran conjunto de resultantes globales y estatales. ¿Cuál figura retórica? Sencillo: ¡La "mano invisible"!

La "mano invisible" no es, pues, otra cosa que una metáfora. Una manera de hablar para referirse a aquello que, para el momento de una instantánea suspensión imaginaria del devenir, y cual todo poderoso titiritero sería quien habría causado al gran conjunto de resultantes globales y estatales; resultantes ellas en verdad del cúmulo dispar de comportamientos individuales.[17]

Reforzando: Si no fue la inexistente misteriosa "mano invisible" la causante, cabe preguntar ¿cuál habrá sido la causa real y existente del gran conjunto de resultantes globales y estatales? La respuesta ya la hemos expresado: causante no ha habido otro que el cúmulo dispar de comportamientos singulares, aun cuando sin poder especificar detalladamente el efecto proveniente de cada uno.

Sigamos con la visualización.

Ahora bien, estando admitido y legítimo que cada Estado vele por su propio interés tal cual lo entiende, ocurre que los comportamientos interesados de cada uno pasan a ser clave, porque de ellos depende lo beneficiosas o perjudiciales que habrán de ser en el

---

[17] Obsérvese la que de nuevo es una presentación que grandemente simplifica el ejercicio. En lugar de una visualización discreta para un determinado instante como la del texto, preferible, por más acorde con lo que en verdad habría de ocurrir, hubiese sido esforzarse por presentar una visualización que atendiese al carácter intrínsecamente <u>dinámico</u> de la realidad. Dejar de pensar en algún instante terminal imaginario de suspensión del devenir, seleccionado según quien sabe cual criterio, para más bien atender a lo que de hecho habría de ocurrir: con el transcurrir del tiempo y constantes cambios en el comportamientos de los actores individualmente considerados, un gran conjunto de resultantes globales y nacionales en constante transformación.

tiempo el gran conjunto de consecuencias globales y estatales subsiguientes. ¿Por qué? Precisamente porque no son realidades independientes.

Circularidad: resultantes del gran conjunto de los diversos comportamientos interesados individuales, las consecuencias globales y estatales habrán de a su vez incidir diversamente sobre los subsiguientes comportamientos interesados individuales.

El que por ejemplo unos pocos no sean "angelitos de dios", significa que si pueden, aprovechándose de la total falta de regulación, actuar de mala fe, lo harán, pudiendo entonces ocurrir que el gran conjunto de las resultantes globales de cierta clase sean beneficiosas para algunos Estados, en tanto que las de otra, perjudiciales para otros. Queda claro que de ser otros los Estados que en número y clases de comportamientos actúan de mala fe, otro habrá de ser el gran conjunto de las resultantes globales y estatales.

Entonces… en la justa medida en que se generalice el entender que hay un problema que concierne a todos y que conviene resolver, cambio habrá.

Con el tiempo —usualmente mucho, debido a que la toma de conciencia y el aprendizaje colectivo tienden a ocurrir con mucha lentitud— habrá de sedimentarse en todos y cada uno de los Estados su real interés, hasta entonces mal y miopemente entendido. ¿Cuál? El que ciertos comportamientos en defensa del interés propio por parte de cada Estado sean admisibles en tanto que otros no.

Muy gradualmente habrá de conformase un consenso necesario relativo a un catálogo de comportamientos individuales que incluye tanto a los debidos como a los indebidos. Alcanzado tal consenso, convendrán en formular las correspondientes normas internacionales, crear las instituciones requeridas, así como los correspondientes procedimientos, controles e instancias para dirimir sus diferencias. ¡Habrán descubierto que la resolución <u>civilizada</u> de los conflictos pasa por la consensual creación de instituciones a cuyos dictámenes —agraden o no— libremente habrán las partes de someterse!

Es así como muy lentamente habrán de surgir tales órganos para substituir y prevenir, nunca totalmente asegurada, la ocurrencia de los todo-destructivos innumerables conflictos habidos y lamentablemente seguirán habiendo a lo largo de la historia, según magnitudes y alcances muy variados.[18]

Instituciones en un principio usualmente débiles ante la magna tarea de promover los comportamientos debidos e impedir o remediar la ocurrencia de los indebidos. Pero que, en cuanto invento humano que se vuelve cada vez más indispensable, progresivamente encuentra maneras de ir perfeccionando su actuación como gran regulador de los comportamientos interesados individuales.

¿Y en el límite de su perfeccionamiento?

Lo siguiente: Que siendo el gran conjunto de las consecuencias globales y estatales finales resultante del comportamiento de todos y cada uno de los Estados, tal

---

[18] Pero… ¿Consenso hemos dicho? Otra simplificación del ejercicio. ¡En modo alguno consenso planetario universal al momento de creadas tales instituciones y correspondientes normas internacionales. "Consenso" de facto impuesto por los Estados en condiciones de imponerlo! Y una vez creadas… el cómo se reparte el poder en las altas cúspides de gobierno de estas instituciones internacionales lleva a los Estados y en función al poder relativo que suponen poseer, a querer ser quienes las controlan. Controlar ¡claro está! en función de lo que más les concierne, desde las bases "filosóficas" y de política que orienten las normas y leyes formuladas, hasta el poder poseído para imponer sus dictámenes. Todo ello motivo de constantes forcejeos, luchas de poder, alianzas entre Estados, conflictos, exigencias de "un nuevo orden mundial", al punto de incluso poder ocurrir graves enfrentamientos temporalmente imposibles de resolver vía los medios más civilizados que las organizaciones ya existentes están llamadas a poner en práctica. Todo lo cual, sin embargo, ha de entenderse como parte de la dinámica evolutiva civilizadora de las instituciones y normas de carácter internacional, con sus avances, inevitables caídas y retrocesos: etapas de razonable tranquilidad y eficacia, fases de gran turbulencia, parálisis, etc. Luchas intestinas, pues, que no invalidan la lógica evolutiva planetaria de creciente civilización, no exenta de demoras y sobresaltos, que el ejercicio de visualización aquí propuesto apunta a evidenciar, aunque tan solo pueda hacerlo de manera muy simplificada. Negar ésta ojalá inexorable y posiblemente irreversible lógica evolutiva equivaldría a afirmar la inevitabilidad de un retorno a un mundo sin instituciones y normas capaces de atenuar la cruda puesta en práctica de la "ley del más fuerte". Todo esto de nuevo evidenciando cuan simplificado el ejercicio de visualización en estas páginas descrito. Una realidad que a nivel global, regional e interestatal según de cual caso se trate, de hecho supone una continua confrontación entre los dos patrones de comportamiento siguientes: "ley del más fuerte, del más poderoso" por un lado y un mundo en procura de ser cada vez más civilizado vía instituciones y normas internacionales universalmente admitidas por el otro. **Ejercicio:** Estudiante/lector, actualmente muy numerosas y diversas en cuanto a razón de ser, peso en los asuntos internacionales, alcance y modo de funcionar, etc., procura mejorar tu entendimiento de la complejidad del mundo actual mediante la revisión y estudio panorámico de estos organismos y normas internacionales.

comportamiento individual sea el debido. ¿Cuál? Ningún otro que el comportamiento consensualmente determinado como aceptable por parte de todos y cada uno, y que aun cuando a modo de figura retórica pueda seguirse hablando en términos de una "mano invisible", planetariamente hablando el gran conjunto de resultantes globales finales sea beneficioso para todos en cuanto sociedad planetaria, así como en lo particular para cada Estado. Salvo siempre posibles y quizás imposibles de erradicar por completo interrupciones de gran magnitud, ha quedado así definido el norte a alcanzar, aunque en la práctica jamás totalmente realizable a la perfección.[19]

¡Suprema exigencia!: Que el comportamiento de todos y cada uno de los Estados sea el consensualmente admitido. De otro modo el gran conjunto de efectos globales finales y de retroalimentación sobre cada Estado podrá ser cualquiera; inciertos entonces en categoría y magnitud los beneficios y perjuicios resultantes. Un intento dramático por convertir en visible y beneficiosa la consabida "mano invisible".

Pero, esencial afianzar la visualización hecha, cumpliendo la siguiente tarea:

Necesitamos mejorar nuestro entendimiento acerca de la relación que para bien o para mal existe entre, por un lado el gran conjunto de los comportamientos individuales (Estados en la visualización), y por el otro, en primera instancia, el gran conjunto de resultantes globales finales, para luego, en segunda instancia, retroalimentarse éstas sobre cada uno de quienes han estado actuando en función del entendimiento tenido de su propio interés.

---

[19] A escala planetaria jamás pensada por Adam Smith, vemos aplicada la metáfora "mano invisible" que le es atribuida. Pero ha de quedar bien claro lo siguiente: ¡solo plausible en un mundo de "angelitos de dios"! ¿Creía Adam Smith humanamente posible tal mundo? ¡Claro que no! Por lo tanto: 1- Mal puede haber estado a favor del extremo "laissez faire, laissez passer" (acuñada por Vincent de Gournay, fisiócrata del siglo XVIII) que exageradamente se le atribuye. 2- Mal puede haber estado en contra de la existencia de ciertas regulaciones y organismos requeridos para hacerlas cumplir. (*Lo que sí es cierto:* Adam Smith muy inclinado a que solo existiesen las regulaciones e instituciones estrictamente necesarias, y esto debido a su estar muy en sintonía con la ya tradicional desconfianza tenida en el mundo anglosajón relativa a los centros de poder gubernamentales y sus potenciales abusos)

Aclaratoria pertinente. En las muy contadas ocasiones en que Adam Smith recurre a la metáfora "mano invisible", se le ve mencionar a modo de ejemplo a unos pocos comerciantes diversos, pero ha de quedar bien claro que, aunque ignorantes de la resultante global de sus actuaciones, los supone muy al tanto de que está en su verdadero interés el comerciar honestamente.

Para cumplir con esta tarea, a modo de expediente habremos de recurrir a la primera de las cinco formulaciones (tres y dos variantes) del imperativo categórico de Kant, introducido en su más bien breve texto "Fundamentación de la Metafísica de las costumbres". Rige así la primera: ***"Actúa únicamente según la máxima que al mismo tiempo haga que puedas querer que ella se convierta en ley universal"***.[20]

Para no alargarnos en explicaciones, un simple ejemplo –ex profesamente formulado a la inversa– nos aclarará lo que mediante esta formulación transmite Kant. Sea la decisión a tomar la siguiente: "¿Cumpliré o no la promesa que le hice a fulano?". Según Kant, imperativo habrá de ser preguntarse: "¿Podría yo querer convertir en ley universal –válida para todo el mundo en toda ocasión y circunstancia– el que no se cumplan las promesas?" ¡Evidentemente que no! Muy fácil es visualizar cuan disfuncional sería para una sociedad el que en ella dominase una tal "máxima". En tanto que, por el contrario, muy funcional sí en ella prevaleciese la máxima: "promesa hecha, promesa que haya de cumplirse."[21]

---

[20] Tratándose el ejercicio aquí propuesto del comportamiento interesado de actores individualmente considerados (Estados en la visualización), muy pertinente es recordar la otra muy importante formulación del categórico imperativo de Kant: ***"Actúa de tal modo a que trates la humanidad tanto así en tu propia persona como en la persona de todo otro, siempre al mismo tiempo como un fin y jamás simplemente solo como un (mero) medio."*** ¿El mensaje? El que ningún ser humano haya de ser considerado y mucho menos tratado como un simple recurso. Peligrosa por lo tanto la expresión "recurso(s) humano(s)" cuando se torna la actitud dominante en el marco de la administración entendida como el manejo ("management") de los recursos: ¡clásica definición admitida sin mayor cuestionamiento! (ciertamente <u>no</u> será, veremos, la definición que Fayol propone en el capítulo 1 de la 1ª parte de AIG).

[21] Cabe la posibilidad de que el imperativo categórico de Kant, cualquiera de sus cinco formulaciones, no resuelva todos los dilemas éticos que a los seres humanos corresponde enfrentar, pero ciertamente ayuda a decidir muchos casos. Otro sencillo ejemplo: ¿convertiríamos en ley universal de comportamiento la "sistemática" impuntualidad? Evidentemente más aceptable es convertir en Ley universal el cumplimiento puntual generalizado de los compromisos. Quede bien claro sin embargo lo siguiente: comportarse debidamente –cumplir con las máximas del categórico imperativo– no significa que el común de la gente posea muchas luces acerca de las incidencias que sus comportamientos cotidianos habrán de tener sobre la sociedad como un todo, así como sobre los demás. Normalmente lo que existe es toda la gama, desde los muy pocos altamente conscientes de tales incidencias, hasta la gran mayoría cuya asimilación de las normas tan solo proviene de las amplias y diversas influencias experimentadas desde muy temprana edad; de su socialización más que de la consciente comprensión intelectual de la razón social de esas normas.

Pasar por Kant nos permite entender cuan dependiente es el gran conjunto de consecuencias globales y Estatales del cómo previamente se han comportando todos y cada uno de los Estados.

Poner al descubierto, en primera instancia, cuáles habrán de ser estos comportamientos según los más elevados estándares éticos para, en segunda instancia, lograr su consensual admisión, para finalmente el que sean libremente observados por parte de los seres humanos, ciertamente son transformaciones nada fáciles de lograr. En todo caso imposibles de alcanzar instantáneamente.

En suma: Cuando de una multitud de actores, homogéneos o muy diversos en cuanto a circunstancias vividas, características, preferencias y poder relativo poseído se trata, y no hay titiritero alguno, una manera cómoda de proporcionar una "explicación" al gran conjunto de resultados globales y particulares resultantes del sinnúmero de comportamientos individuales es en términos de la figura de una "mano invisible", aunque de inmediato aclarando la necesaria salud ética previamente determinada de esos comportamientos individuales. De ello habrá de depender que el gran conjunto de resultados globales y particulares sean al cabo favorables.[22]

---

[22] Por muy guiados por el interés que ellos lo están, no hacen excepción los comportamientos económicos de los actores. La "mano invisible" igualmente supone en alto grado la moralidad del comportamiento individual. Reiterando lo expresado en la nota al pie 19: en modo alguno podría Adam Smith admitir una "mano invisible" sustentada en el comportamiento libertino de los actores. Por lo tanto, a sabiendas de que los actores individuales no son "angelitos de dios", mal puede haber estado en contra de la necesidad de regular sus comportamientos económicos ¿Cuánta regulación? Y esto sí es Adam Smith: en cada caso —y cada caso es muy único— ni más ni menos que la absolutamente necesaria.

Si hay algo de lo cual cada quien debería protegerse, es de los clichés. Tienen la engañosa "virtud" de con facilidad persuadir, propagarse y ser asimilados como verdades que por obvias no requieren de validación. Así ha ocurrido con la "mano invisible" económica atribuida a Adam Smith, asumida sin mayor reflexión como falsa cuando no perversa por sus críticos.

Finalmente

Limitada a Estados y no a la totalidad del sinnúmero de los entes humanos individuales y grupales (entes sociales) de todas las clases y magnitudes existentes con la gran diversidad de comportamientos interesados que manifiestan y les caracteriza, la visualización realizada, como ya lo indicamos (notas 14, 17 y 18), solo tuvo por finalidad facilitar la presentación escrita de una realidad por lo demás extremadamente compleja, que solo vagamente puede ser visualizada, aunque en nada inútil tener hoy día conciencia de ella. Y en verdad, haciendo caso omiso de los eventos a los cuales nos somete la "madre naturaleza", se pierde de vista la real diversidad y complejidad del mundo humano actual: continuos acomodos y reacomodos de todo tipo a todo nivel: intra-personales, interpersonales, intra-inter-grupales, intra-inter-organizacionales, intra-nacionales, internacionales, intra-inter-regionales, planetarios... Constantes acomodos y reacomodos, lentos los unos, abruptos y hasta violentos los otros, continuamente ocurriendo cuando de la multitud de comportamientos particulares de individuos, grupos, organizaciones, naciones y regiones del planeta, bajo el difícil de superar por cada uno del influjo del "a-cada-acción-nuestra-correspondiente-reacción", intencionalmente o simplemente casualmente concordantes o reñidos, ocurre, sin que titiritero o divinidad alguna parezca estar tras ellos, la gran diversidad de resultados globales y particulares que continua y constantemente se manifiestan y se retroalimentan sobre todos y cada uno. En fin: el devenir histórico global fenomenológicamente y crudamente presentado, previo a toda interpretación o explicación.

Una visualización de aplicación general

1- *Punto de partida:* Un elevado número de actores individuales, trátese de seres humanos individualmente considerados o conformando la plétora de agrupaciones y entes sociales de todo tipo y magnitud, evidenciando un incalculable enorme número de comportamientos interesados, muy diversos visto su seguramente ser muy diferentes los unos de los otros en cuanto a historia, circunstancias vividas, características, preferencias y poder relativo poseído.

2- ***No hay titiritero,*** pero resultantes de dos clases (continua y constantemente) sí habrán:

> 2-a: En primera instancia efectos globales, considerados favorables y no favorables, sobre el gran conjunto de los actores, considerados entonces como miembros de un todo social;

> 2-b: En segunda instancia, cual retroalimentación, efectos considerados beneficiosos y no beneficiosos sobre todos y cada uno de los actores iniciales (y sobre los nuevos que en el ínterin se hayan incorporado, pasajera o definitivamente).

3- ***Cíclicamente vuelta al punto de partida:*** Elevado número de actores individuales evidenciando todo tipo de comportamientos interesados en función de la estimación que cada uno hace de los efectos cíclicamente cambiantes 2-a y 2-b.

4- ***El problema gubernamental a ser resuelto:*** Tras cumplido cada ciclo, procurar que del comportamiento interesado –atomizado y diverso– del gran número de actores de todas las clases y magnitud, se desprenda que a modo de resultantes, los efectos globales 2-a sean mayormente favorables y que en relación a cada actor los efectos particulares 2-b también sean mayormente considerados beneficiosos (continua y constantemente, claro está).

Metafóricamente expresado : Actores de todas las clases y magnitud procurando la realización de una "mano invisible" todo lo posible favorable globalmente para el todo social considerado, así como beneficiosa para cada actor individualmente entendido; expresión ello, actitud que evidencia la fuerte inclinación del ser humano, individualmente y en grupo, a procurar cada vez más y mejor tener en sus propias manos su porvenir: su fuerte inclinación a gobernar en lugar de ser manejado por las circunstancias.

5- ***Para que así ocurra,*** todo lo consensualmente que se pueda, estén determinados de antemano cuáles habrán de ser los comportamientos interesados de todas las clases, tanto los admisibles como los no admisibles.

6- ***Establecimiento de las regulaciones e instituciones correspondientes.*** Con el tiempo incrementar la autoridad de estas instituciones: legitimidad de sus sentencias y correspondiente poder para imponerlas: su poder gobernar.

7- ***Lo descrito muy lentamente ocurriendo de maneras muy diversas y con diferentes intensidades en cada una de las sociedades.*** [23]

En suma: aun cuando con esperanzadores avances frenados o interrumpidos por inevitables retrocesos, el ojalá inexorable progreso hacia un mundo cada vez más civilizado, gradual atenuación de las variadas modalidades de violencia, desde las más burdas y visibles hasta las más sutiles e imperceptibles.

Evidente pertinencia de Fayol en la justa medida en que apuntó como ningún otro a enseñar un oficio, ¿Cuál? Ya lo hemos dicho: el oficio de gobernar cualquiera sea el nivel jerárquico en el cual sea necesario que exista(n) quien(es) lo ejerza(n). [24] ***Necesarias luces por parte de quien(es) conduce(n) la nave social: nunca olvidando que "para donde va la nave allá van todos los que en ella se encuentran".***

Gobernar: procurar lograr los buenos oficios de la "mano invisible".

---

[23] Lentitud producto de lo difícil que ha sido y es poner de acuerdo a los seres humanos; su escasa capacidad para, cuando no consensos, alcanzar mayorías de irrefrenable gran peso.

[24] **Originalidad de Fayol**: Ni filósofo –pensador– de la política, ni científico –investigador– de la política. Concerniente al **oficio** de gobernar y su pertinencia, muy de provecho para al estudiante/lector sería complementar su comprensión del tema con el estudio detenido de la no tan larga sección: "**AL CIERRE: CONTINUA PERTINENCIA**" expuesta muy al final (p. 389 y siguientes) del libro: [Henri Fayol y el oficio de gobernar; introducción a su aprendizaje vía la lectura de "Administración industrial y general"], publicado también vía la plataforma "Kindle Direct Publishing" de Amazon con anterioridad a la presente traducción –noviembre 2020– por el mismo autor.

ESTRUCTURA DE LA OBRA SEGÚN CÓMO FUE ORIGINALMENTE PUBLICADA EN EL "Bulletin de la Société de l´Industrie Minérale" en 1916

Henri Fayol
"Administration industrielle et générale"

Precedida por un texto que a falta de un título que el propio H. Fayol le hubiese asignado, denominamos: **"Advertencia inicial"**

1ª PARTE:

Necesidad y posibilidad de una enseñanza administrativa

Capítulo 1
Definición de la administración

Capítulo 2
Importancia relativa de las diversas capacidades que constituyen el valor del personal de la empresa

Capítulo 3
Necesidad y posibilidad de una enseñanza administrativa

2ª PARTE:

"Principios y elementos de administración"

Capítulo 1
Principios de administración

Capítulo 2
Elementos de administración

ÍNDICE DE MATERIAS DETALLADO

(según 1ª publicación de la obra de Henri Fayol como libro en 1918; por la Editorial Dunod, Paris.)

FINALIDAD DE LA OBRA Y SU DIVISIÓN
(Sin título, la advertencia inicial de H. Fayol)

1ª PARTE
Necesidad y posibilidad de una enseñanza administrativa

CAPÍTULO PRIMERO
Definición de la administración

1º Función técnica
2º Función comercial
3º Función financiera
4º Función de seguridad
5º Función de contabilidad
6º Función administrativa

CAPÍTULO II
**Importancia relativa de las diversas capacidades
que constituyen el valor del personal de las empresas**

Empresa industrial - agentes - cuadro nº 1 (con cifras)
Empresa industrial - jefes - cuadro nº 2 (con cifras)
Empresas diversas
p.139 Cuadros nºs 3 y 4 (representaciones gráficas de los cuadros nºs 1 y 2)
p.140-141 Cuadro nº 5 (representación grafica): capacidades necesarias a las diversas categorías de agentes de una gran empresa metalúrgica.

CAPÍTULO III
Necesidad y posibilidad de una enseñanza administrativa

2ª PARTE
Principios y elementos de administración
CAPÍTULO PRIMERO
Principios generales de administración

1º División del trabajo
2º Autoridad - responsabilidad
3º Disciplina
4º Unidad de mando
5º Unidad de dirección
6º Subordinación del interés particular al interés general
7º Remuneración del personal
      Obreros:
            1º Pago por jornada
            2º Pago por tarea
            3º Pago por piezas
      Primas
      Participación en los beneficios
            Obreros
            Jefes medios

4º   Direcciones generales y locales
>Sistema Taylor
>>i. Necesidad de reforzar a los jefes de taller y a los capataces con un estado mayor
>>ii. Negación del principio de la unidad de mando

5º a 9º   Ingenieros principales, jefes de servicio, jefes de división, jefes de taller, obreros

(C)   ***Agentes o elementos constitutivos del cuerpo social***
>Jefes de las grandes empresas
>Jefes de las medianas y de las pequeñas empresas
>Jefes de departamento
>Agentes inferiores - obreros
>Elementos del valor de los jefes y de los agentes de las empresas
>>1º   Salud y vigor físico
>>2º   Inteligencia y vigor intelectual
>>3º   Cualidades morales
>>4º   Cultura general
>>5º   Conocimientos administrativos
>>6º   Nociones sobre las demás funciones
>>7º   Capacidad profesional especial característica de la empresa
>Cuadros de organización
>>*Reclutamiento*
>>*Formación de los agentes de empresa*
>>>Formación de los agentes de la industria minera y metalúrgica

(A) Papel de la escuela
>1º Enseñanza técnica superior
>>Conocimientos administrativos
>>Abuso de las matemáticas
>>Duración de los estudios
>>Consejos a los futuros ingenieros
>2º Enseñanza secundaria
>>a) Enseñanza universitaria
>>b) Enseñanza especial
>3º Enseñanza primaria
>>(b) Papel del taller (del patrono)
>>(c) Papel de la familia
>>(d) Papel del estado

3º MANDO
>1º   Conocimiento profundo del personal
>2º   Eliminación de los incapaces
>3º   Conocimiento profundo de los convenios que vinculan a la empresa y los agentes.
>4º   El buen ejemplo del jefe
>5º   Inspecciones periódicas del cuerpo social
>6º   Reuniones e informes
>7º   No dejarse absorber por los detalles

8º   Apuntar a que en el personal reine la unión, la actividad, la iniciativa y la dedicación

4º COORDINACIÓN
>Reunión semanal de los jefes de departamento
>Agentes de enlace

5º CONTROL

A continuación el importantísimo texto que precede a los tres primeros capítulos constitutivos de la 1ª parte de la obra "Administración industrial y general" de Henri Fayol. Sin título en el texto original, la denominamos "Advertencia inicial".

(1) El primer párrafo es clave para entender la obra toda. De entrada obsérvese que establece una clara relación entre la administración y el gobierno. ¿Cuál? ¿Por qué prestarle especial atención?

(2) ¿Tan solo un libro en el que se propone exponer *SUS IDEAS* acerca de la manera en que la administración debería cumplir su papel en gobierno de las empresas de cualquier clase? Pero entonces, ¿por qué habríamos de prestarle particular atención a las que el autor admite ser tan solo ideas suyas? ¿Acaso no debería la suya ser la exposición de conocimientos y no tan solo de simples opiniones?

ADMINISTRACIÓN INDUSTRIAL Y GENERAL[25]

La ***administración*** cumple en el gobierno de las empresas, de todas las empresas, grandes o pequeñas, industriales, comerciales, políticas, religiosas u otras, un papel muy importante.[26] Me propongo exponer aquí mis ideas acerca de la manera en que este papel debería ser cumplido.

---

[25] Así inicia Fayol lo que habrá de exponer. No consideró necesario ponerle un título específico al texto que sigue. Tan solo se le ve precedido, como también lo hacemos, por el título general de la obra. Lo expresado en estas líneas es de extraordinaria importancia, particularmente el primer párrafo. A falta de una mejor denominación utilizamos la expresión "Advertencia inicial" para referirnos a este texto introductorio. Omitirlo como lo hacen algunas traducciones comerciales al castellano es una grave falta.

[26] **Acerca de la presente traducción:**

En primer lugar, debido a que su utilización es más corriente, hemos optado por la palabra "empresas" en lugar de "quehaceres" para traducir la francesa "affaires". La palabra "quehaceres" habría sido más literal. Según la Real Academia Española, "quehacer(es)" –usada más en plural que en singular– significa "ocupación, negocio, tarea que ha de hacerse". Sin embargo, aunque la palabra "affaire(s)" posee estos mismos significados, su utilización cotidiana –tanto en singular como en plural– es mucho más extensa en francés que en nuestro idioma. Además de significar empresa, negocio, etc., posee una riqueza de connotaciones, algunas más vagas y otras menos (e.g.: ocupación, asunto, pleito o proceso judicial, escándalo, altercado, apuro, peligro, acción de combate, trasto, bártulos, etc.), no poseídas por la palabra "quehacer(es)" en castellano. Confirma nuestra selección de traducir "affaire(s)" por "empresa(s)" el que muy al inicio del primer capítulo Fayol pase a utilizar la palabra francesa "entreprises", la cual confortablemente traducimos al castellano con la palabra "empresas", como apuntamos seguidamente en la presente nota.

Por otra parte, es de observarse que hemos optado aquí, en esta singular primera oración del libro, por la palabra "empresa(s)" aunque con ello se perdiese la muy evidente orientación al hacer que el "faire" francés destaca en la palabra "affaire(s)". También es importante, a lo largo de toda la obra, evitar restringir la palabra "empresa(s)" a la única búsqueda del lucro o de intereses privados como usualmente se hace. Como lo evidencia la diversidad de categorías que menciona, el mensaje de Fayol apunta a cualquier sector del quehacer humano, tanto público como privado, con o sin fines de lucro, cualquiera sea su magnitud. La cabal comprensión de su obra exige preservar la amplitud del tema tratado, cual es el <u>gobierno</u> <u>de</u> <u>las</u> <u>empresas</u> pertenecientes a cualquier sector del quehacer humano. Que el lector, pues, a lo largo de toda la obra no se olvide del amplísimo significado aplicado a la palabra "empresa(s)" recién aclarado.

Aquí otra posibilidad hubiese sido traducir "affaire(s)" por "negocio(s)". No es sino a lo largo de la obra, en función del contexto, que en ocasiones hemos utilizado la palabra "negocio(s)" para traducir "affaire(s)", siempre recordando la misma recomendación ya hecha para la palabra "empresa(s)", cual es no restringir su significado a la sola búsqueda del lucro o de algún interés exclusivamente privado. Conviene recordar aquí el muy amplio sentido original de "negocio(s)" como negación del ocio; del latín "neg-otium". -->

Mi trabajo estará dividido en cuatro partes:

1ª parte. – ***Necesidad y posibilidad de una enseñanza administrativa;***

2ª parte. – ***Principios y elementos de administración;***

3ª parte. – ***Observaciones y experiencias personales;***

4ª parte. – ***Lecciones de la guerra.***

Las dos primeras partes –objeto del presente volumen– son el desarrollo de la conferencia que dicté en ocasión al cincuentenario de la "Société de L'Industrie minérale", en Saint-Etienne, en 1908.

Las partes 3a y 4a serán el objeto de un segundo volumen que se publicará próximamente.[27]

En cuanto a la traducción creemos también conveniente observar la utilización que a lo largo del texto Fayol hace de la palabra francesa "entreprise(s)", la cual siempre traduciremos con la palabra "empresa(s)" en español, aunque como ya apuntamos también la utilizamos para traducir "affaire(s)", cuando según el contexto así convenga.

En segundo lugar, también creemos importante comentar la traducción de la muy importante palabra francesa "gouvernement" –"gobierno" en español– aquí utilizada por Fayol por primera vez. Algunas de las traducciones de la obra al español por completo omiten a esta importantísima "Advertencia inicial". Hacerlo es por demás muy grave. Por otro lado, también hemos podido comprobar que en cierta traducción al español que sí la incluye, parece haber existido el temor de traducir "gouvernement" por "gobierno", utilizando en su lugar la palabra "dirección". ¿Por qué semejante timidez? Quizás por falsamente creer necesario evitar su asociación con entes del sector público y gobierno, cuando de un Estado se trata. Pero quienquiera consulte su significado en el Diccionario de la Real Academia Española y lo compare con "gouvernement" en francés encontrará que nada impide la traducción directa de una por la otra. Por lo tanto, visto que a lo largo de la obra Fayol con cierta frecuencia utiliza las palabras francesas "gouvernement" y "gouverner", no hemos dudado en traducirlas en cada ocasión con las palabras "gobierno" y "gobernar".

En tercer lugar, cabe preguntar por qué en lugar de iniciar este importantísimo primer párrafo diciendo "La ***administración*** <u>desempeña</u>…", hemos preferido iniciarla con "La ***administración*** <u>cumple</u>…". Aunque pudiera parecer ser indiferente elegir cualquiera de las dos expresiones, seleccionamos esta última debido a la muy particular palabra con la cual Fayol concluye la segunda oración del párrafo, la francesa "rempli", para la cual preferimos "cumplido" en lugar de "desempeñado", por más adecuadamente transmitir la exigencia de un "completar" que el "devrait" francés (castellano "debería") expresa.

[27] **Para su información:** Fayol no alcanzó a completar su proyecto original. Con respecto a la 3ª parte existe un crudo borrador bastante extenso; de la 4ª parte tan solo unas pocas líneas. Leídos estos textos queda clara su naturaleza complementaria a las dos primeras partes que sí publicó, las cuales se bastan a sí mismas para transmitir lo que Fayol se propuso decir. Debido a esto no nos hemos sentido obligados a traducir y comentar estos borradores.

1ª PARTE:

NECESIDAD Y POSIBILIDAD
DE UNA ENSEÑANZA ADMINISTRATIVA

Capítulo I. – *Definición de la administración.*

Capítulo II. – *Importancia relativa de las diversas capacidades que constituyen el valor del personal de las empresas.*

Capítulo III. – *Necesidad y posibilidad de una enseñanza administrativa.*

Obsérvese lo que Fayol promete cumplir al cabo de los tres capítulos constitutivos de la 1ª parte de "Administración industrial y general". Son dos cosas, tanto la **NECESIDAD** como la **POSIBILIDAD** de una enseñanza administrativa. Completada la lectura de estos tres capítulos corresponde al estudiante/lector verificar si en verdad ha cumplido, cómo lo hizo y cuán completas y sólidas fueron las razones que expuso.

CAPÍTULO PRIMERO DE LA 1ª PARTE

(1) Acerca de la DEFINICIÓN de inmediato pregúntese: ¿Para qué definir? ¿Qué beneficios proporciona hacerlo? ¿Cómo lo hace Fayol? ¿Acaso existen diversas maneras de definir? Investíguelo.

(2) En el título Fayol promete una definición de la ADMINISTRACIÓN, pero llegado al sitio indicado lo que en verdad le vemos definir es ADMINISTRAR. ¿Se trata de algo sin importancia, de un descuido de Fayol o por el contrario un viraje que debe sorprender y ser tenido muy en cuenta por el estudiante/lector?

(3) ¿Será Ud. capaz de encontrar las dos definiciones del ADMINISTRAR que figuran en este primer capítulo, así como también las dos definiciones del GOBERNAR que también allí figuran?

(4) ¿De qué manera prepara Fayol el camino que desemboca en su primera definición del ADMINISTRAR? Examine detenidamente ese recorrido y vea si inequívocamente conduce a esa primera definición. ¿Plenamente satisfactorio ese recorrido? De no serlo, ¿invalida ello por completo el significado que esta definición supone transmitir acerca del que posiblemente es, cuando no el más, uno de los términos clave más importantes que la obra introduce?

(5) Tras haber presentado en términos de cinco verbos su definición del administrar y esbozado el significado de cada uno, en los cinco muy breves párrafos finales del capítulo Fayol afirma, cual si fuesen obvias, sobre todo en el primero y último, ciertas cosas acerca de la administración. ¿Qué cosas afirma? ¿Se verán bien aclaradas y justificadas en lo que sigue? Esté atento.

Capítulo Primero

DEFINICIÓN DE LA ADMINISTRACIÓN

Todas las operaciones a las cuales dan lugar las empresas pueden repartirse entre los seis grupos siguientes: [28, 29]

1°-Operaciones *técnicas* (producción, fabricación, transformación); [30]

2°-Operaciones *comerciales* (compras, ventas, intercambios);

3°-Operaciones *financieras* (búsqueda y gerencia de los capitales);

4°-Operaciones de *seguridad* (protección de los bienes y de las personas);

5°-Operaciones de *contabilidad* (inventario, balance, precio de costo, estadísticas, etc.);

6°-Operaciones *administrativas* (previsión, organización, mando, coordinación y control).

Sea la empresa simple o compleja, pequeña o grande, estos seis grupos de operaciones, o *funciones esenciales*, se encuentran en ella siempre. [31, 32, 33]

---

[28] **Traducción:** En esta oración la palabra "empresas" traduce la francesa "entreprises", cuya etimología expresa la secuencia siguiente: <"inter", "prae" y "hendere"> en latín, que literalmente puede traducirse como <"en el lugar" "antes" de "agarrar, coger, asir o empuñar">, conjunto significante que coincide bastante bien con el sentido usual que le damos al verbo "emprender" en castellano. De allí que hayamos considerado adecuado traducir el francés "entreprises" con la palabra "empresas". Quien emprende está momentáneamente situado en aquél lugar desde donde —aunque no lo haya logrado aún— se dispone a agarrar, coger, asir o empuñar lo que se propone.

[29] **Necesaria reflexión:** En los pocos párrafos que siguen Fayol inicia su libro con una caracterización de la empresa notoriamente diferente a la que típicamente haría un científico o un filósofo. A la hora de estudiar o pensar cualquier tema, el punto de partida de éstos es predominantemente contemplativo. Ahora bien, **Ejercicio:** si ni científico ni filósofo ¿qué tiene de diferente y peculiar el punto de partida de Fayol? Apuntando a entenderlo cada vez mejor, mantenga en mente este hecho a lo largo de su lectura de la obra.

[30] **Aclaratoria:** Con frecuencia, en las empresas la palabra "operaciones" se utiliza exclusivamente para denominar las incluidas en este primer grupo (producción, fabricación, etc.). Esto es debido a que la función técnica caracteriza la razón de ser de la empresa, cual es proveer algún producto o servicio. Obsérvese, sin embargo, que el significado que Fayol le da a la palabra "operaciones" es el originalmente más amplio (del latin *opus*, obra, actividad productiva). También son para él operaciones todas las incluidas en los restantes cinco grupos.

[31] **Algo de semántica:** Para Fayol son funciones esenciales cada uno de los seis grupos de operaciones. En la primera oración nos dijo que todas las operaciones a las cuales dan lugar las empresas pueden

Los cinco primeros grupos son bien conocidos; algunas palabras bastarán para delimitar sus dominios respectivos. El grupo *administrativo* requiere mayor explicación.[34]

---

repartirse en seis grupos. Ahora nos afirma que se trata de funciones <u>esenciales</u> y que en toda empresa se encuentran. **Ejercicio:** ¿Qué sentido –significado– conviene aquí darle a la palabra "esencial"?

Observación: La palabra "función" proviene del latín "functus" significando: llevar a cabo, cumplir. De allí que nada tenga de extraña la conjunción que Fayol establece entre "grupos de operaciones" y "funciones": "operaciones" para el obrar de la empresa y "funciones" para lo que ella hace.

A reflexionar: Fayol <u>caracteriza</u> a la empresa en términos de operaciones y funciones. **Ejercicio:** ¿En qué difiere su caracterización de las que harían un científico o un filósofo?

[32] **Aclaratoria:** Vistas las categorías de empresas que a modo de ejemplo Fayol menciona en la primerísima oración de AIG en su "Advertencia inicial" queda bien claro que ellas pueden ser de cualquier clase y magnitud, tanto públicas como privadas, con o sin fines de lucro. Aunque la denominación utilizada por Fayol para cada uno de los seis grupos es, con variantes, de uso corriente en las empresas privadas lo importante es retener el concepto y entender que en el sector público, mundos militar o religioso, entes sin fines de lucro, etc. los términos habrán de ser los acostumbrados en esos otros sectores de actividad humana y no necesariamente coincidir con los aplicados en las empresas privadas.

A retener: La arraigada costumbre es utilizar la palabra "organización(es)" para en su conjunto referirse a la multitud de agrupaciones humanas existentes de cualquier clase. **Ejercicio:** En lugar de "organización(es)" ¿Cómo entender la preferencia de Fayol por la palabra "empresa(s)", para a modo de un "gran paraguas" referirse a la gran diversidad de agrupaciones humanas, cualesquiera sean los sectores de actividad a los cuales pertenezcan?

[33] **A reflexionar:** 1- **Ejercicio:** ¿El cumplimiento en las empresas de cada una de las seis grandes funciones convierte en esencial el que físicamente exista un departamento centrado en la ejecución del correspondiente grupo de operaciones? ¿Por qué no?

2- **Ejercicio:** Hay casos que podrían hacernos creer que no siempre en la empresa existen los seis grupos de operaciones. Esta impresión debe ser falsa. Recuérdese que todas ellas son funciones <u>esenciales</u>. Por ejemplo, ¿cómo resolvería Ud. tal impresión falsa en el caso de una institución bancaria, en la cual parece que brilla por su ausencia la función técnica (producción, fabricación, transformación)?

[34] **Aclaratoria:** Debe quedar claro que no es del todo cierto que los primeros cinco fuesen bien conocidos. En realidad, tratándose de la época, el único grupo en pleno desarrollo, bien conocido y apreciado es el correspondiente a la función técnica. Fayol lo sabe y precisa mejor el asunto más adelante. Pero ocurre que en este primer capítulo está ansioso por introducir y definir la función administrativa, la cual, veremos, considera ser de suma importancia, pero igualmente la menos desarrollada y comprendida.

1º Función técnica.[35]

El número, la variedad y la importancia de las operaciones técnicas, el hecho de que los productos de toda clase (materiales, intelectuales, morales) provengan generalmente de las manos del técnico; la enseñanza –poco más o menos– exclusivamente técnica de nuestras escuelas profesionales; las oportunidades que le son ofrecidas a los técnicos...; todo concurre para darle a la función técnica, y por consiguiente a la *capacidad técnica*, un relieve que deja en las sombras otras capacidades, tan necesarias y a veces más útiles para la marcha y la prosperidad de las empresas que la propia capacidad técnica.

Sin embargo, la función técnica no siempre es la más importante de todas. Incluso en las empresas industriales hay circunstancias en que, sobre la marcha de la empresa, cualquiera de las otras funciones puede ejercer una influencia mucho mayor que la función técnica.[36]

No hay que perder de vista que las seis funciones esenciales están en estrecha interdependencia. La función técnica, por ejemplo, no puede subsistir sin materias primas y sin mercados para sus productos, sin capitales, sin seguridad y sin previsión.[37]

---

[35] **Prestar atención:** ¿Cuál es en cada caso el concepto y mensaje central de Fayol en relación a cada una de las cinco primeras funciones esenciales (técnica, comercial, financiera, de seguridad y contabilidad)?

[36] **Aclaratoria:** Recuérdese que la época de Fayol –segunda mitad del siglo XIX– coincide con el pleno apogeo de la Revolución Industrial. El fenómeno más visible que opaca a todos los demás factores es la profunda transformación de la producción. De allí la especial relevancia adquirida por la función técnica. Fayol está consciente de esto y sin embargo, su experiencia como jefe de empresa, le permitió comprobar que el éxito de ésta requiere del concurso de variadas funciones –las seis que introdujo– y de sus correspondientes capacidades.
Necesaria precisión: Desde el punto de vista del enfoque de sistemas se ha querido caracterizar a ciertos autores del campo –Fayol incluido– como quienes, ignorando al entorno, estudiaron exclusivamente a la empresa desde el punto de vista de los hoy día calificados como sistemas cerrados; punto de vista que habría sido ampliamente superado por el enfoque de los sistemas abiertos. Amén de evidentemente tratarse de una opinión interesada, debe quedar claro que en cuanto dirigente de empresas en ningún momento debe Fayol haber subestimado la importancia del entorno y sus mutuas relaciones con la empresa, solo que la finalidad de AIG es totalmente otro que el estudio de estas relaciones. **Ejercicio:** Familiarícese con el enfoque de sistemas, en general y su aplicación a las realidades empresariales.

[37] **A retener:** Luego de destacar la especial notoriedad de la función técnica durante la Revolución Industrial, Fayol procura restablecer una concepción más equilibrada de la importancia de las seis clases

2º Función Comercial.

Frecuentemente la prosperidad de una empresa industrial depende de la función comercial tanto como de la función técnica; si el producto no encuentra salida, ocurre la ruina.

Saber comprar y vender es tan importante como saber fabricar bien.

Con sutileza y decisión, la habilidad comercial implica un profundo conocimiento del mercado y de la fuerza de los rivales, una previsión de largo aliento y, en el caso de las grandes empresas, la practica creciente de acuerdos.

Por último, cuando ciertos productos pasan de un departamento a otro en una misma empresa, la función comercial procura que los precios fijados por la autoridad superior –denominados *'precios de orden'*– no sean fuente de peligrosas ilusiones.[38]

3º Función Financiera.

Nada se efectúa sin su intervención. Se necesitan capitales para el personal, para los inmuebles, para las herramientas, para las materias primas, para los dividendos, para las mejoras, para las reservas, etc. Necesaria es una hábil gestión financiera para procurarse capitales, para extraer el mejor partido posible de las disponibilidades, para evitar los compromisos temerarios.

Muchas empresas que podrían haber sido prósperas mueren de la enfermedad de la falta de dinero.[39]

---

de operaciones y mutuas relaciones. De allí su empeño en recordarnos la existencia de los restantes cinco grupos de operaciones o funciones esenciales, su <u>estrecha</u> <u>interdependencia</u>, así como su importancia relativa y variable en función de las circunstancias internas y externas por las cuales atraviesa la empresa.

[38] La expresión "precios de orden", traducción literal del "prix d´ordre" francés. Entiéndase como "precios de transferencia internamente establecidos" versus los establecidos por algún mercado.

[39] **Una de las cosas a tomar en cuenta a la hora de leer AIG:** La formación de ingeniero de Fayol ciertamente le hace valorar los hechos. Sin embargo, en su advertencia inicial, nos dijo que el propósito de su obra es "exponer sus ideas acerca de la manera en que este papel (el de la administración <u>en</u> el gobierno de cualquier clase de empresa) <u>debería</u> ser cumplido". La palabra "debería" no debe perderse de visa. De allí que a todo lo largo de AIG con frecuencia observaremos a Fayol aseverar hechos y, sin embargo, ocultarse tras la aparentemente inocua exposición de ellos y con base en su larga experiencia

Ninguna reforma, ninguna mejora es posible sin disponibilidades o sin crédito.

Una condición esencial del éxito es tener constantemente ante la vista la situación financiera de la empresa.

4º Función de Seguridad.

Tiene por misión proteger los bienes y las personas contra el robo, el incendio, la inundación; evitar las huelgas, los atentados y en general todos los obstáculos de orden social que puedan comprometer la marcha e incluso la vida misma de la empresa.

Es el ojo del amo, es el perro guardián de la empresa rudimentaria, es la policía, es el ejército en el caso del Estado. De manera general, es toda medida que le da a la empresa seguridad; al personal, la tranquilidad de espíritu que necesita.[40]

5º Función de Contabilidad.

Es el órgano de visión de las empresas. En todo instante debe permitir saber adónde se está y hacia dónde se va. Acerca de la situación económica de la empresa debe dar indicaciones exactas, claras, precisas. [41]

---

personal, importantes preceptos tocantes al deber ser de la administración en el gobierno de cualquier clase de empresa. Véase, por ejemplo, la presentación por demás lacónica que acaba de hacer del singular hecho siguiente: "Muchas empresas que podrían haber sido prósperas mueren de la enfermedad de la falta de dinero". ¿Solo la afirmación de un hecho? No, leído a la luz del propósito preceptivo anunciado en la "Advertencia inicial" nos ha de quedar bien claro el siguiente precepto: "Procure quien gobierna, en cuanto agente que administra, estar muy pendiente de las disponibilidades. No poseerlas en los montos y oportunidades requeridas puede en ciertos casos tener muy graves consecuencias." La presentación del hecho es claramente intencional. Fayol está aleccionando al lector.

[40] **Observación:** Nótese que el concepto de Fayol de seguridad es sumamente amplio. Incluye todas aquellas operaciones que en algún sentido apuntan a "proteger y evitar". Hoy día, aunque no siempre con esta denominación, lo que predomina en las grandes empresas es el concepto de "protección integral". La función de seguridad perfectamente desempeñada coincide con la perfecta prevención.

[41] **Una aparente crítica terminológica:** En lugar de hablarnos de contabilidad en cuanto tal, Fayol explicita en pocas palabras la finalidad buscada y lo que de esta función espera: "Es el órgano de visión de las empresas. En todo instante debe permitir saber dónde se está y hacia dónde se va. Acerca de la situación económica de la empresa debe dar indicaciones exactas, claras, precisas". Como se ve, un conjunto muy amplio y exigente de requerimientos que la contabilidad profesional, tal cual se la entiende y enseña actualmente, y por muy completa y rigurosa que sea su puesta en práctica, tan solo muy parcialmente puede satisfacer. Lo esencial, lo que Fayol espera de esta función es todo lo que en materia de información, conocimiento e inteligibilidad de las circunstancias, tanto internas como

Una buena contabilidad, sencilla y clara, que dé una idea exacta de las condiciones de la empresa, es un poderoso medio de dirección.

Para esta función, como para las demás, cierta iniciación es necesaria. La indiferencia tenida por ella en las grandes escuelas industriales evidencia un no darse cuenta de los servicios que presta.

6º Función Administrativa

Ninguna de las cinco funciones precedentes está a cargo de establecer el programa general de acción de la empresa, de constituir el cuerpo social, de coordinar los esfuerzos, de armonizar los actos. Estas operaciones no forman parte de las atribuciones de la función técnica, como tampoco de las atribuidas a las funciones comercial, financiera, de seguridad o de contabilidad.[42] Constituyen otra función designada habitualmente con el nombre de *administración* y cuyas atribuciones y límites están bastante mal definidos.

La *previsión*, la *organización*, la *coordinación* y el *control*, indiscutiblemente forman parte de la administración como se la entiende corrientemente.[43,44]

---

externas, del pasado y del porvenir, atinentes a la empresa, pudiese en cada instante necesitar quien esté a cargo de conducirla. En suma: todo lo capaz de suministrar la información, entendimiento y conocimientos constitutivos de "...un poderoso medio de dirección", como señala más adelante. **Sin embargo**, a los efectos de la presente traducción y posteriores comentarios seguiremos utilizando la palabra "contabilidad", aun cuando siempre manteniendo en mente, conscientes de su limitada cobertura, lo que realmente Fayol espera de esta función: información, conocimiento y entendimiento de todo lo pertinente. Si no "contabilidad" y de empeñarnos en actualizarla a fin de realzarla como la función esencial que es, ¿qué nueva denominación o expresión podría utilizarse? **Ejercicio**: discutir posibilidades.

[42] Retener en mente los cuatro ejemplos de operaciones administrativas que Fayol acaba de mencionar; habrán de retornar. En verdad son tres ya que las dos últimas se refieren a lo mismo.

[43] ¿Indiscutible para Ud., estudiante/lector, la cuádruple inclusión en la administración que Fayol acaba de hacer cual si además fuese muy obvia? **Ejercicio**: Darle seguimiento al asunto para ver si en lo que resta del capítulo, y cuidado sino el resto de la obra, Fayol le persuade. ¿Qué implicación tendría para Ud. la ausencia de una explícita o cuando menos tácita persuasión?

[44] **Ejercicio**: ¿Es así como corrientemente ha entendido Ud. la administración? Si no ha sido así, ¿cuál ha sido hasta ahora su entendimiento de la administración? Concluido el estudio de este primer capítulo y en posesión del entendimiento, vía definición, propuesto por Fayol, respecto a ese entendimiento

¿Necesario incluir también el *mando*? No es obligatorio; se podría estudiar el mando aparte. Sin embargo, me he decidido incorporarlo en la administración por las razones siguientes:[45]

1º El reclutamiento, la formación del personal y la constitución del cuerpo social, que están a cargo de la administración, interesan en sumo grado al mando;

2º La mayoría de los principios del mando son principios de administración. Muy estrechamente entremezclados están administración y mando. Desde el solo punto de vista de la facilidad del estudio, había interés en agrupar estas dos clases de operaciones.

3º Este agrupamiento tenía, además, la ventaja de constituir una función muy importante, digna de atraer y retener la atención del público, al menos tanto como la *función técnica*.

Por lo tanto, he adoptado la siguiente definición: [46]

Administrar es prever, organizar, mandar, coordinar y controlar.[47, 48]

---

previo, ¿qué hará? ¿De algún modo ligarlo con el nuevo? ¿Borrarlo de su mente? ¿Mantenerlo hasta cuando pueda por fin ver que hará con él?

[45] ¿Incluir el *mando*? Fayol afirma haberse decidido incorporarlo con base en las tres razones que expone seguidamente. **Ejercicio**: Examínelas cuidadosamente. ¿Plenamente justificada la decisión de Fayol? Si falaz en más de un aspecto, ¿no han las decisiones propias así como las que se quiere lograr de otros estar sustentadas en verdades procesadas con el debido rigor? ¿Acaso Fayol no debería, vista su sólida formación de ingeniero, estar en cuenta de cómo rectamente utilizar el lenguaje a la hora de proponerse persuadir al lector, o a quienquiera oralmente? Si falaz en más de un aspecto, ¿cómo fortalecería Ud. la decisión de Fayol de incluir al mando en la administración?

[46] Forman indiscutiblemente parte de la administración la previsión, la organización, la coordinación y el control, incluido ahora el mando, tan solo, por lo tanto, nos dice Fayol, resta por su parte adoptar la definición que sigue. Suena a deducción, pero… ¿sólida deducción que lleve a que el estudiante/lector también la adopte? **Obligado Ejercicio**: examinar la totalidad del camino que, guiado por Fayol, Ud. ha recorrido en este primer capítulo de AIG hasta llegar a la definición que propone. ¿Forzosamente conduce a adoptar la definición propuesta? Precise los aciertos y deficiencias del camino recorrido.

[47] Salta a la vista que Fayol no define al sustantivo "administración", que el título del capítulo parecía prometer. Más bien lo que define es al verbo "administrar" y, además ¡lo hace en términos de cinco verbos!, precisamente los correspondientes a los cinco sustantivos que presentó muy al principio del capítulo a la hora de introducir a la administración como el sexto grupo de operaciones.   Sigue ->

Prever, es decir escrutar el porvenir y establecer el programa de acción;

Organizar, es decir constituir el doble organismo, material y social, de la empresa;

Mandar, es decir hacer funcionar al personal;

Coordinar, es decir enlazar, unir, armonizar todos los actos y todos los esfuerzos;

Controlar, es decir velar que todo ocurra de conformidad con las reglas establecidas y con las órdenes dictadas.[49]

Así entendida, la *administración* no es ni un privilegio exclusivo, ni una carga personal del jefe o de los dirigentes de la empresa; es una función que se reparte, como las demás funciones esenciales, entre la cabeza y los miembros del cuerpo social.[50]

Ejercicio: Reflexionar: ¿Simple ausencia de una rigurosa distinción entre sustantivos y verbos por parte de Fayol? O, si hecho a conciencia, ¿importante indicativo acerca del cómo ha de ser leído el resto de la obra? (Particularmente a la luz de lo que nos dijo proponerse en su "Advertencia inicial"? Recordémoslo: "Me propongo exponer aquí mis ideas acerca de la manera en que este papel debería ser cumplido" (se trata del muy importante papel que la administración cumple en el gobierno de las empresas de todas las clases). **Medite:** ¿Se encuentra Ud. en condiciones de precisar cómo ha de ser leída la obra de Fayol?

[48] **Importante**: A los cinco verbos constitutivos de esta primera definición, más adelante Fayol los denominará "<u>Elementos</u> de la administración" (título del capítulo 2 de la 2ª parte de AIG). **Ejercicio**: Si en definitiva así los califica, y como contraparte natural a la palabra "elementos" en general figura la palabra "compuesto", ¿cómo ha de ser entendida en este caso la relación entre el todo las partes? En nuestro caso la relación consistente en el compuesto "administrar", un verbo, incluir a cinco elementos también verbos: "prever", "organizar", "mandar", "coordinar" y "controlar". ¿Más de una manera de entender la inclusión de partes en un todo" ¿Cuáles y cuál de ellas aplica cuando al todo se le denomina "compuesto" y a las partes "elementos"? **Ayuda**: 1- Procúrese unos cuantos ejemplos de totalidades que en cuanto tales incluyen partes; 2- Determine la manera en que éstas ve ven incluidas en ese todo; 3- Si alguno de estos ejemplos de totalidades amerita ser calificada "compuesto" y sus partes "elementos", ¿cómo alcanza a ocurrir la inclusión de estos en ese todo? **Ejemplo**: Un "rompecabezas" ya armado sin duda es un ejemplo de totalidad que no amerita ser denominada un "compuesto" ni sus partes "elementos", y sin embargo muy clara la relación de inclusión: las partes se denominan piezas las cuales habrán de completar la imagen impresa del rompecabezas toda vez que las formas de los lados de cada pieza se con-formen con las varias vecinas. **Desarrolle otro ejemplo, pero para un compuesto.**

[49] Visto que no será sino hasta el quinto y último capítulo de AIG que habrán de ser tratados extensamente, Fayol creyó necesario hacer una primera breve presentación de cada uno de los cinco elementos constitutivos del administrar. Obsérvese que el aspecto dominante de cada una de estas presentaciones es la introducción de uno o más verbos para explicitar el significado de cada elemento. Verbos que son ahora de cuarto nivel (los cinco elementos como verbos de tercer nivel, "administrar" el verbo de segundo nivel quedando en el primer nivel "gobernar"; AIG centrada en estos tres niveles).

[50] En primer lugar y con implicaciones que conviene mantener presentes: la expresión "cuerpo social", muy arraigada en la tradición sociopolítica francesa, es con cierta frecuencia utilizada por Fayol.

La función **administrativa** se distingue claramente de las otras cinco funciones esenciales.

Importa no confundirla con el **gobierno**.

Gobernar es conducir la empresa hacia su meta buscando extraer el mejor partido posible de todos los recursos de los cuales dispone; es asegurar la marcha de las seis funciones esenciales.

La **administración** tan solo es una de las seis funciones cuya marcha debe el gobierno asegurar. Pero ocupa en el papel de los altos jefes un lugar tan grande que a veces puede, este papel, parecer ser exclusivamente administrativo. [51, 52]

Limitémonos a aclarar que la utiliza para referirse a la parte humana de la empresa, entendida como cuerpo; es decir, como un todo orgánico y no como el simple tejido de individuos interrelacionados. Para que haya cuerpo no basta con la simple existencia, por muy densas e intensas que ellas sean, de interrelaciones externas entre los individuos de un determinado grupo, entendidos ellos como seres estrictamente distintos y separados (tal es la tradición anglosajona). Para que haya cuerpo social es necesario más. Se requiere que exista un cierto grado mínimo de compenetración entre los miembros del cuerpo, así como también compenetración entre cada uno ellos y el todo social al cual pertenecen, que se trate de una sociedad, pueblo, tribu, familia, partido político, iglesia, grupo, etc. Así, más allá de tan solo ser y comportarse como individuos singulares pasan a ser miembros del cuerpo en cuestión. Entonces, **Ejercicio**: ¿Qué puede significar esto: el que la administración –el administrar– se reparta, como las otras cinco funciones esenciales, entre la cabeza y los miembros del cuerpo social de la empresa? ¿Todos –significando cada uno– involucrados por igual y de la misma manera en el cuido y ejecución de las operaciones correspondientes a las funciones técnica, comercial, financiera, de seguridad y contabilidad, así como también en las concernientes al administrar? Difícilmente, pero entonces y si no por igual y de la misma manera ¿de cuál manera, con cuál alcance, con cual profundidad cada quien? ¿Acaso la división del trabajo no supone precisamente la existencia de una diversidad de agrupaciones o unidades organizativas centradas cada una de ellas en el cumplimiento de su respectiva función esencial? Retornar a este ejercicio toda vez que haya concluido su estudio del próximo capítulo.

[51] Los cuatro últimos párrafos del presente capítulo permiten profundizar en la relación que Fayol introduce en el importantísimo primer párrafo de su "Advertencia inicial", cual es el papel muy importante que la administración –cuya definición verbal ahora ya poseemos– cumple en el gobierno de las empresas de todas las clases, "gobierno" evidentemente también vuelto ahora verbal toda vez que inicia la definición que de él nos acaba de introducir en el penúltimo párrafo así: "Gobernar **es**...".

Cuatro últimos párrafos del capítulo que posibilitan en nuestro idioma la muy particular conversión verbal del texto inicial de la referida "Advertencia inicial" así:

*"El **administrar** cumple _en_ el _gobernar_ de las empresas, de la todas las empresas, grandes o pequeñas, industriales, comerciales, políticas, religiosas u otras, un papel muy importante. Me propongo exponer aquí mis ideas acerca de la manera en que este papel debería ser cumplido."*

Así aclarado el sentido verbal de la obra entendemos que, en lugar de tratarse de la inclusión del <sustantivo> "administración" dentro del <sustantivo> "gobierno", lo que realmente expresa esta importantísima primera oración de la obra es la inclusión del ejercicio del <verbo> "administrar" en cuanto parte que cumple un muy importante papel en el ejercicio del <verbo> "gobernar" de las empresas de cualquier clase y magnitud.

Ejercicio: Interrogante ahora muy fácil de contestar. Estudiante/lector: ¿cuál es el _oficio_ que habrá de mantener en mente como gran marco del "administrar" a todo lo largo de su lectura/estudio de la obra?

Aclaratoria: Verbalización que en francés obliga a Fayol una y otra vez a pasar del sustantivo al verbo, ventaja que en este caso el idioma español posee relativo al francés: relativamente cómodo en español decir "Administrar es parte de gobernar", en tanto que, por ejemplo, muy lejos de ser francés el atreverse decir: "administrer, cela fait partie du gouverner". Ventaja que no aprovechamos, con lo cual, nuestra traducción reparte substantivos y verbos tal cual figuran en el original francés, uno de los factores que ha dificultado entender a Fayol. **Ejercicio**: investigue lo que son los infinitivos nominales de naturaleza sintáctica así como lo que en español permiten hacer.

[52] Pero también otra profundización. La que precisamente concierne la existencia de una segunda definición del "administrar" implícita en estos breves párrafos finales. **Ejercicio**: Asumido el reto de encontrarla y recordando lo que en fin de cuentas toda definición debe lograr hacer, procure Ud. formular esta segunda definición.

Pero hay más: ¡También está presente una segunda definición del "gobernar"! ¿Cuál será?

¡Y todo ello, por así decirlo, escondido en los cuatro párrafos finales de este primer capítulo de la obra!

¿Se acabaron las sorpresas? Pues no: ¿qué nos dijo Fayol en la primerísima oración del libro que figura en su "Advertencia inicial"? Afirmó lo siguiente: *"La administración cumple en el gobierno de las empresas de todas las clases un papel muy importante"*. Pero ahora, ¿qué nos acaba de afirmar en la presente primera oración del último párrafo del primer capítulo de su obra? Textualmente lo siguiente: *"La administración tan solo es una de las seis funciones cuya marcha debe el gobierno asegurar"*. En español tenemos la ventaja de poder formular verbalmente ambas afirmaciones. Veamos. En _primer_ lugar: *"el administrar cumple un papel muy importante en el gobernar de…"* En _segundo_ lugar: *es deber del gobernar asegurar la marcha del administrar* (una función de entre seis). ¿Acaso no se nos presenta aquí una evidente circularidad? Circularidad viciosa o virtuosa, pero circularidad al fin. ¿Habrá manera de superar el desconcierto que ella crea? **Ejercicio**: Meditar al respecto.

Importante. Siempre que en la totalidad de lo que sigue –la traducción y notas al pie– aparezcan las palabras "administración" y "administrar" recuerde que su significado siempre corresponde con las dos definiciones que Fayol ha introducido y no otras, así como no olvidar su relación de inclusión en el gran contexto que las palabras "gobierno" y "gobernar" definen. Por lo tanto, evite la intromisión en su mente de cualquier otro significado de uso corriente que a esas cuatro palabras se les da. Lo mismo en su momento cuando de las palabras que se refieren a los cinco elementos se trate.

CAPÍTULO II DE LA 1ª PARTE

1º- Muy al inicio, cual si fuese asunto de inmediata comprensión, Fayol introduce la noción de <u>capacidad</u>. Categorizadas las capacidades en términos de los seis grandes grupos de operaciones o funciones esenciales que introdujo en el primer capítulo, pasa a afirmar que en cada caso la capacidad de cada agente se fundamenta en un conjunto de tres grandes clases de <u>cualidades</u> así como de tres grandes clases de <u>conocimientos</u>: combinación de componentes que explica la capacidad a ser poseída por cada clase de personal en la empresa. Examine detenidamente este séxtuple desglose. Contiene un buen número de algunas de las palabras más destacadas que han ameritado profunda reflexión por parte de múltiples de los grandes pensadores a lo largo de la historia. Investíguelas, siempre pensando en la conexión de cada una de ellas con que el agente pueda ser más o menos capaz.

2º- Toda la exposición de Fayol en este capítulo se centra en la presentación y discusión de dos cuadros. Lo que se proponía lograr queda bien claro en la gran conclusión que expresa en negrillas al final de capítulo. Todo depende de la validez de esos cuadros. Pero entonces: ¿de dónde cree Ud. que provienen los datos que expone en esos cuadros? Fayol no parece sentir la necesidad de justificarlos rigurosamente. ¿Qué puede Ud. suponer al respecto?

3º- El penúltimo párrafo, impreso en la versión francesa en letras cursivas, expone las grandes conclusiones que se desprenden de todo el estudio anterior. Pero entonces, ¿de dónde proviene la inmediata categórica afirmación (en letras negrillas) con la cual Fayol cierra el capítulo, y que es: *"La necesidad de nociones administrativas es general"*? ¿General…? ¿A quienes se refiere?

Capítulo 2

IMPORTANCIA RELATIVA DE LAS DIVERSAS CAPACIDADES QUE CONSTITUYEN EL VALOR DEL PERSONAL DE LAS EMPRESAS [53]

A cada grupo de operaciones o función esencial corresponde una *capacidad* especial. Se distinguen: la capacidad técnica, la capacidad comercial, la capacidad financiera, la capacidad administrativa, etc.

Cada una de estas capacidades se fundamenta en un conjunto de cualidades y de conocimientos que puede resumirse así:

1. *Cualidades físicas*: salud, vigor, destreza;

2. *Cualidades intelectuales*: aptitudes para comprender y aprender, juicio, vigor y flexibilidad intelectuales;

3. *Cualidades morales*: energía, firmeza, valentía ante las responsabilidades, iniciativa, devoción, tacto, dignidad;

4. *Cultura general*: nociones diversas que no son exclusivamente del dominio de la función ejercida;

5. *Conocimientos especiales*: conciernen exclusivamente la función, ya sea técnica, comercial, financiera, administrativa, etc.;

6. *Experiencia*: conocimiento resultante de la práctica de los negocios.[54] Es el recuerdo de las lecciones que uno mismo ha extraído de los hechos.

Tal es el conjunto de las cualidades y conocimientos que constituyen a cualquiera de las capacidades esenciales; comprende cualidades físicas, intelectuales y morales,

---

[53] Facilita la comprensión del título del presente capítulo el leerlo en el orden inverso, como sigue: el punto de partida es la existencia de empresas; en ellas hay personal; este personal, a su vez, tiene un determinado valor; este valor, por su parte, está constituido por diversas capacidades; por último, queda claro que el tema del capítulo —aunque no su mensaje central— es la importancia relativa de estas diversas capacidades.

[54] Interpretada literalmente como negación del ocio, hemos preferido en esta ocasión la palabra "negocios" para traducir la palabra francesa "affaires", la cual posee como ya apuntamos (nota al pie 26) una gama mucho mayor de connotaciones que la palabra "quehaceres" en español que hubiese sido más literal.

cultura general, experiencia y ciertos conocimientos especiales concernientes a la función a ser cumplida. [55, 56]

---

[55] Dejándonos guiar *verbatim* por Fayol, la palabra "capacidad" tiene en general que ver con el **hacer** en la medida en que gracias a la <u>cultura general</u>, <u>conocimientos especiales</u> y <u>experiencia</u> poseídos, existe el **saber-hacer X**-cosa por parte de… aunque Fayol no lo haga explícito, de cierto alguien en la empresa, **quien** además está en condiciones de hacer una tal **X**-cosa, vistas las <u>cualidades físicas</u>, <u>intelectuales</u> y <u>morales</u> que le caracterizan. Resumidamente: relativo a cierta determinada cosa **X**, posee la **capacidad** correspondiente **quien-sabe-hacer-tal-X-cosa**, el **quien** definido en términos de las tres grandes clases de cualidades que lo caracterizan y el **saber-hacer** en virtud de las tres grandes clases de conocimientos que posee. Cualquier **X**-cosa, claro está, de las muy diversas y sinnúmero clases de cosas que los seres humanos individualmente considerados o en grupo hacen, e.g.: nadar, cocinar determinado plato, comérselo, abrir una puerta, manejar un vehículo, liderar un grupo, construir un edificio, diseñar una fábrica, etc., quedando en suspenso las cualidades requeridas y la adquisición de un tal saber-hacer cuando de una inédita clase de actividad se trata. Pero el que alguien sea **<u>capaz-de-hacer-X-cosa</u>** no significa que **<u>pueda-hacer-X-cosa</u>** y mucho menos que de hecho la haga.
Ejercicio: más allá de poseer la capacidad, el **<u>poder-hacer-X-cosa</u>** depende de otras dos grandes clases de condiciones, ¿cuáles? Y el que por fin de hecho **haga-X-cosa** supone la presencia de otra muy importante condición, ¿cuál?
Ejercicio/reflexionar: El concepto de capacidad aplica a grupos confortablemente. Pero… ¿trasladables y de serlos cómo, a grupos, los múltiples y diversos conceptos y nociones que sin mayor explicación y sin pretender ser exhaustivo, Fayol acaba de presentar agrupados según tres grandes clases de cualidades y tres grandes clases de conocimientos… conceptos y nociones de evidente primaria aplicación a seres humanos singularmente considerados, pero… no así a grupos?
[56] ***En primer lugar:*** Fayol nos ha afirmado que las capacidades están fundamentadas en un determinado conjunto de cualidades y conocimientos; cualidades (físicas, intelectuales y morales) y conocimientos (cultura general, conocimientos especiales y experiencia). **Pregunta**: ¿Cómo han de ser entendidas estas dos grandes categorías tal que en cada caso un determinado conjunto muy particular de cualidades y conocimientos se traduzcan en un **quien-hace** y **saber-hacer** constitutivos de la **capacidad** poseída?
Ejercicio: Ayudará el aplicar esta interrogante a una muestra significativa de los conceptos y nociones listados por Fayol en cada una de las seis grandes categorías de cualidades y conocimientos, para siempre y en cada caso interrogarse acerca del cómo contribuye a que la **capacidad** sea poseída por parte del encargado de una determinada actividad. Fácil de comprender, por ejemplo, la cuota parte de contribución de la salud a la capacidad poseída. Fácil de comprender también es la necesidad de los conocimientos especiales y experiencia a la base de cada clase de saber-hacer. Pero ¿qué hay de las aptitudes para comprender y aprender? ¿qué hay del vigor y flexibilidad intelectuales, de la valentía ante las responsabilidades, del tacto, de la dignidad, de la cultura general, etc.? ¿Cómo entender la contribución de cada uno de estos a que la capacidad sea poseída? Y en general para cada uno de los diversos conceptos y nociones listados por Fayol, su manera de contribuir a que cierta capacidad requerida sea poseída.
Pero, en segundo lugar: ¿Suficiente en cada caso las cualidades y el saber-hacer poseídos? Como ya hemos apuntado (nota al pie previa) ciertamente condiciones necesarias, pero evidentemente **<u>no</u>**

La importancia de cada uno de los elementos que componen la capacidad está en relación con la naturaleza y la importancia de la función.[57, 58]

---

necesariamente suficientes para que un poder-hacer se manifieste, y que al cabo el hacer del actor de hecho ocurra. Ahora bien, de no poseer el actor en ciernes las cualidades requeridas y/o el saber-hacer necesario, evidentemente se le habrán convertido en imperativas la ejecución de tareas preparatorias para alcanzar a poseer la **capacidad** que la actividad a su cargo exige. "El asunto se repite" si para esas tareas preparatorias resultan ser insuficientes las cualidades y saber-hacer poseídos para ser capaz... y así, otra vez repetirse "el cuento" si ausentes de nuevo las condiciones necesarias para ser capaz. **Ejercicio**: El proceso en retroceso recién descrito no puede proseguir ad infinítum. Tiene que existir un inicio, porque de otro modo jamás alcanzaría el ser humano a poseer la capacidad requerida. Ahora bien, digamos que tras una cadena —larga o corta— de tareas preparatorias el actor ya posea la **capacidad** requerida. Pero entonces, cómo también ya hemos apuntado (nota al pie previa), ello <u>no</u> significa que esté en condiciones de **poder-hacer**. Puede que ya poseída la capacidad, de nuevo sean necesarias tareas preparatorias conducentes a reunir las dos condiciones adicionales necesarias ya descubiertas por Ud. tras cumplir el ejercicio asignado en la nota al pie 55 precedente (¿Fueron?: 1- los recursos y equipamientos requeridos y 2- en general condiciones situacionales cuando menos favorables sino facilitadoras para que el hacer ocurra). Ahora bien, si para reunir estas dos condiciones otra vez fuese necesario transitar a través de una cadena de actividades preparatorias, entonces de nuevo tendría que existir un principio que no exigiese preparación previa alguna, porque de lo contrario los seres humanos jamás alcanzarían estar en condiciones de **poder-hacer**, por muy capaces que ya fuesen. Finalmente: digamos ya presentes la capacidad y el poder-hacer, ello <u>no</u> significa que el **hacer** propiamente dicho ocurra, que el actor actúe. Para que el **hacer** en cuanto tal de hecho ocurra, se requiere la presencia de una última condición. ¿Cuál? Solo así veremos reunidas la totalidad de las condiciones necesarias y suficientes del **hacer** humano. Pero... acerca de esta última y muy evidente condición que evidentemente ha de nacer del actor mismo, ¿necesaria alguna actividad preparatoria previa? ¿Cuándo sí, cuándo no?

[57] **Ejercicio**: Si a cada uno de los conceptos y nociones que Fayol lista [y a cada uno de los múltiples otros concebibles que no lista] se le califica como un <u>elemento</u> de la capacidad total poseída en cada caso por quien está a cargo de un determinado hacer, ¿qué denominación aplicaría Ud. en general a una capacidad cualquiera concebida entonces como un todo constituido de elementos como los de la lista presentada por Fayol, y ello según un sinfín de posibles modalidades y proporciones? ¿Qué relación cree Ud. aplicaría en general existir entre cualquier capacidad y los elementos que la constituyen? ¿Podrán el todo de la capacidad y sus elementos mostrarse a la vez?

[58] Para Fayol todos deben poseer un determinado conjunto de cualidades y conocimientos. Lo que puede variar de un agente a otro dentro de la empresa es el conjunto específico de cualidades y conocimientos —modalidades y debidas proporciones incluidas— que sustenten su <u>capacidad</u>; esto es, las cualidades requeridas y el necesario saber-hacer para, de estar reunidas las restantes condiciones que aseguren suficiencia, poder-hacer lo que, en función de su jerarquía y clase de labor, le corresponde. Según Fayol, la capacidad total de cualquier agente de la empresa se fundamenta, pues, en dos cosas: sus cualidades y sus conocimientos. Resultante del <u>análisis</u> de cada uno de estos dos grandes componentes, hemos visto surgir un desglose séxtuplo según el cual son tres las categorías de

En la empresa rudimentaria, donde todas las funciones son cumplidas por una sola persona, la gama de las capacidades necesarias es evidentemente reducida.

En la gran empresa, donde se efectúan operaciones importantes y diversas, el personal debe poseer numerosas capacidades y en alto grado; pero como las funciones están repartidas entre un gran número de agentes, a cada uno solo incumbe en general una parte reducida de las capacidades del conjunto.

Aunque esta materia se presta mal a las notaciones numéricas, he intentado expresar en cifras la importancia relativa de cada capacidad en el valor de los agentes y de los jefes de empresa.

En un primer cuadro (Nº 1) he comparado las capacidades necesarias a los diversos agentes de la función *técnica* de una gran empresa *industrial*.

En un segundo cuadro (Nº 2) he comparado las capacidades necesarias a los diversos jefes de empresas *industriales* de cualquier magnitud.

Luego, tras haber comprobado que las conclusiones extraídas del primer cuadro son aplicables a los agentes de todas las funciones de la empresa industrial, y que las extraídas del segundo cuadro son aplicables a los jefes de todas las clases de empresas, llegué a las conclusiones generales siguientes:

En todas las clases de empresas, la capacidad esencial de los agentes inferiores es la capacidad profesional característica de la empresa, y la capacidad esencial de los altos jefes es la capacidad administrativa. [59]

CUADRO N° 1
Importancia relativa de las capacidades necesarias al personal

---

cualidades y tres las de conocimientos, con sus respectivos desgloses en elementos. Pero, si relativo a cualquier hacer concreto la capacidad siempre ha de ser una —reunidos las cualidades y el saber-hacer requeridos— entonces, **Ejercicio:** en general ¿qué denominación aplicaría Ud. al proceso que partiendo de múltiples elementos a la final claramente desembocara en el todo de una capacidad?

[59] Fayol nos anticipa las dos grandes conclusiones a las cuales llegará tras presentar y comentar los dos cuadros que siguen (págs. 74 y 75). El penúltimo párrafo del capítulo repite casi exactamente este mismo texto, solo que entonces dirá "principal" donde aquí dice "esencial". **Ejercicio**: ¿Descuido de Fayol o según él ambas palabras son apropiadas?

de la función técnica de una gran empresa industrial [60]

Este personal constituye la serie jerárquica siguiente: ***obreros***, ***capataces***, ***jefes de taller***, ***jefes de división***, ***jefes de departamento***, ***director***.

Si la empresa comprende varios grandes establecimientos distintos, la serie jerárquica continúa con un ***director general***.

Y si la empresa es una industria del Estado, la jerarquía técnica prosigue hasta el ***jefe del Estado***, pasando por un ***ministro***.

El cuadro Nº 1 indica la parte relativa de cada una de las capacidades esenciales en el valor total de un agente cualquiera.

Este valor total está en todos los casos, para un agente perfecto, representado con el número 100, trátese de un obrero, de un jefe de departamento o de un jefe de Estado. [61]

Conviene advertir que no se trata aquí de comparar el valor de un obrero con el de un capataz, o con el de un director o jefe de Estado. No hay medida común entre estos diversos valores. Las unidades ***a***, ***b***, ***c***, ***d***,... ***m***, ***n***, ***o***, ***p***,... ni son de la misma naturaleza, ni tienen la misma importancia: al pasar de un nivel jerárquico a otro, los elementos de los cuales se componen dichas unidades se transforman, de tal suerte que acaba por no haber ya nada en común entre la capacidad –técnica, administrativa o cualquier otra– de un agente inferior y la capacidad del mismo nombre de un alto jefe.

En los cuadros Nº 1 al Nº 5 tan solo he buscado expresar la importancia ***relativa*** de las diversas capacidades que constituyen el valor total de un agente. [62]

---

[60] **Ejercicio:** Sin olvidar que el gran tema de interés son las capacidades, examinar cuidadosamente el cuadro (p. 74), la lectura y aclaratorias que acerca de su contenido Fayol hace, así como las conclusiones que del mismo extrae.

[61] ¿Qué interpretación han de dárseles a las comillas horizontales que figuran en el primer cuadro? Ciertamente no colocó ceros. Lo explica el que entonces todos los coeficientes de cada una de las filas del cuadro hubiesen tenido que ser representados con decimales, precisión no necesaria para Fayol.

[62] Los cuadros N°s 3, 4 y 5 se encuentran al final del presente capítulo (págs.: 79-80). El cuadro Nº 2 se encuentra más adelante en la página 75.

Los coeficientes atribuidos a las diversas capacidades que constituyen el valor total de un agente cualquiera, sea cual sea la categoría a la cual pertenece, expresan mi opinión personal; por lo tanto son discutibles y estoy muy seguro que serán discutidos.[63] Creo, sin embargo, que cualesquiera sean las divergencias de apreciación que podrán producirse, las conclusiones que he extraído del cuadro Nº 1 subsistirán por entero.

He aquí estas conclusiones:

1. La capacidad principal del **obrero** es la capacidad **técnica**.

2. En la medida en que se asciende en la jerarquía, la importancia relativa de la capacidad **administrativa aumenta**, en tanto que la de la capacidad **técnica disminuye**. La equivalencia entre estas dos capacidades se establece alrededor de los grados 3° o 4°.

3. La capacidad principal del **director** es la capacidad **administrativa**. Cuanto más elevado es el nivel jerárquico, tanto más domina esta capacidad.

4. Las capacidades **comercial**, **financiera**, de **seguridad** y de **contabilidad** alcanzan su máximo de importancia relativa en los agentes del 5° o 6° grado de jerarquía.

   En la medida en que se asciende, la importancia relativa de estas capacidades en el valor de cada categoría de agentes disminuye y tiende a nivelarse.

5. A partir del 4° o 5° grado de jerarquía, el coeficiente **administrativo** aumenta solo a expensas de los demás, que disminuyen aproximándose al décimo del valor total.[64]

---

[63] Pareciera que Fayol explícitamente está reconociendo que los coeficientes mostrados en los cinco cuadros expuestos en este capítulo y solo discutidos detalladamente los dos primeros, son hechura suya, y por lo tanto discutible por quien quiera, por tratarse de una simple opinión personal. **Ejercicio**: Interrogantes a meditar: ¿Qué hay entonces de la fuerza probatoria que pudieran tener relativo a las grandes conclusiones destacadas en negrillas que intenta justificar en este segundo capítulo del libro? Si no en mala fe, ¿falta de rigor científico por parte de Fayol? ¿Cómo enfrentaría Fayol las posibles dudas acerca de su seriedad? ¿Cuál es el verdadero propósito de estos cuadros?

[64] Examinados los altos niveles de la jerarquía en el cuadro No 1: ¿coeficiente de 50 en cuanto a la capacidad administrativa y tan sólo 10 para cada una de las otras cinco funciones. ¿Implica esto el descuido de ellas por parte de estos altos niveles? **Ejercicio**: A precisar: Si no se trata de un simple contraste cuantitativo, ¿cualitativamente que se espera del ejercicio de las capacidades técnica,

Las conclusiones que preceden se extraen únicamente del examen de las capacidades del personal de la función técnica; personal que va desde el obrero hasta el jefe de la empresa.

Ninguno de los miembros de este personal se consagra exclusivamente a la función técnica; todos prestan un concurso más o menos amplio a las demás funciones, y recién vimos que los altos jefes son más administradores que técnicos.

El examen de las capacidades del personal de las otras funciones de una gran empresa industrial —*comercial*, *financiera*, de *seguridad* o de *contabilidad*— da lugar a observaciones semejantes y a conclusiones idénticas, debiendo simplemente ser reemplazados los vocablos de *capacidad técnica* por los de *capacidad característica de la función*.

Cualquiera sea la función de la que se trate, la capacidad principal de los agentes inferiores es la capacidad *característica* de la función (técnica en la función industrial, comercial en la función comercial, financiera en la función financiera, etc.) y la capacidad principal de los agentes superiores es la capacidad *administrativa*. [65]

---

comercial, financiera, de seguridad y contabilidad de estos altos niveles, cuyo coeficiente es tan solo de 10 para cada una?

[65] Examinados: el cuadro N° 1, las conclusiones extraídas así como los breves comentarios que acaba de expresar en unos pocos párrafos de cierre, comprobamos que para Fayol todos y cada uno de los agentes de la empresa, cualquiera sea su nivel jerárquico y unidad organizacional en la cual labora, ha de poseer la capacidad requerida para contribuir a la realización de cada una de las seis grandes clases de operaciones o funciones esenciales de la empresa. Solo varía la naturaleza y proporción de su contribución individual. ¿Intrascendente el asunto? ¡Pues no! **Ejercicio**: Frente a Ud. el siguiente reto interpretativo: Si a lo que vía cuadros vemos a Fayol afirmar acerca de la séxtuple necesaria contribución de todos y cada uno de los agentes de la empresa apareamos lo que también afirmó en el capítulo 1 acerca de que "**gobernar es…**; asegurar la marcha de las **seis** funciones esenciales.", ¿qué puede Ud. entonces sacar en claro de la yuxtaposición de estas dos afirmaciones acerca de lo que –lo hagan bien o no– es el **oficio** ejercido **por todos y cada uno** de los agentes de la empresa, aunque ciertamente no concebido así, visto su ejercido ser comúnmente entendido como prerrogativa de quienes jerárquicamente están más alto? Concepciones harto diferentes, asunto que llama a profundas reflexiones e implicaciones: ¿quién gobierna? ¿qué o quién es objeto del gobernar? ¿no nos permite su ser ejercido por todos y cada uno de los agentes de la empresa poner muy en claro cierta condición necesaria –aunque no suficiente– para la buena marcha de ésta?

CUADRO N° 1

Importancia relativa de las diversas capacidades necesarias al personal de las empresas industriales

GRAN EMPRESA

PERSONAL DE LA FUNCION TECNICA

CATEGORIAS DE AGENTES	CAPACIDADES						VALIA total
	Administrativa	Técnica	Comercial	Financiera	de Seguridad	de Contabilidad	
Grandes Establecimientos							
Obrero	5	85	>>	>>	5	5	100(a)
Contramaestre	15	60	5	>>	10	10	100(b)
Jefe de taller	25	45	5	>>	10	15	100(c)
Jefe de división	30	30	5	5	10	20	100(d)
Jefe del servicio técnico	35	30	10	5	10	10	100(e)
Director	40	15	15	10	10	10	100(f)
Varios Establecimientos reunidos							
Director general	50	10	10	10	10	10	100(g)
Industria del Estado							
Ministro	50	10	10	10	10	10	100(h)
Jefe de Estado	60	8	8	8	8	8	100(i)

CUADRO N° 2

**Importancia relativa de las diversas capacidades necesarias al personal
de las empresas industriales**

EMPRESAS INDUSTRIALES DE TODOS LOS TAMAÑOS
JEFES DE EMPRESAS

CATEGORIAS DE JEFES	CAPACIDADES						VALIA total
	Administrativa	Técnica	Comercial	Financiera	de Seguridad	de Contabilidad	
Empresa rudimentaria	15	40	20	10	5	10	100(m)
Pequeña empresa	25	30	15	10	10	10	100(n)
Mediana empresa	30	25	15	10	10	10	100(o)
Gran empresa	40	15	15	10	10	10	100(p)
Empresa muy grande	50	10	10	10	10	10	100(q)
Empresa del Estado	60	8	8	8	8	8	100(r)

[66]

---

[66] Este segundo cuadro convierte en variable el grado de desarrollo de la empresa. Pero, con la finalidad de compararlas verticalmente, Fayol quiere que le prestemos ahora atención a las proporciones que de las diversas capacidades típicamente caracterizarían al jefe máximo de cada categoría de empresa.

CUADRO N° 2

Importancia relativa de las capacidades necesarias a los Jefes de empresas industriales de todo tamaño [67]

Este cuadro ha sido compuesto de la misma manera que el precedente.

100 representa el valor total del buen jefe.

Los coeficientes atribuidos a las diversas capacidades de los jefes de cada categoría son expresión de mi apreciación personal. [68]

De este cuadro pueden extraerse las conclusiones siguientes:

1. La capacidad principal del jefe de la **pequeña** empresa industrial es la capacidad **técnica**.

2. En la medida en que se asciende en la jerarquía de las empresas, la importancia relativa de la capacidad **administrativa aumenta**, en tanto que la de la capacidad **técnica disminuye**.

   La equivalencia entre estas dos capacidades se establece en las empresas medianas.

3. La capacidad principal de los jefes de las grandes empresas es la capacidad **administrativa**. Cuanto más importante es la empresa, tanto más domina la capacidad administrativa.

4. Las capacidades **comercial** y **financiera** desempeñan un papel mucho más importante en los jefes de empresa pequeña y mediana, que en los agentes inferiores y medios de la función técnica.

---

[67] **Ejercicio:** Sin olvidar que el gran tema de interés son las capacidades, examinar cuidadosamente el cuadro, los comentarios y aclaratorias que acerca de su contenido Fayol hace, así como las conclusiones que del mismo extrae.

[68] De frente al cuadro N° 2 de nuevo pareciera que Fayol explícitamente reconoce ser el autor de los coeficientes mostrados; su apreciación personal, luego simple opinión. (repasar la nota al pie 63)

5. En la medida en que se asciende en la jerarquía de las empresas, el coeficiente *administrativo* aumenta solo en detrimento de la mayoría de los demás, los cuales tienden a nivelarse aproximándose al décimo del valor total.

Salvo la diferencia que resulta del hecho de que todos los jefes de empresa, incluso los más pequeños, tienen necesidad de las capacidades *comercial* y *financiera*, en tanto que los agentes inferiores de la función técnica pueden prescindir de ellas, las conclusiones extraídas del cuadro Nº 2 se asemejan singularmente a las extraídas del cuadro Nº1.

El hecho más destacado puesto en evidencia por estos dos cuadros es el siguiente:

La capacidad *técnica* es la capacidad principal de los agentes inferiores de la gran empresa y de los jefes de la pequeña empresa industrial; la capacidad *administrativa* es la capacidad principal de los altos jefes. La capacidad *técnica* domina en los niveles bajos de la escala industrial y la capacidad *administrativa* en los altos.

Este hecho tiene tal importancia desde el doble punto de vista de la organización y gobierno de las empresas, que no he tenido temor alguno en multiplicar los medios para darlo a conocer.[69]

De ahí los cuadros numéricos Nº 1 y Nº 2; de ahí también los esquemas a color Nº 3 y 4 que no son sino reproducciones, bajo otra forma, de los cuadros Nº1, Nº 2. De ahí también el esquema a color (cuadro Nº 5): *Importancia relativa de las diversas capacidades necesarias a las diferentes categorías de agentes de una gran empresa metalúrgica*[70]

Todos estos cuadros tienen por finalidad atraer la atención pública sobre la importancia de la función *administrativa* en las empresas industriales. Desde ya hace mucho tiempo la función *técnica* se halla situada en el nivel que le corresponde y que

---

[69] Lo califica de "hecho", y sin embargo, ya las notas al pie N°s 63 y 68 indican la necesidad de preguntarse por su real validez. **Ejercicio**: ¿De qué manera piensa Ud. puede aclarase la poco convencional utilización que Fayol hace de los cuadros (arrimo: la respuesta se halla en el propio párrafo).

[70] Por ser el cuadro Nº 5 el único al cual Fayol se refiere como utilizando colores, hemos seguido el ejemplo de la impresión en tonos de grises de 1981 que la editorial Dunod. No dificultan su entendimiento.

es preciso dejársele seguir ocupando. Pero no basta para asegurar la buena marcha de las empresas; le es necesario el concurso de las demás funciones esenciales y particularmente el de la función *administrativa*.

Empresas diversas.

Un estudio de las capacidades necesarias a los agentes y a los jefes de las empresas de cualquier naturaleza, conduce a las mismas conclusiones que el estudio precedente realizado acerca de las capacidades necesarias a los agentes y a los jefes de las empresas industriales.[71]

Estas conclusiones se resumen como sigue:

En todas las clases de empresas, la capacidad principal de los agentes inferiores es la capacidad profesional característica de la empresa, y la capacidad principal de los altos jefes es la capacidad administrativa.[72]

La necesidad de nociones administrativas es general.[73]

---

[71] Recuerde el estudiante/lector el entendimiento muy amplio de empresa que ha de asumir en su lectura de "Administración industrial y general".

[72] Este penúltimo párrafo del capítulo repite casi exactamente el mismo texto ya anteriormente presentado (repasar nota al pie Nº 59), solo que ahora dice "principal" en lugar de "esencial".

 Ejercicio: ¿Qué evidente relación puede entonces establecerse entre la capacidad administrativa –la capacidad de administrar– "evidenciada" en el presente capítulo y el oficio de gobernar?

[73] Fayol expresa la implicación fundamental de su "descubrimiento":

Ha "comprobado" que en toda clase de empresa, a <u>todos</u> los agentes, en mayor o menor grado, corresponde desempeñar la función administrativa, una de las seis esenciales que les concierne, y que por lo tanto la necesidad de la capacidad correspondiente –la administrativa– se hace general; igualmente la de su enseñanza.

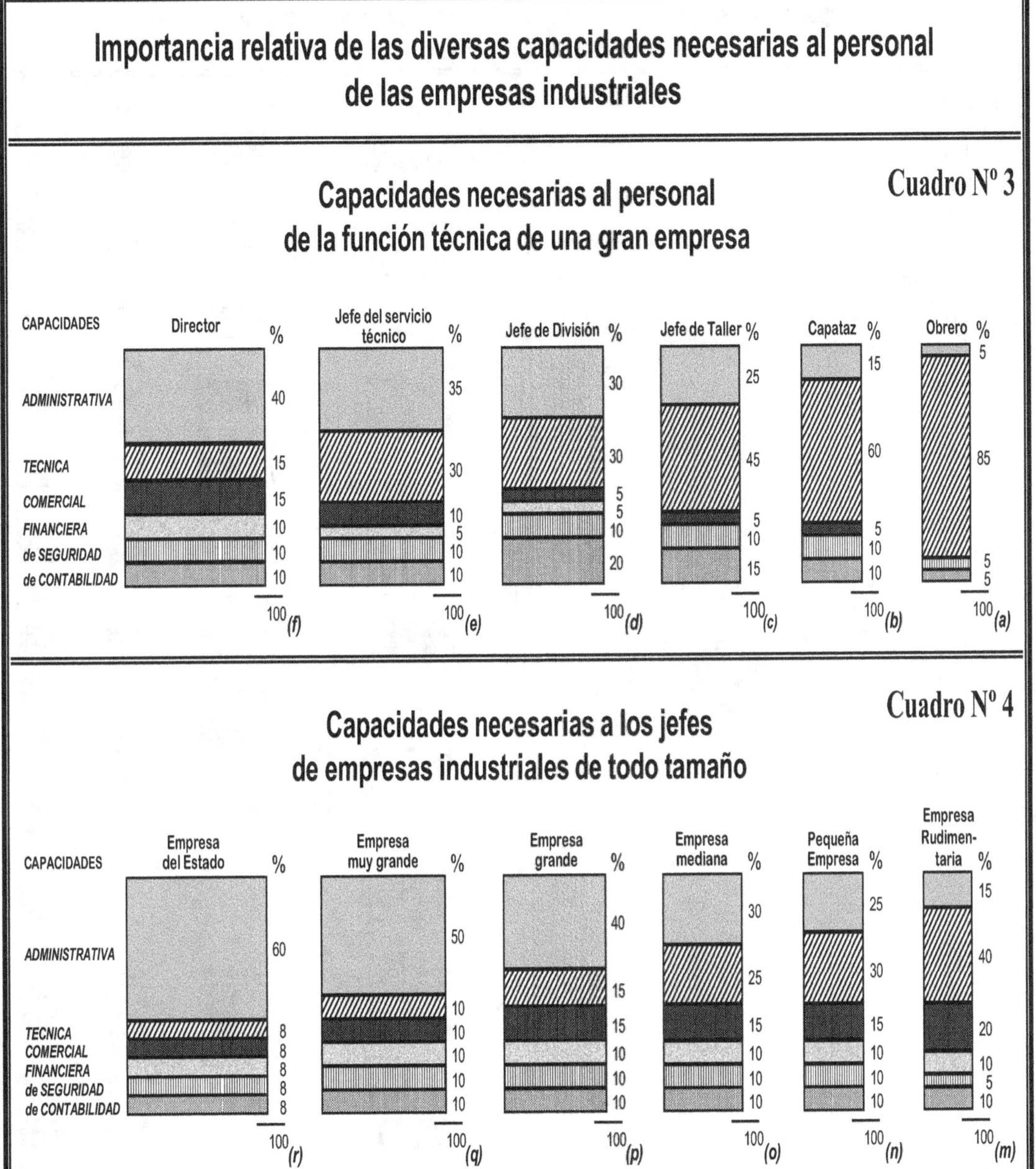

Importancia relativa de las diversas capacidades necesarias al personal
de las empresas industriales

Cuadro Nº 3

Capacidades necesarias al personal
de la función técnica de una gran empresa

CAPACIDADES
Director %
Jefe del servicio técnico %
Jefe de División %
Jefe de Taller %
Capataz %
Obrero %

ADMINISTRATIVA
TECNICA
COMERCIAL
FINANCIERA
de SEGURIDAD
de CONTABILIDAD

Director: 40 15 15 10 10 10 — 100 (f)
Jefe del servicio técnico: 35 30 10 5 10 10 — 100 (e)
Jefe de División: 30 30 5 5 10 20 — 100 (d)
Jefe de Taller: 25 45 5 10 15 — 100 (c)
Capataz: 15 60 5 10 10 — 100 (b)
Obrero: 5 85 5 5 — 100 (a)

Cuadro Nº 4

Capacidades necesarias a los jefes
de empresas industriales de todo tamaño

CAPACIDADES
Empresa del Estado %
Empresa muy grande %
Empresa grande %
Empresa mediana %
Pequeña Empresa %
Empresa Rudimentaria %

ADMINISTRATIVA
TECNICA
COMERCIAL
FINANCIERA
de SEGURIDAD
de CONTABILIDAD

Empresa del Estado: 60 8 8 8 8 8 — 100 (r)
Empresa muy grande: 50 10 10 10 10 10 — 100 (q)
Empresa grande: 40 15 15 10 10 10 — 100 (p)
Empresa mediana: 30 25 15 10 10 10 — 100 (o)
Pequeña Empresa: 25 30 15 10 10 10 — 100 (n)
Empresa Rudimentaria: 15 40 20 10 5 10 — 100 (m)

Importancia relativa de las diversas capacidades necesarias a las diferentes categorías de agentes de una gran empresa metalúrgica

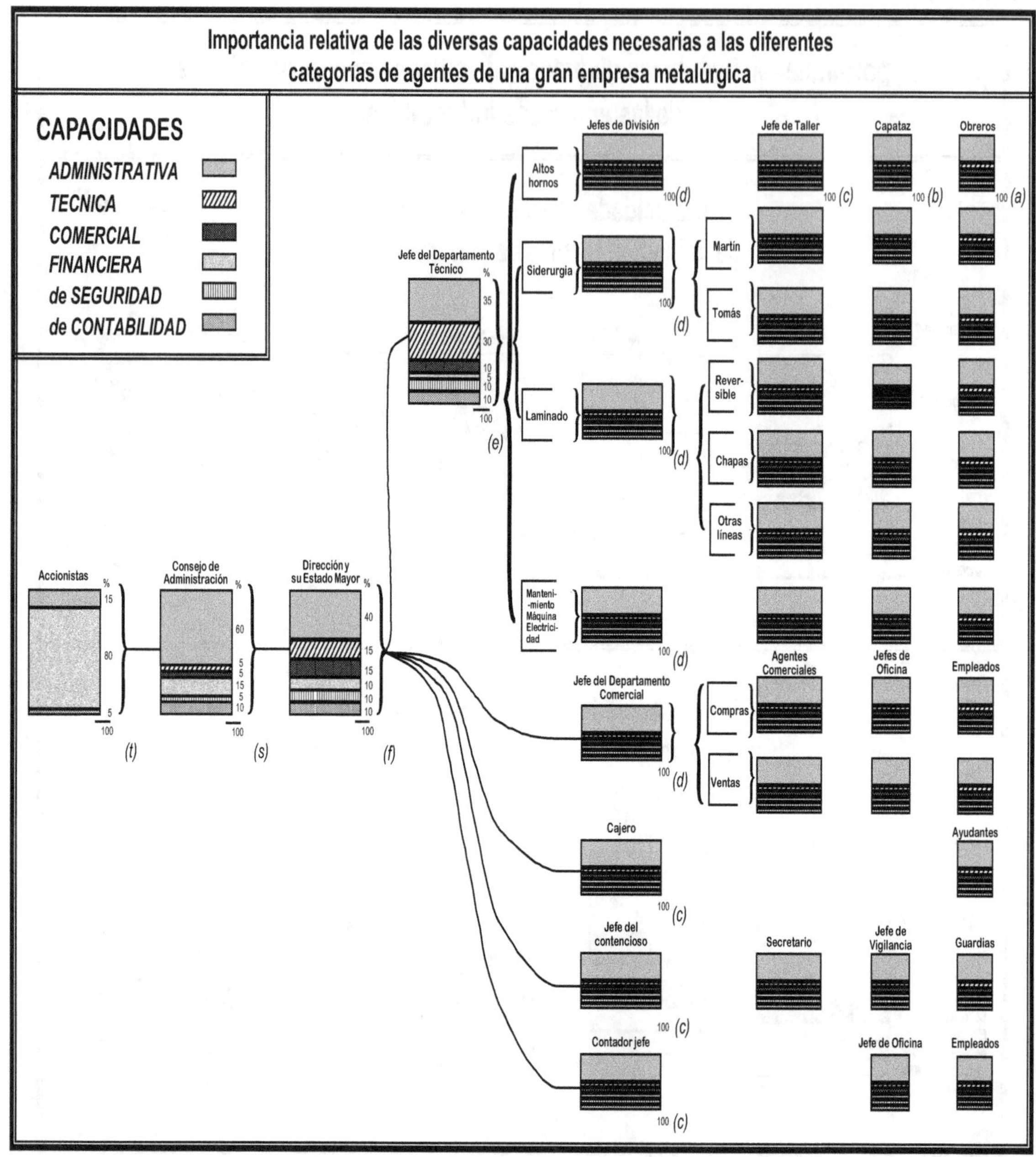

CAPÍTULO III DE LA 1ª PARTE

PREVIAMENTE, UN RECORDATORIO: Cónsono con lo ofrecido en el título de la 1ª parte de la obra, el capítulo II tuvo por intención persuadir al lector acerca de la <u>necesidad</u> de una enseñanza administrativa. El presente capítulo III asume su <u>posibilidad</u> ya que su sola necesidad no asegura tal posibilidad.

1º- Tras en los dos primeros breves párrafos retomar algunas ideas clave presentadas en los dos primeros capítulos, Fayol discurre acerca del porqué la muy necesaria enseñanza no figura en los programas de estudio; particularmente en los de las escuelas superiores de ingeniería civil (tácitamente generalizable su observación a todas las grandes escuelas de la Francia de su época). Pero ahora viene lo que ciertamente debería en alto grado sorprender al lector: la utilización, no solo una sino tres veces, de la palabra "doctrina" en el importantísimo párrafo décimo del capítulo. La tarea central suya —su reto— va a ser tratar de entender la utilización que Fayol hace de este término. Muchas preguntas giran en torno a él.

2º- De entrada: ¿Qué es? Luego: ¿cómo entender la afirmación de Fayol acerca de que es la ausencia de doctrina la que explica la ausencia de la enseñanza administrativa en las referidas escuelas? ¿Compuesta de partes? ¿Cuáles? ¿Por qué ha de estar consagrada para cumplir con su razón de ser? Sagrada: ¿cómo alcanza a serlo si es que tal cosa tiene sentido cuando de una doctrina se trata?

3º- Añádase la siguiente rareza: ¿producto de la discusión pública? ¿Cómo ha de entenderse esto? ¿Cómo ha de ocurrir tal discusión pública?

4º- Para luego añadir algo muy afín a lo que afirmó al final de capítulo II: "La enseñanza de la administración debe por lo tanto ser general…" Y sorpresivamente: "…rudimentaria en las escuelas primarias, un poco más extensa en las escuelas secundarias y muy desarrollada en las escuelas superiores". ¿Todo el mundo y no sólo los agentes que laboran en las empresas?

5º- Y concluye el capítulo afirmando que ha elaborado y expondrá sin pretensión un ensayo acerca de lo que ha de ser la enseñanza administrativa primaria. ¿Adónde figura tal ensayo? ¿Aquí, en "Administración industrial y general"? ¿En alguna otra obra suya?

Capítulo III

NECESIDAD Y POSIBILIDAD DE UNA ENSEÑANZA ADMINISTRATIVA [74]

Acabamos de ver que la obra *gubernamental* implica el ejercicio y el cumplimiento de las seis funciones esenciales; si alguna de estas funciones no se cumple, ello ser fatal para la empresa, en todo caso, quedar debilitada.[75] Por lo tanto, es preciso que el personal de una empresa cualquiera sea capaz de cumplir las seis funciones esenciales.[76]

Hemos visto además, que la capacidad más necesaria para los agentes superiores de las grandes empresas es la capacidad *administrativa*.

Por lo tanto, estamos seguros de que una educación exclusivamente *técnica* no responde a las necesidades generales de las empresas, ni siquiera de las empresas industriales.

Ahora bien, en tanto que se hacen —y con razón— los más grandes esfuerzos por difundir y perfeccionar los conocimientos técnicos, no se hace nada o casi nada en

---

[74] Este capítulo concluye la 1ª parte de AIG y repite el título de ella. Cumplida la misión del capítulo anterior acerca de la necesidad de enseñar administración, ¿cuál habrá de ser la misión a cumplir por parte del presente capítulo? Obviamente su posibilidad.

[75] **"Detalle" a tomar en cuenta:** Fayol reitera la cláusula que a modo de aclaratoria complementaria presentó en el capítulo 1, de facto estableciendo una segunda relación de identidad que se constituye en la 2ª definición del gobernar siguiente: "Gobernar, es…; es asegurar la marcha de las seis funciones esenciales". Sin embargo, las palabras "ejercicio" y "cumplimiento" que Fayol ahora inserta en el texto son más expresivas que el simple "asegurar" utilizado en aquella ocasión. Las nuevas palabras enriquecen y añaden precisión a lo dicho en el capítulo 1.

[76] En esta ocasión el lenguaje de Fayol se presta a dos interpretaciones distintas. Una de ellas ha de ser la más apropiada. La oración "Por lo tanto hace falta que el personal de una empresa cualquiera sea capaz de cumplir las seis funciones esenciales" viene al caso. Es ambigua según que la palabra "personal" se refiera a la totalidad de quienes laboran en la empresa o se refiera más bien a cada uno de los que lo hacen. Puede significar: "entre todos" capaces de cumplir las seis funciones; es decir, cada uno especializado en el cumplimiento de alguna de ellas. O también: "cada agente" en la empresa capaz de cumplir cierta dosis de todas y cada una de esas seis funciones. Acertar en la lectura es fácil toda vez que en cada caso hagamos el esfuerzo por captar el espíritu del mensaje recurriendo a los diversos textos repartidos a lo largo de la obra toda y que bien relacionados e interpretados permiten determinar con mayor exactitud lo que el autor quiere expresar. **Ejercicio:** A la luz de la lectura ya hecha de los dos capítulos anteriores, ¿cuál de las dos lecturas mejor corresponde con la intención de Fayol?

nuestras escuelas industriales por preparar a los futuros jefes para sus funciones comerciales, financieras, administrativas y otras.[77]

La **administración** ni siquiera figura en los programas de enseñanza de las escuelas superiores de ingeniería civil ¿Por qué? [78]

¿Acaso se desconoce la importancia de la capacidad **administrativa**?

No. Trátese de elegir a un capataz entre obreros, de un jefe de taller entre capataces, de un director entre ingenieros... jamás, o casi jamás, es la capacidad **técnica** la que determina la escogencia. Uno se asegura —claro está— que la dosis de capacidad técnica necesaria esté presente; pero hecho esto, entre candidatos con valor técnico más o menos equivalente, se le da preferencia a aquél que parece superior en cuanto a las cualidades de porte, autoridad, orden, organización y otras, que son los elementos mismos de la capacidad **administrativa**.

¿Será porque la capacidad **administrativa** no puede adquirirse sino en la práctica de los negocios? [79]

Creo en verdad que ésta es la razón que se da. Veremos que no tiene validez y que en realidad la capacidad **administrativa** puede y debe adquirirse, como la capacidad **técnica**, en la escuela primero, en el taller después.

---

[77] **A RETENER: desde el punto de vista educativo este es el gran reclamo de Fayol.** La Revolución Industrial, con todos sus avances y éxitos deslumbrantes en materia de producción (principalmente resultante de lo que hoy en día calificamos de "tecnología dura"), tuvo por consecuencia opacar por un tiempo las otras cinco funciones esenciales que la empresa también ha de cumplir. Para Fayol la enseñanza técnica es insuficiente. Su propuesta —aquí bastante modesta, aunque en la sección "Organización" del último capítulo de AIG profundizará en ella— tan solo apuntaba a complementar los planes de estudios técnicos con el dictado de algunas asignaturas administrativas, así como de otras tocantes a las restantes cuatro funciones. El jefe —el gobernante— debe poder asegurar el ejercicio y cumplimiento de todas las funciones esenciales.

[78] Fayol va a exponer dos posibles explicaciones acerca del porqué la administración es ignorada en los planes de estudio de las carreras técnicas, e.g.: las de ingeniería. **Ejercicio**: examínelas para comprobar cómo las descarta para de inmediato presentar su propia explicación, y así proponer la solución que haga posible la enseñanza de la administración.

[79] La palabra "negocios" en el amplio sentido de no-ocio, para traducir la palabra francesa "affaires" cuya amplitud de significados es mucho mayor que la palabra "quehaceres" en español.

La verdadera razón de la ausencia de enseñanza *administrativa* en nuestras escuelas profesionales, es la ausencia de doctrina. Sin doctrina, no hay enseñanza posible. Ahora bien, no hay doctrina *administrativa consagrada*, *surgida de la discusión pública*.[80]

No hay escasez de doctrinas personales.[81] En ausencia de doctrina consagrada, cada quien puede creerse en posesión de los mejores métodos, y pueden verse por doquier, en la industria, en el ejército, en la familia, en el Estado, prácticas de las más contradictorias colocadas bajo la égida de un mismo principio.

En tanto que desde el punto de vista *técnico* un jefe no podría ir contra ciertas reglas establecidas sin exponerse a perder todo prestigio, desde el punto de vista *administrativo* puede permitirse impunemente prácticas de las más enojosas.[82]

---

[80] La real explicación según Fayol es la ausencia de <u>doctrina</u>. La palabra que utiliza es por demás extraña. La refuerza afirmando —suena categórico— que sin ella la enseñanza no es posible. Obsérvese que <u>no</u> utiliza tales otras palabras como "teoría", "modelo", "ciencia" o "filosofía". La palabra "doctrina" impone examinar detenidamente el asunto con la profundidad que exige, empezando por **1° Ejercicio**: Esencial preguntarse a que cosa tanto el común de la gente, como los estudiosos, como los que la ponen en práctica utilizan la palabra "doctrina". ¿Qué particularidades esenciales la distinguen? ¿Cuándo y cómo se manifiesta? **2° Ejercicio**: ¿Enseñanza entendida como adoctrinamiento? ¿No se opone esto a la concepción usual que se tiene la labor educativa? **3° Ejercicio**: Constitución de la doctrina: sus componentes. ¿De qué está hecha?

Si aún pudiéramos tener dudas acerca de cuan alejada está la noción de doctrina de alguna teoría científica, la segunda oración de este crucial párrafo debiera despejarlas por completo. **Ejercicio**: Extraña noción la de doctrina. De allí múltiples interrogantes que exigen respuestas: ¿surgida de la discusión pública la doctrina? ¿Cómo entender que vaya a proceder? Mal podrían las teorías científicas surgir sin más de una simple discusión pública. No es así como avanzan las ciencias. Entonces, la doctrina, si no declaradamente anticientífica ¿cuándo menos bien alejada de los métodos de la ciencia?

No solamente lo anterior. **Ejercicio**: Otra extrañeza: Vía la referida discusión pública ¿elevada la doctrina al nivel de algo sagrado? Y... ¿cómo hemos de entender sacralidad en el caso de una doctrina? ¿Alguna suerte de facultad impositiva que alcanza a poseer? ¿Violación siempre posible o precisamente imposible por parte de quien profundamente cree en la sacralidad de algo?

[81] Obsérvese que si la doctrina puede tener carácter personal, no puede ni debe entonces ser posible confundirla con una teoría científica. Ésta jamás es personal. Personal, tampoco puede haber sido producto de una simple discusión pública.

[82] "Impunidad", palabra bien severa por parte de Fayol, sobre todo si con base en la primerísima oración de AIG en su "Advertencia inicial", comprobamos que tal impunidad, pasando por las "prácticas de las más enojosas" en cuanto al administrar, atañen al gobernar mismo y que cuando, ampliando el alcance del tema impunidad, el desalojo de tales "gobernantes" no es producto de un proceso violento, lo peor

Los procederes empleados no se juzgan intrínsecamente, sino por sus resultados, los cuales a menudo son muy lejanos y generalmente difíciles de relacionar con sus causas.[83]

Del todo distinta sería la situación si existiese una doctrina consagrada, es decir un conjunto de *principios*, de *reglas*, de *métodos*, de *procederes* comprobados y controlados por la experiencia pública.[84]

No son los principios los que escasean; si bastase proclamarlos para hacerlos reinar, gozaríamos en todas partes de la mejor administración posible ¿Quién no ha escuchado un centenar de veces proclamar la necesidad de los grandes principios de *autoridad*, de *disciplina*, de *subordinación de los intereses particulares al interés*

---

que puede esperarles –su penalidad– es: sea perder el poder, sea no ser reelegidos, sea exiliarse, etc. Nada que pueda grandemente asustarles. ¡Privilegios del poder, pues! **Obligado Ejercicio:** visto que Fayol muy pronto va a afirmar "Del todo distinta sería la situación si existiese una doctrina consagrada", reflexionar acerca del cómo la simple existencia de una tal doctrina podría significativamente limitar semejante indeseable impunidad. Condición necesaria, posiblemente, pero… ¿suficiente? Difícilmente. ¿Cuáles otras condiciones añadir para alcanzar la suficiencia?

[83] **Concerniente a la traducción:** Hemos preferido traducir la palabra francesa "procédés" por "procederes" en lugar de "procedimientos" para preservar el carácter fundamentalmente verbal de la obra de Fayol. Con esta traducción se evita perder de vista, cualquiera sea su nivel jerárquico, las maneras de proceder del jefe, lo cual es tanto o más importante que la selección y utilización de procedimientos que hace. Queda claro entonces que la selección y utilización de estos es menos fundamental y depende en gran medida de su manera de actuar –de proceder– y no a la inversa. Una segunda ventaja de preservar el sentido verbal de la palabra es recalcar que lo que va a ser juzgado (dice "probados y controlados por la experiencia pública" en el siguiente párrafo) no es un conocimiento teórico-contemplativo sino procederes; es decir, modos y maneras de ejecutar o ejercer acciones, particularmente las administrativas y por lo tanto gubernamentales.

Ejercicio: Acerca del cuestionamiento por lo demás intrigante que Fayol expone: ¿Acaso no son los resultados (positivos) lo comúnmente esperado de una determinada gestión de gobierno? De otra parte, juzgar <u>intrínsecamente</u> los procederes empleados, ¿Cómo ha de entenderse esto de "juzgar intrínsecamente"? ¿Por qué un juzgar intrínseco habría de ser superior al juzgar en función de resultados?

[84] Pareciera que Fayol está genéricamente listando componentes de una determinada doctrina. En lo que sigue, ¿los veremos tratados en detalle, sino todos, algunos de ellos? Recomendable estar pendiente.

general, de **unidad de dirección**, de **coordinación de los esfuerzos**, de **previsión**, *etc., etc.?* [85]

Hay que creer que la proclamación no basta. Y es que la luz de los principios, como la de los faros, no guía sino a quienes conocen el camino al puerto. Un principio, sin el medio para realizarlo, no tiene eficacia. [86]

Estos medios tampoco escasean; son innumerables. Pero buenos y malos se manifiestan, alternativa y simultáneamente, en la familia, en el taller y en el Estado, con una persistencia que no se explica sino por la ausencia de doctrina. El público no está en condiciones de juzgar los actos administrativos. [87]

Importa, pues, establecer lo más pronto posible una doctrina administrativa. [88]

---

[85] Además, parece privilegiar el componente "principios" listando los que habrían de ser unos cuantos ejemplos concretos. **Ejercicio**: A retener como problema a ser resuelto por Ud., si no ahora, más adelante: Intrigante el que los dos últimos, los sustantivos "coordinación" y "previsión", ya figuraban verbalmente como elementos en la primera definición del administrar que presentó en el primer capítulo. ¿Entre los principios —componentes de una posible doctrina— dos de los elementos del administrar ya definido, cuya doctrina Fayol expresa la necesidad de que exista? ¿Principios o elementos? ¿Elementos pero igualmente convertibles en principios? (El primer capítulo de la segunda parte de AIG se centra en el tema de los principios; hasta entonces el entendimiento de lo que son habrá de aun permanecer difuso)

[86] ¿Por un lado un determinado principio y por el otro el medio para realizarlo? Y si los principios son parte importante de la doctrina, ¿no significa esto que la eficacia de ésta igualmente depende de la existencia de los medios requeridos y que su simple proclamación tampoco basta? **Ejercicio**: Así las cosas, ¿Cuáles podrán ser estos medios? Mejorar su comprensión vía unos cuantos ejemplos selectos de diversas clases.

[87] Los principios sin sus respectivos medios no tienen eficacia. Si a esto agregamos que los principios habrán de ser componentes importantes de la doctrina, ¿no se desprende de esto que su eficacia igualmente habrá de depender de la existencia de esos mismos medios? Ahora bien, por otro lado, según Fayol, la mezcolanza de medios buenos y malos solo la explica la ausencia doctrina. Resumen: la existencia de una doctrina (consagrada vía la discusión pública) permitiría determinar los medios idóneos, pero estos igualmente contribuir significativamente a que buena parte de la doctrina (los principios en ella incluidos) sea eficaz. ¿Una evidente circularidad? ¿Viciosa? ¿Virtuosa? **Ejercicio**: Al efecto esencial realizar un buen ejercicio de clarificación conceptual. Apuntar a máximamente entender los conceptos y nociones involucrados a fin de, como lo prescribía Descartes, alcanzar a estar en posesión de ideas tan "claras y distintas" como le sea posible.

[88] Según Fayol son al menos tres cosas las que la existencia de una doctrina resolvería. La primera es muy evidente: la posibilidad de la enseñanza administrativa. **Ejercicio:** A estas alturas de la lectura del

88

Esto no sería ni muy largo ni muy difícil si algunos altos jefes se decidiesen a exponer sus ideas personales acerca de los principios que consideran como los más apropiados para facilitar la marcha de los negocios y sobre los medios más favorables para la realización de los principios. De la comparación y de la discusión pronto surgiría la luz. Pero, la mayoría de los altos jefes no tiene ni el tiempo ni el gusto de escribir y las más de las veces desaparecen sin dejar ni doctrina ni discípulos. Por lo tanto, no hay que contar mucho con este recurso.

Afortunadamente no es necesario gobernar una gran empresa ni presentar un estudio magistral para aportar un concurso útil a la constitución de una doctrina.

La mínima observación bien hecha tiene su valor, y como el número de observadores posibles es ilimitado, puede esperarse que una vez establecida la corriente ya no se detendrá; se trata de provocar esta corriente, de abrir la discusión pública; es lo que intento hacer publicando estos estudios. [89]

Espero que de ella surja una doctrina. [90]

---

capítulo ya debería estar Ud. en condiciones de hacer explícitas otras dos. *Cierre lacónico con lo cual Fayol cambia de tema a partir del siguiente párrafo.*

[89] ¿Por qué ilimitado el número de observadores posibles? A título de explicación, ¿suficiente lo afirmado por Fayol en el párrafo anterior acerca de no ser prerrequisitos necesarios el gobernar una gran empresa o presentar un estudio magistral para ser capaz de aportar un concurso útil a la constitución de una doctrina? Evidentemente suficiente explicación no lo es. **Ejercicio:** Procure complementar o perfeccionar la explicación de Fayol de tal modo a poder entender que el número de observadores posibles pudiera ser ilimitado.

Muy breve párrafo en el cual Fayol hace explícito lo que intenta lograr vía la publicación de AIG: centrado en la formulación de una doctrina, apunta a provocar el inicio de una corriente y discusión pública con respecto al tema de la administración y gobierno de las empresas. **Ejercicio:** Investigue la historia, alcances, resonancia y suertes corridas por "Administración industrial y general" desde su publicación inicial en 1916.

[90] *A reflexionar, pero quizás prematuro poder contestar las interrogantes que siguen (retenerlas hasta tanto no quede bien claro lo que una doctrina administrativa/gubernamental ha de contener.* *Primer grupo de interrogantes:* Surgida una doctrina ¿podrá considerarse concluida la discusión pública e innecesario continuarla, visto ya alcanzada <u>la</u> doctrina definitiva? Y si no, ¿en función de qué factores, circunstancias y criterios habría de proseguir la discusión pública? ¿Sin límite la discusión pública? **Segundo grupo de interrogantes**: Formulada la doctrina, ¿podrá entendérsela como poseyendo validez universal, para todo lugar, época, circunstancia, así como categoría de empresa necesitada de administración y gobierno? Pero alternativamente, ¿múltiples doctrinas según lugar, época,

Hecho esto, habrá que resolver el problema de la enseñanza.[91]

Todo el mundo, en más o en menos, tiene necesidad de nociones administrativas.[92]

En la familia, en los asuntos del Estado, la necesidad de capacidad administrativa está en relación con la importancia de la empresa, y para los individuos esta necesidad es tanto mayor cuanto más elevada la posición que ocupan.

La enseñanza de la administración debe, por lo tanto, ser general: rudimentaria en las escuelas primarias, un poco más extensa en las escuelas secundarias, muy desarrollada en las escuelas superiores.[93]

Esta enseñanza no convertiría a todos sus alumnos en buenos administradores, así como la enseñanza técnica tampoco convierte a todos los suyos en excelentes técnicos. Tan solo se le pedirían servicios análogos a los que presta la enseñanza técnica. ¿Y por

---

circunstancia, y categoría de empresa necesitada de cierta clase muy particular de administración y gobierno?

[91] *Cambio de tema:* Fayol plantea a la enseñanza como un problema a resolver. **Ejercicio**: ¿Por qué? Son diversos los flancos a acometer. Cuando menos tres grandes áreas a acometer: 1ª- ¿A quién enseñar? 2ª- ¿Qué enseñarles? 3ª- ¿Cómo enseñarlo? Reflexionar acerca de cada una de estas interrogantes.

[92] Fayol nos expresa su respuesta a la primera interrogante, pero… ¿a quienes se refiere cuando afirma "Todo el mundo…"? **Ejercicio**: ¿Le permitirá a Ud. precisarlo el escudriño que haga de lo leído hasta ahora en la "Advertencia inicial, en los dos primeros capítulos, en lo que va y falta por leer del presente? ¿Encuentra bien aclarado y justificado por Fayol el "Todo el mundo…" al cual se refiere? Amplíe su respuesta.
Pero también, aunque vagamente expresada, encontramos su respuesta a la segunda interrogante. Afirma que son "… nociones administrativas…" las que habrán de ser enseñadas. **Ejercicio**: Con base en lo leído hasta ahora en AIG, procure precisar, aunque tan solo sea tentativamente, algunos de los contenidos clave a ser enseñados.

[93] **Ejercicio**: Asuntos a reflexionar: ¡Extraña cosa el que deba enseñarse administración (administrar) en cada uno de los tres grandes niveles educativos que Fayol conoció (hoy día son cuatro y más, sin contar sus variantes)! Ciertamente ello parece estar en sintonía con el <"Todo el mundo…" necesitar nociones administrativas> a lo cual se refirió pocas líneas atrás ¿Algún parecido con adonde se enseña administración hoy día? ¡Ciertamente que no! Solo a partir del tercer nivel educativo vemos, vía carreras cortas o largas, ocurrir la enseñanza del campo. Además, ¿contenidos y modos de enseñar siguiendo los lineamientos de Fayol? Muy posiblemente no. Y si es así, ¿según cual orientación? **Ejercicio**: ¿qué nos dice todo esto acerca de la orientación dominantemente científico-técnica habida desde los tiempos de Taylor acerca del campo y su enseñanza? Ciertamente muy diferente a la que nos está presentando Fayol. A modo de contraste, ¿se encuentra Ud. en condiciones de destacar algunas de sus grandes diferencias?

qué no habría de prestarlos? Se trata sobre todo de poner a la juventud en condiciones de comprender y utilizar las lecciones de la experiencia.[94] Actualmente el principiante no tiene ni doctrina administrativa ni método, y al respecto muchos siguen siendo principiantes toda su vida.

Es menester, pues, esforzarse por difundir nociones administrativas en todos los rangos de la población. La escuela evidentemente tiene un papel considerable a desempeñar en esta enseñanza.[95]

En las escuelas superiores, los profesores bien sabrán como armar sus cursos el día en que la administración forme parte de su enseñanza.

Más difícil es imaginar lo que la enseñanza administrativa primaria ha de ser. Al respecto he realizado un ensayo que expondré sin pretensión, convencido de que un buen maestro sabrá mejor que yo extraer de la doctrina y poner al alcance de sus alumnos lo que conviene enseñarles.[96]

---

[94] *Afirmación que en una sola oración resume el entendimiento que Fayol tiene de una de las tareas clave de la educación, ocurra ella donde ocurra, de las muy diversas maneras en que lo hace:* la transmisión a las nuevas generaciones de la experiencia acumulada adquirida a lo largo de la historia, centrada aquí en los temas de la administración y gobierno (verbalmente entendidos). Recordar que en el capítulo anterior, la <u>experiencia</u> figura como el sexto gran grupo de cualidades y conocimientos que fundamentan la <u>capacidad</u> de cada quien. **Ejercicio**: En resumidas cuentas y en relación a cualquiera sea el oficio o área de actividad de los cuales se trate, ¿qué calificativo cabe aplicar a quien ha ganado significativa experiencia por sobre la poseída por alguien otro o incluso por otros en general? ¿Qué sentimiento tiende a despertar en quienes lo observan?

[95] Según Fayol la difusión generalizada del saber-administrar en todos los rangos de la población es muy necesaria. El sistema educativo –la escuela– debe añadir a sus cargas presentes la de transmitir a las nuevas generaciones la experiencia humana acumulada en cuanto al administrar, muy particularmente el papel que cumple en el gobernar de las empresas de cualquier clase y magnitud. El sistema educativo a su vez transmitiría estas nuevas experiencias a las siguientes generaciones de estudiantes. De esta manera quedaría instituida la creciente transmisión inter-generacional del saber-gobernar. Cada nueva generación sabría gobernar-<u>se</u> mejor que sus predecesoras.

[96] En los dos últimos párrafos del capítulo, vemos la respuesta de Fayol a la tercera interrogante. Supuesta respondida la segunda interrogante acerca del lo <u>qué</u> habría de ser enseñado, queda bien claro que deja en manos de los educadores dilucidar el <u>cómo</u> se enseñaría.
Sobrevino el reto y supieron enfrentarlo a la hora de ingeniárselas para encontrar la mejor manera de enseñar matemáticas, física, química, sociología, sicología, etc. **El nuevo reto**: aprender a enseñar a administrar, componente de máxima importancia a la hora de saber-gobernar. Sigue -->

SEGUNDA PARTE: [97]

PRINCIPIOS Y ELEMENTOS DE ADMINISTRACIÓN

Capítulo 1°. – Principios generales de administración

Capítulo 2°. – Elementos de administración

> Son dos grandes temas los que Fayol ofrece exponer en esta 2ª parte de su obra. ¿Alguna denominación conceptual que abarque a ambos conformando un todo inteligible? Además, ¿por qué estos dos temas, por qué solo dos grandes componentes? ¿No podrían ser más? ¿Aclarado esto en alguna parte de "Administración industrial y general?

Ahora bien, ¿Bien claros el **qué** y el **cómo** de la enseñanza administrativa primaria? Al respecto Fayol afirma haber realizado "...un ensayo que expondré sin pretensión". **Pero intrigante:** ¿adónde habremos de encontrar el referido ensayo? ¿En algún lado en "Administración industrial y general"? ¿En algún otro escrito de Fayol? ¿Adónde pues?

[97] Relativo a la segunda parte de la obra, nuestras notas al pie mayormente estarán dirigidas al estudiante/lector. Aunque con mucho menos frecuencia que lo hecho para los tres capítulos de la primera parte, cuando pertinentes, plantearemos interrogantes para la reflexión, así como tareas a cumplir en relación al contenido de los dos capítulos relativamente más largos constitutivos de la segunda parte de "Administración industrial y general".

CAPÍTULO PRIMERO DE LA 2ª PARTE

A NO PASAR POR ALTO: Definitivamente de gran interés lo que Fayol afirma en el primer párrafo de este capítulo. No es un simple retomar de todo lo presentado en la primera parte de la obra. Y es que a las caracterizaciones de la función administrativa que hasta entonces había hecho, añade ciertas precisiones que no hay que pasar por alto. ¿Afectarán estas precisiones las ya leídas por Ud. en los tres primeros capítulos? ¿De qué manera, si se puede saber? ¿Profundización en lo que tiene de muy único la función administrativa? ¿Lo que nos faltaba saber para que —como lo exige toda óptima definición— quedasen perfectamente delimitados la función y su consecuente entendimiento?

EL PROPIO CAPÍTULO:

1º- Obviamente la palabra clave es "Principios". Tras leer los párrafos iniciales (segundo al quinto), ¿le queda a Ud. bien claro lo que según Fayol ha de entenderse por principio? Es esencial que así sea.

2º- Toda vez que ya entienda la utilización que Fayol hace de la palabra "Principios", le corresponderá examinar con detenimiento todos y cada uno de los catorce principios que eligió destacar y comentar a lo largo del capítulo.

3º- ¿Finito el número de principios? De no serlo, ¿se le ocurren unos cuantos ejemplos de otros posibles y explicación clara del porqué habrían de serlo?

Capítulo Primero
Principios Generales de Administración

La *función administrativa* no tiene por órgano ni por instrumento otra cosa que el *cuerpo social*. En tanto que las demás funciones ponen en juego la materia y las máquinas, la función administrativa no actúa sino sobre el personal. [98]

La salud y el buen funcionamiento del cuerpo social dependen de cierto número de condiciones, denominadas -más o menos indiferentemente- principios, leyes o reglas. Emplearé de preferencia la palabra *principios* liberándola de toda idea de rigidez. No hay nada rígido ni absoluto en materia administrativa; en ella todo es cuestión de *justa medida*. [99] Casi nunca cabe aplicar dos veces el mismo principio en condiciones idénticas: hay que tomar en cuenta circunstancias diversas y cambiantes, hombres igualmente diversos y cambiantes, y muchos otros elementos variables.

---

[98] En el capítulo 1 de la primera parte, cercano a concluirlo, Fayol afirmó: "La función *administrativa* se distingue claramente de las otras cinco funciones esenciales". Debe por lo tanto estar caracterizada por cierta diferencia específica. Ipso facto la obligada interrogante: ¿cuál? ¿No nos está este primer párrafo de la segunda parte de AIG suministrando la respuesta, precisamente la que nos permite completar la definición aristotélica que insinúan los cuatro muy breves párrafos con los cuales concluye aquél capítulo 1 de la primera parte de AIG? **Ejercicio**: ¿En qué consiste la diferencia específica de la administración –del administrar– que la distinguen claramente de las otras cinco funciones esenciales? **Dato**: Se trata de una diferencia expresable en términos tripartito. Supone un riguroso análisis conducente a la comprensión del párrafo con miras a encontrar expresados, aunque no salten de inmediato a la vista, los tres componentes que combinadamente conforman la diferencia específica clave buscada; aquella que permite entender el muy importante y singular papel que, de entre las seis grandes funciones esenciales, el administrar diferencialmente cumple en el gobernar de las empresas de cualquier clase y magnitud (como lo señala la importantísima primerísima oración de AIG en su "advertencia inicial"). **Dato**: Las palabras clave son "órgano", "instrumento" y "personal", entendido éste último como la totalidad de quienes constituyen el "cuerpo social" de la empresa.

[99] Debido a la importancia que veremos a Fayol dar a esta cualidad, tuvimos que poner especial cuidado en nuestra traducción. Para traducir la palabra francesa "mesure" y luego de mucho cavilar elegimos la expresión "justa medida". No nos pareció conveniente utilizar la palabra castellana "mesura". El "mesure" francés connota tino, justa medida, evitar toda desmesura sea por exceso o por defecto, equilibrio y ponderación, es decir adecuación y acierto en la acción. "Mesura" en español más bien apunta a la moderación, al comedimiento; reflejaría una actitud de mayor prudencia. Según Fayol, quien con cierta frecuencia utiliza la palabra "mesure", necesaria actitud de quien, cual hábil equilibrista, ha de administrar, componente esencial de la actuación de quien asume el oficio de gobernar. **Ejercicio**: Procure ampliar y ser muy explícito acerca del porqué "necesaria actitud".

Además, los principios son flexibles y susceptibles de adaptarse a todas las necesidades. Se trata de saber servirse de ellos. Es un arte difícil que exige inteligencia, experiencia, decisión y justa medida.

Hecha de tacto y de experiencia, la ***justa medida*** es una de las principales cualidades del administrador.

El número de los principios de ***administración*** no tiene límite. Toda regla, todo medio administrativo que fortalece al cuerpo social o que facilita su funcionamiento toma lugar entre los principios, al menos mientras la experiencia lo confirme en esta alta dignidad. Un cambio en el estado de cosas puede determinar el cambio de las reglas a las cuales este estado había dado nacimiento.[100]

Voy a pasar revista a algunos de los principios de administración que he tenido que aplicar más a menudo: [101, 102]

    1º La división del trabajo;

    2º La autoridad;

    3º La disciplina;

    4º La unidad de mando;

---

[100] Obviamente la palabra clave es "Principios". Tras leer los párrafos iniciales (segundo al quinto), ¿le queda a Ud. bien claro lo que según Fayol ha de entenderse por principio? A lo largo de estos cuatro párrafos, ¿concuerdan plenamente las diversas caracterizaciones que hace de la palabra "Principios" con las usualmente y profesionalmente hechas al respecto por autores en otros campos y áreas de interés, por ejemplo, matemáticas y ética? **Ejercicio**: Examine cuidadosamente cada una de las afirmaciones que a lo largo de estos párrafos Fayol hace y compruebe si le queda cada vez más claro el entendimiento que propone o si más bien cada vez suenan más extrañas las cosas que dice acerca de los principios. ***Su reto***: Lograr que esas afirmaciones calcen hasta consolidarse en la compresión de la palabra "principios" que Fayol propone.

[101] **Ejercicio**: Evidentemente Fayol abre la posibilidad de que más allá de los catorce, existan otros principios. ¿Se le ocurren algunos? Hacerlo precisamente supone haber previamente aclarado muy bien lo que Fayol propone entender por principio.

[102] **Ejercicio**: Toda vez que ya entienda la utilización que Fayol hace de la palabra "Principios", le corresponderá examinar con detenimiento todos y cada uno de los catorce principios que eligió destacar y comentar a lo largo del resto del capítulo. Mejorará su comprensión de lo que son los principios y su importancia el procurar visualizar el funcionamiento y patrones de comportamiento internos en la empresa, cuando firmemente instituidos en ella se hallen —asegurada su eficacia— cada uno de esos principios, o mejor aún, cuando varios en acertada combinación lo hayan sido.

5º La unidad de dirección;

6º La subordinación de los intereses particulares al interés general;

7º La remuneración;

8º La centralización;

9º La Jerarquía;

10º El orden;

11º La equidad;

12º La estabilidad del personal;

13º La iniciativa;

14º La unión del personal.[103]

1º División del Trabajo.[104]

La división del trabajo es de orden natural: se observa en el mundo animal donde, cuanto más perfecto es el ser, más órganos posee encargados de funciones diferentes; se observa en las sociedades humanas donde, cuanto más importante es el cuerpo social, más estrecha es la relación entre la función y el órgano. En la medida en que la sociedad crece, surgen nuevos órganos destinados a reemplazar al órgano único primitivamente encargado de todas las funciones.

La división del trabajo tiene por finalidad alcanzar a producir más y mejor con el mismo esfuerzo.

---

[103] **Ejercicio**: Test definitivo. Visualizando a las empresas en general o a cierta categoría de empresas en lo particular o incluso a cierta empresa concreta que le sea familiar, ejercítese formulando y visualizando instituidos principios distintos a los catorce que Fayol presenta. ¿Con facilidad se le ocurren algunos principios o por el contrario encuentra difícil expresar ejemplos concretos de principios y su aplicación en las empresas? Si lo segundo, necesario será mejorar su entendimiento de lo que son los principios según Fayol. Le ayudará estudiar de nuevo los párrafos iniciales segundo al quinto, así como detenidamente leer algunos de los principios que Fayol presenta y comenta en lo que resta del capítulo.

[104] **Ejercicio general**: A partir de aquí examine cuidadosamente el entendimiento que Fayol expone de cada uno de los principios, lo que destaca y cómo los comenta, procurando en cada caso visualizar firmemente implantado el principio en las empresas en general [a cierta categoría de empresas en lo particular o incluso a cierta empresa concreta que le sea familiar], posibilitándose así poder hacerse una idea de las repercusiones internas de carácter general que, vía el comportamiento del cuerpo social como un todo así como de la generalidad del personal individualmente o grupalmente considerados, tal implantación habría de tener en la ejecución de los seis grandes grupos de operaciones o funciones esenciales que la empresa ha de cumplir.

El obrero que siempre produce la misma pieza, el jefe que trata constantemente los mismos asuntos, adquieren una habilidad, una seguridad, una precisión que aumentan su rendimiento. Cada cambio de ocupación acarrea un esfuerzo de adaptación que disminuye la producción.

La división del trabajo permite reducir el número de objetos sobre los cuales deben recaer la atención y el esfuerzo. Se la ha reconocido como el mejor medio para utilizar a los individuos y a las colectividades.

No solamente se aplica a las tareas técnicas, sino a todos los trabajos, sin excepción, que ponen en juego a un número mayor o menor de personas y que requieren capacidades de varias clases. Tiene por consecuencias la ***especialización de las funciones y la separación de los poderes***.[105]

Aunque sus ventajas sean universalmente reconocidas y no se visualice la posibilidad del progreso sin el trabajo especializado de los eruditos y de los artistas, ***la división del trabajo*** tiene sus límites que la experiencia, acompañada del espíritu de justa medida, enseña a no sobrepasar.[106]

2º Autoridad - Responsabilidad.

La ***autoridad*** es el derecho a mandar y el poder de hacerse obedecer.[107]

---

[105] **Ejercicio**: El porqué de la especialización parece ser fácil de entender, pero ¿cómo entender que la división del trabajo también tenga por consecuencia la separación de los poderes? La división del trabajo, cualquiera ella sea, conlleva alguna suerte de especialización, pero ¿igualmente siempre así a alguna modalidad de separación de los poderes?

[106] ***Ejercicio de profundización:*** Son tres los posibles mensajes de Fayol cuando afirma que la división del trabajo "...tiene sus límites...": **1º**- ¿dividir hasta <u>no deber</u> ir más allá? **2º**- ¿dividir Hasta <u>no poder</u> ir más allá? **3º**- ¿dividir hasta <u>no querer</u> ir más allá? **Ejercicio**: Tratándose de la división del trabajo, ¿cuándo y por qué habría un <u>no deber</u> ir más allá? ¿cuándo y por qué habría un <u>no poder</u> ir más allá? ¿cuándo y por qué habría un <u>no querer</u> ir más allá? (***Instrucción***: para cada una de las tres interrogantes formule la mejor explicación posible al ¿por qué? (no deber, no poder, no querer).

[107] Evidentemente son dos las condiciones requeridas para que exista autoridad. **Ejercicio:** Profundizar en ellas por separado. ¿En general de dónde puede provenir el <u>derecho</u> a mandar? ¿Qué o quién es capaz de otorgarlo? ¿De dónde puede haber provenido el poder que se ha alcanzado poseer? ¿Ilimitado el <u>poder</u> de hacerse obedecer? ¿Por qué obedece quien obedece? ¿Qué experimenta quien obedece antes de obedecer, mientras obedece y luego de haber obedecido? Expresiones comunes tales como:

Se distingue, en un jefe, la autoridad *estatutaria* adscrita a la función y la autoridad *personal* hecha de inteligencia, de saber, de experiencia, de valor moral, de don de mando, de servicios prestados, etc. Para ser un buen jefe la autoridad personal es el complemento indispensable de la autoridad estatutaria.[108]

No se concibe la *autoridad* sin *responsabilidad*, es decir sin una sanción –recompensa o penalidad– que acompañe al ejercicio del poder. La responsabilidad es un corolario de la autoridad, su consecuencia natural, su contrapartida necesaria. En todas partes donde se ejerce una autoridad, nace una responsabilidad.[109]

La necesidad de sanción, que tiene en el sentimiento de justicia su origen, se ve confirmada e incrementada de cara a la consideración de que en pro del interés general es necesario estimular las acciones útiles y desanimar las otras.

La sanción de los actos de la autoridad forma parte de las condiciones esenciales de una buena administración. Por lo general es difícil realizarla, sobre todo en las grandes empresas: primero hay que establecer el grado de responsabilidad, luego la sanción proporcional. Ahora bien, si es relativamente fácil establecer la responsabilidad de los actos de un obrero y una gama de sanciones correspondientes, para un capataz la misma tarea ya es ardua, y en la medida en que se asciende en la jerarquía de las empresas, que las operaciones son más complejas, que el número de agentes participantes es mayor, que el resultado final es más lejano, es cada vez más difícil separar del efecto producido la parte atribuible al acto de autoridad inicial; cada vez más difícil establecer el grado de responsabilidad del jefe. La medida de esta responsabilidad, su equivalencia material, escapan a todo cálculo.

"logré que me obedeciera", "me vi obligado a obedecer", de examinarlas en profundidad, tácitamente ¿qué suponen o disimulan?

[108] *Aclaratoria*. En lugar de "*estatutaria*" y "*personal*", la terminología usual que Ud. habrá de encontrar en la literatura del campo es la distinción entre la autoridad "*formal*" y la "*informal*".

[109] Obsérvese que en lugar de tratar a la responsabilidad como un simple sentir, como un algo que es sentido en más o en menos por parte de quien es poseedor de cierta autoridad, Fayol directamente la aparea con las sanciones –recompensa o penalidad– a las cuales ha de estar sometido el ejercicio del poder. Obsérvese también como en lo que sigue Fayol mayormente se concentra en el tema de las sanciones, y no tanto en la autoridad como principio a ser implantado. Lo hace porque tratándose del poder que toda autoridad supone, la impunidad conduce a su posible abuso.

La sanción es, entonces, una cuestión de especie, de costumbre, de convención, donde quien ha de juzgar debe tomar en cuenta al acto mismo, las circunstancias que lo rodean y las repercusiones que ella –la sanción– pudiera tener. El fallo exige un alto valor moral, imparcialidad y firmeza. Si no se cumplen todas estas condiciones, es de temer que el sentimiento de responsabilidad desaparezca de la empresa.

La responsabilidad valientemente asumida y sobrellevada es un motivo de consideración; es una clase de valor muy apreciado en todas partes. Se tiene de esto una prueba palpable en la remuneración de algunos jefes de industria, muy superior a la de algunos funcionarios del Estado de grado equivalente, pero sin responsabilidades.

Sin embargo la responsabilidad es por lo general tan temida como lo es buscada la autoridad. El miedo a las responsabilidades paraliza muchas iniciativas y aniquila muchas cualidades.[110]

El buen jefe debe tener y difundir en torno suyo el valor ante las responsabilidades.[111]

La mejor garantía contra los abusos de autoridad y las debilidades de un alto jefe es el valor personal y sobre todo el elevado valor moral de este jefe. Sabido es que ni la elección ni la propiedad confieren este valor.[112]

3º Disciplina.

La *disciplina* es esencialmente la obediencia, la asiduidad, la actividad, el comportamiento, los signos exteriores de respeto realizados de conformidad con las convenciones establecidas entre la empresa y sus agentes.

---

[110] Ahora sí, en este párrafo y el anterior Fayol trata a la responsabilidad como algo sentido, sobre todo con miras a la intensidad de un tal sentir.

[111] **Ejercicio**: ¿Por qué el buen jefe ha de tener y difundir en torno suyo el valor ante las responsabilidades? Visualice la empresa en la cual el jefe no fuese capaz de hacerlo. ¿Cómo se verían afectados los patrones de comportamiento personales, inter-personales e inter-grupales, así como el desempeño los seis grandes grupos de operaciones o funciones esenciales que toda empresa ha de cumplir?

[112] Una de las tantas veces en que se ve a Fayol recalcar en AIG la existencia del necesario valor personal y elevado valor moral por parte de quienes asumen el oficio de gobernar. **Ejercicio**: Fácil es comprender por qué la simple elección no confiere esos valores, pero ¿por qué tampoco la propiedad?

Ya sea que estas convenciones hayan sido libremente debatidas o que sin discusión previa se acaten; que estén escritas o sean tácitas; que resulten de la voluntad de las partes o de las leyes y costumbres, son estas convenciones las que fijan las modalidades de la disciplina.

Por resultar de convenciones diferentes y variables, la disciplina misma se presenta naturalmente bajo los aspectos más diversos: las obligaciones de obediencia, de asiduidad, de actividad, de comportamiento, difieren, en efecto, de una empresa a otra, de una categoría de agentes a otra en la misma empresa, de una región a otra, de una época a otra.[113]

Sin embargo, el espíritu público está profundamente convencido de que la disciplina es absolutamente necesaria para la buena marcha de los negocios; que ninguna empresa podría prosperar sin disciplina.

Este sentimiento se expresa con gran vigor en los manuales militares, en los que se lee: "La principal fuerza de los ejércitos es la disciplina." Yo aprobaría sin reservas este aforismo si estuviese seguido por este otro: "La disciplina es tal cual la hacen los jefes". El primero inspira el respeto por la disciplina, lo que está bien, pero tiende a hacer perder de vista la responsabilidad de los jefes, lo cual es de lamentar. Ahora bien, el estado de disciplina de un cuerpo social cualquiera depende esencialmente del valor de los jefes.

Cuando se manifiesta una falta de disciplina o cuando el entendimiento mutuo entre jefes y subordinados deja que desear, en modo alguno debe negligentemente limitarse uno a achacar la responsabilidad al mal estado de la tropa; la mayoría de las veces el mal resulta de la incapacidad de los jefes.[114] Esto es, al menos, lo que he comprobado

---

[113] **Observación**: Convención entendida como convenio, contrato o acuerdo entre partes y no como asamblea. **Ejercicio**: ¿Por qué postula Fayol la existencia de una tan cercana relación entre la disciplina y sus modalidades por un lado y la diversidad de convenciones por el otro? *Dato*: Piense en la diversidad de maneras en que la convención puede evidenciar tener deficiencias en su formulación y práctica. En cada caso visualice que habría de ocurrir con la disciplina en la empresa. Le ayudará lo que dice Fayol cuatro párrafos más adelante.

[114] Punto bien importante expresado en este párrafo y los dos anteriores. A la final la disciplina depende de la capacidad de los jefes: todo lo contrario de, como a menudo ocurre, proyectar sobre los subordinados lo que en verdad proviene de la propia torpeza o incapacidad.

en diversas regiones de Francia. Siempre he visto a los obreros franceses obedientes y hasta abnegados cuando eran bien mandados.

En el orden de los factores que influyen sobre la disciplina, hay que colocar, al lado del mando, las **convenciones**. Es importante que estén claras y que, tanto como sea posible, den satisfacción a ambas partes. Esto es difícil. Tenemos de ello una prueba pública en las grandes huelgas de mineros, de ferroviarios, o de funcionarios que, en estos últimos años, han comprometido la vida nacional, en nuestro Estado y otras partes, y que tenían por causa convenciones impugnadas o estatutos insuficientes.

Desde hace medio siglo, se ha operado un cambio considerable en el modo de establecer las convenciones que vinculan a la empresa y sus agentes. A las convenciones de otros tiempos, establecidas sólo por el patrono, se substituyen más y más convenciones debatidas entre el patrono o un grupo de patronos y las colectividades obreras. La responsabilidad de cada patrono se encuentra así reducida; también la aminora la injerencia cada vez más frecuente del Estado en las cuestiones obreras. Sin embargo, el establecimiento de las convenciones que vinculan a la empresa con sus agentes, de donde se derivan las modalidades de la disciplina, debe seguir siendo una de las principales preocupaciones de los jefes de empresa.

El interés de la empresa no permite descuidar, contra los actos de indisciplina, algunas sanciones susceptibles de impedir o enrarecer su retorno. La experiencia y el tacto del jefe son puestos a prueba en la selección y grado de las sanciones empleadas: amonestaciones, advertencias, multas, suspensiones, degradación, expulsión. Hay que tomar en cuenta a los individuos y al medio.

En resumen, la **disciplina** es el respeto de las convenciones que tienen por objeto la **obediencia**, la **asiduidad**, la **actividad** y los **signos exteriores de respeto**.

Se impone tanto a los más altos jefes como a los agentes más modestos.

Los medios más eficaces para establecerla y mantenerla son:

1º Buenos jefes a todo nivel;
2º Convenciones tan claras y equitativas como sea posible;
3º Sanciones penales juiciosamente aplicadas.

4º Unidad de mando.[115]

Para una acción cualquiera, un agente no debe recibir órdenes más que de un solo jefe. [116]

Tal es la regla de "la unidad de mando", regla cuya necesidad es general y continua; cuya influencia sobre la marcha de los negocios es, en mi opinión, al menos igual a la de cualquier otro principio; si es violada, la autoridad se ve alcanzada, la disciplina comprometida, el orden alterado, la estabilidad amenazada… Por parecerme fundamental, he colocado esta regla en el rango de los principios.[117]

Tan pronto como dos jefes ejercen su autoridad sobre el mismo hombre o sobre el mismo departamento, se resiente un malestar; si la causa persiste, aumenta la perturbación, la enfermedad aparece cual en un organismo animal incomodado por un cuerpo extraño, y se observan las consecuencias siguientes:

O bien la dualidad cesa por la desaparición o anulación de uno de los jefes, y la salud social renace;

O continúa el deterioro del organismo.

En ningún caso hay adaptación del organismo social a la dualidad de mando.

---

[115] Muy enfatizado este principio por parte de Fayol. Así lo evidencian las diversas veces en que a él se refiere a lo largo de AIG, así como su largo comentario que sigue.

[116] "Para una acción cualquiera,…" Así inicia Fayol su descripción de la unidad de mando. **Ejercicio**: ¿Puede omitirse esta cláusula inicial? ¿Por qué no? De omitirse como lo hace a la hora de explicar el principio que sigue, ¿qué consecuencias seguirían de implantar este principio en la empresa según esa versión abreviada?

[117] ***Importante***: Para recalcar la influencia de la unidad de mando sobre la marcha de los negocios, Fayol se refiere a cuatro otros principios (la autoridad, la disciplina, el orden y la estabilidad); podrían ser más y distintos. Obsérvese como la implantación de este principio y en general este hecho es válido no solo para la unidad de mando sino para cualquiera de los grandes principios que Fayol presenta y comenta en el presente capítulo: cuando varios de ellos en su conjunto están bien implantados, es el <u>mutuo reforzamiento</u> que los principios han de ejercerse entre sí lo clave para la buena marcha de la empresa. Contrario y no deseable es que el debilitamiento de un principio conduzca al debilitamiento de todo el conjunto. **Ejercicio**: Seleccione uno o varios principios de entre los 14, y ejercítese en mostrar cómo su violación habrá de negativamente afectar la eficacia de ciertos otros principios.

Ahora bien, la dualidad de mando es extremadamente frecuente; ejerce sus estragos en todas las empresas, grandes o pequeñas, en la familia y en el Estado. El mal es tanto más temible cuanto que se insinúa en el organismo social bajo los pretextos más plausibles:

a) Con la esperanza de ser mejor comprendido o de ganar tiempo, o para detener inmediatamente una maniobra enojosa, el jefe J^2 directamente da órdenes a un agente C sin pasar por el jefe J^1.

Si este proceder erróneo se repite, hay dualidad de mando y sus consecuencias: vacilación en el subordinado, desavenencia, antagonismo, descontento del jefe ignorado, desconcierto en el trabajo.

Más adelante se verá que, cuando es necesario, es posible apartarse de la vía jerárquica, evitando los inconvenientes de la dualidad de mando.[118]

b) El deseo de obviar la dificultad inmediata del reparto de las atribuciones entre dos socios, dos amigos, dos miembros de la misma familia, hace que a veces la dualidad de mando reine en la cúspide de la empresa desde sus inicios. En posesión de los mismos poderes, teniendo la misma autoridad sobre los mismos hombres, los dos socios llegan fatalmente a la dualidad y a sus consecuencias.

Pese a duras lecciones, las experiencias de esta clase siguen siendo numerosas. Los nuevos socios cuentan con que su mutuo afecto, su interés común, su tacto les preservará de todo conflicto, incluso de todo disentimiento serio. Salvo rara excepción, la ilusión es de corta duración: primero sobreviene un malestar, luego una cierta irritación, y con el tiempo, si existe dualidad, incluso el odio.

Los hombres no soportan la dualidad de mando.

Un juicioso reparto de las atribuciones habría disminuido el peligro, sin hacerlo desaparecer por entero, ya que entre dos jefes en pie de igualdad siempre queda alguna cuestión indivisa. Pero es correr hacia el fracaso organizar una empresa con dos jefes en pie de igualdad, sin el reparto de atribuciones y separación de poderes.

---

[118] Esto habrá de ocurrir cuando Fayol presente y comente el principio noveno que trata de la jerarquía.

c) Una imperfecta delimitación de los departamentos conduce también a la dualidad de mando: dos jefes, dando órdenes sobre un dominio que cada uno cree suyo, causan dualidad.

d) Las continuas relaciones entre los diversos departamentos, el entrelazamiento natural de las funciones, las atribuciones frecuentemente imprecisas, crean un peligro constante de dualidad. Si un jefe sagaz no le pone buen orden a la situación, se establece la usurpación de funciones que viene a perturbar la marcha de los negocios, y la comprometen.

En todas las asociaciones humanas, en la industria, en el comercio, en el ejército, en la familia, en el Estado, la **dualidad de mando** es una fuente perpetua de conflictos, a veces muy graves, que solicitan particular atención por parte de los jefes en todos los niveles.

5º Unidad de dirección.

Este principio tiene por expresión: ***Un solo jefe y un solo programa para un conjunto de operaciones que apuntan a la misma meta***.

Es la condición necesaria de la unidad de acción, de la coordinación de las fuerzas, de la convergencia de los esfuerzos.

Un cuerpo con dos cabezas es, en el mundo social, como en el mundo animal, un monstruo. Le es difícil vivir.

No hay que confundir **Unidad de dirección** (un solo jefe, un solo programa) con **Unidad de mando** (un agente no debe recibir órdenes sino de un solo jefe)[119]. Se provee a la unidad de dirección con una buena constitución del cuerpo social; la unidad de mando depende del funcionamiento del personal.[120]

---

[119] Un "descuido" de Fayol: entre paréntesis la versión abreviada y muy generalizada del principio de la unidad de mando; importante jamás olvidar que siempre es "Para una acción cualquiera…"

[120] Para entender la diferencia entre los principios de unidad de mando y unidad de dirección, clave es comprender su relación con dos de los cinco elementos del administrar que Fayol desarrollará en el siguiente capítulo. Son el elemento "mando" a la base del principio de unidad de mando, y el elemento "organización" ("constitución del cuerpo social") a la base del principio de unidad de dirección.

La unidad de mando no puede existir sin la unidad de dirección, pero no se deriva de ella.[121]

6º Subordinación del interés particular al interés general.

Este principio nos recuerda que en una empresa el interés de un agente o de un grupo de agentes, no debe prevalecer en contra del interés de la empresa; que el interés de la familia debe anteponerse al de cualquiera de sus miembros; que el interés del Estado debe predominar por encima del de un ciudadano o grupo de ciudadanos.[122]

Pareciera que semejante prescripción no debería necesitar de un recordatorio. Pero la ignorancia, la ambición, el egoísmo, la pereza, las flaquezas y todas las pasiones humanas tienden a hacer perder de vista el interés general en provecho del interés particular. La lucha a sostener es continua.[123]

Dos intereses de orden diferente, pero igualmente respetables, están en presencia; hay que procurar conciliarlos. Es una de las grandes dificultades del gobierno.[124]

Los medios para su realización son:

---

[121] **Ejercicio**: Dos afirmaciones, dos interrogantes: ¿por qué "…no puede existir sin…"? ¿por qué "…no se deriva de…"?

[122] Leído el primer párrafo, más claro en qué consiste el principio pareciera no ser posible expresarlo, sólo que la palabra clave "interés" amerita reflexión. **Ejercicio**: Investigue a fin de precisar y diferenciar el significado de la palabra "interés" de ciertas expresiones que en su lugar, cuatro veces en el mismo párrafo, Fayol eligió no utilizar, tales como principalmente: "lo preferido", "lo querido", "lo deseado".

[123] El inventario de las grandes categorías de dificultades que enfrenta la implantación del principio. **Ejercicio**: para cada una de las seis grandes categorías que Fayol lista, procure aclarar en general el porqué y el cómo cada una de ellas dificulta la implantación del principio en la empresa, y sí la lucha a sostener es continua, de frente a cada una ¿cómo y con qué medios llevarla adelante?

[124] Por un lado "subordinación" del interés particular al general —así lo expresa el título del principio—, pero por el otro "igualmente respetables" según lo que Fayol acaba de afirmar. **Ejercicio**: ¿Cómo entender esto? "Subordinación" no pareciera en sí misma obligar a que ambos intereses sean tratados como "igualmente respetables". Pero a su vez, "Igualmente respetables" tampoco pareciera implicar la "subordinación" del interés particular al general. Ahora bien, aunque no elevada al nivel de un principio, ¿de dónde proviene el que haya obligación de tratar a ambos intereses como "igualmente respetables" en tanto que muy significativo sea el que la "subordinación" sí haya sido elevada al nivel de un principio? Pero entonces, ¿de dónde proviene el que haya que procurar conciliar ambas clases de interés? Y… ¿por qué tendría semejante conciliación ser "una de las grandes dificultades del gobierno"? ¿Bastará con combatir exitosamente las seis grandes categorías de dificultades que mencionó en el párrafo anterior"?

1º La firmeza y el buen ejemplo de los jefes;

2º Convenciones tan equitativas como sea posible;

3º Una atenta vigilancia.[125]

7º Remuneración del Personal.

La *remuneración del personal* es el precio del servicio prestado. Debe ser equitativa y dar a la vez, tanto como sea posible, satisfacción al personal y a la empresa, al empleador y al empleado.[126]

La *tasa* de la remuneración depende, primero, de circunstancias independientes de la voluntad del patrono y del valor de los agentes, tales como la carestía de la vida, la abundancia o escasez de personal, el estado general de los negocios, la situación económica de la empresa; depende, luego, del valor de los agentes y, por último, depende del *modo de retribución* adoptado.[127]

La apreciación de los factores que dependen de la voluntad del patrono y del valor de los agentes exige un conocimiento bastante grande de los negocios, juicio e imparcialidad; más adelante nos ocuparemos, a propósito del reclutamiento, de la apreciación del valor de los agentes. Con respecto a la remuneración, para actuar, aquí tan solo nos queda el *modo de retribución*.

El *modo de retribución* del personal puede tener una influencia considerable sobre la marcha de los negocios; la selección de este modo es, pues, un problema importante. Es también un problema arduo que recibe, en la práctica, soluciones muy diferentes, ninguna de las cuales ha parecido, hasta ahora, completamente satisfactoria.

Lo que generalmente se persigue con el *modo de retribución* es:

---

[125] En todo caso, sorprende el compacto tratamiento que Fayol le ha dado a este sexto principio, siendo que sin un mayor desarrollo, dos veces enfatiza los retos que enfrenta quien asume el oficio de gobernar: **"La lucha a sostener es continua"**; conciliarlos, **"una de las grandes dificultades del gobierno"**.

[126] En general expresa el mensaje dual clave de Fayol con respecto a la remuneración como principio: equitativa y satisfacción de las partes involucradas.

[127] "Modo de retribución" no es la expresión que corrientemente verá Ud. utilizada por la literatura del campo. La expresión que se ha impuesto en el mundo de las empresas es "Sistema de incentivos".

1º Que asegure una remuneración equitativa;

2º Que estimule el celo, recompensando el esfuerzo útil;

3º Que no pueda conducir a excesos de remuneración, rebasando el límite razonable.

Voy a examinar sucintamente los modos de retribución en uso para los obreros, para los jefes medios y para los altos jefes.

OBREROS

Los diversos modos de retribución en uso para los obreros son:

1º El pago por jornada;

2º El pago por tarea;

3º El pago por piezas.

Estos tres modos de retribución pueden combinarse entre sí y dar lugar a importantes variantes con la introducción de las primas, de la participación en los beneficios, de subsidios en especie, de satisfacciones honoríficas, etc.

1º Trabajo por jornada.- En este sistema, el obrero vende al patrono, mediante un precio fijado de antemano, una jornada de trabajo en determinadas condiciones.

Este sistema tiene el inconveniente de favorecer la negligencia y exigir una vigilancia atenta.

Se impone, sin embargo, cuando la medición del trabajo efectuado no es posible. Es, en suma, muy utilizado.

2º Pago por tarea.- Aquí el salario depende de la ejecución de una tarea determinada fijada de antemano. Puede ser independiente de la duración de esta tarea. Este modo se confunde con el jornal cuando tan sólo a condición de que la tarea se cumpla durante el período ordinario del trabajo, es que el salario estará adeudado.

El pago por tarea diaria no exige una vigilancia tan atenta como el pago por jornada. Tiene el inconveniente de rebajar el rendimiento de los buenos obreros al nivel de los obreros mediocres. Los buenos no están contentos ya que sienten que podrían ganar más; los mediocres encuentran demasiado pesado el trabajo que les es impuesto.

3º Pago por piezas.- El salario está en relación con el trabajo efectuado y no tiene límite.

Este sistema se emplea frecuentemente en los talleres donde hay que fabricar un gran número de piezas semejantes. Se le vuelve a encontrar en las industrias donde el producto puede medirse al peso, por metro lineal, por metro cúbico. En general se le emplea toda vez que sea posible hacerlo.

Se le reprocha favorecer la cantidad en detrimento de la calidad, de crear conflictos cuando se trata de revisar los precios para tomar en cuenta los progresos realizados en la fabricación.

El pago por piezas se convierte en laborioso para la empresa cuando se aplica a un conjunto importante de trabajos. Para reducirles la incertidumbre a los empresarios, al precio de la pieza se añade a veces un precio aplicado a cada jornada completada.

Del pago por piezas resulta por lo general un mejoramiento salarial que estimula el celo durante cierto tiempo. Después acaba por establecerse un régimen que, poco a poco, muda este modo de pago al de la tarea diaria por un precio fijado de antemano.

Los tres modos de pago arriba presentados se encuentran en todas las grandes empresas; unas veces domina el pago por jornada, otras veces alguno de los otros dos. En un taller se ve al mismo obrero trabajar, ora por piezas, ora por jornada.

Cada uno de estos tres modos tiene sus ventajas y sus inconvenientes, y su eficacia depende de las circunstancias y de la habilidad de los jefes.

Ni el modo, ni siquiera la tasa de salario eximen al jefe de competencia y de tacto. El celo de los obreros y la paz del taller dependen mucho de él.

PRIMAS

Para que al obrero le interese la buena marcha de la empresa, a veces se añade a la tarifa de la jornada, de la tarea o de las piezas, un suplemento en forma de prima: prima a la asiduidad, prima a la actividad, prima por la buena marcha de los equipos, a la producción, por la limpieza, etc.

La importancia relativa de estas primas, su naturaleza y las condiciones establecidas para su obtención son extremadamente variadas. Aquí se encuentran: el pequeño suplemento diario, la suma mensual, la gratificación anual, acciones o partes de acción distribuidas a los más meritorios. Incluso se encuentran participaciones en los beneficios; tales son, por ejemplo, ciertas asignaciones repartidas anualmente entre los obreros de algunas grandes empresas.

Desde hace algunos años, varias empresas mineras de hulla francesas han establecido, a favor de su personal obrero, una prima proporcional al beneficio distribuido o a un beneficio excedentario. No se exige compromiso alguno de los obreros, pero la obtención de la prima está subordinada a ciertas condiciones; por ejemplo, que no haya habido huelga durante el año, o que las inasistencias no hayan superado un determinado número de días.

Esta modalidad de prima ha introducido una participación en los beneficios en la remuneración de los mineros sin que hubiese habido discusión entre los obreros y el patrono. Los obreros no rechazaron un don, poco más o menos gratuito, que les ofrecía el patrono. El contrato no es bilateral.

Gracias a un ciclo afortunado para las empresas, el salario anual de los obreros se vio notoriamente incrementado con la práctica de la prima. ¿Qué ocurrirá en tiempos difíciles?

Esta fórmula interesante es todavía demasiado nueva para ser juzgada. Evidentemente no es una solución general del problema.

En la industria hullera hay otra modalidad de prima que depende del precio de venta de la hulla. Por largo tiempo en vigor en el Estado de Gales, donde fue abandonaba a raíz de la aprobación de la ley sobre el salario mínimo, la escala móvil de salarios, fundamentada en una base fija y en una prima relativa al precio de venta de la región, es hoy día la formula que regula el salario de los mineros del Norte y del Pas-de-Calais; también ha sido adoptada en el Loire.

Este sistema establece cierta correlación entre la prosperidad de la empresa hullera y el salario del minero. Se le reprocha inducir al obrero a la limitación de la producción para elevar el precio de venta.

Vemos que para solventar la cuestión de los salarios, se recurre a una gran diversidad de medios; sin embargo el problema está lejos de estar resuelto a satisfacción general; todas las soluciones son precarias.

PARTICIPACION EN LOS BENEFICIOS

Obreros.- La idea de hacer que los obreros participen en los beneficios es muy seductora. De ahí es que al parecer debería surgir el acuerdo entre el capital y el trabajo. Pero la fórmula práctica de este acuerdo no se ha encontrado aún. Hasta el presente la participación de los obreros en los beneficios ha encontrado, en la gran empresa, insalvables dificultades de aplicación.

Observemos primero que no puede existir en las empresas que no tienen un fin pecuniario (servicios del Estado, sociedades religiosas, filantrópicas, científicas...); que tampoco es posible en las empresas económicas deficitarias. He aquí, pues, la participación en los beneficios excluida de un gran número de empresas.

Quedan las empresas económicas prósperas. Entre éstas, en ninguna parte es mayor el deseo de conciliar, de armonizar el interés del obrero y el del patrono que en las industrias mineras y metalúrgicas francesas. Ahora bien, no conozco en estas industrias clara aplicación alguna de la participación de los obreros en los beneficios.

Se puede concluir de inmediato que la cosa es extremadamente difícil, sino imposible.

En efecto es muy difícil.

Tenga la empresa beneficio o no, el obrero necesita de un salario inmediato que es preciso asegurar. Un sistema que por entero hiciese depender la remuneración del obrero de un beneficio eventual futuro es inaplicable.

Pero ¿podría una parte del salario provenir de los beneficios generales de la empresa?

Veamos:

Vistos todos los factores que intervienen, es imposible establecer la parte que le corresponde a la actividad o habilidad, más o menos grandes, de un obrero en el resultado final de una gran empresa; además es totalmente insignificante. A lo sumo, la parte que podría corresponderle de un dividendo distribuido sería, por ejemplo, de algunos céntimos sobre un salario de 5 francos; es decir que el menor esfuerzo suplementario -un golpe de pico, un pase de lima- que directamente beneficie su salario, sería más ventajoso para él. El obrero no tiene, pues, ningún interés en ser remunerado con una participación en los beneficios proporcional a la acción que ejerce sobre esos beneficios.

Cabe destacar que en la mayoría de las grandes empresas el aumento del salario realizado desde hace unos veinte años, representa una suma total superior al monto de las reparticiones hechas al capital.

De hecho, la clara, real participación de los obreros en los beneficios de las grandes empresas no ha entrado aún en la práctica de los negocios.

Jefes medios.- La participación en los beneficios de los capataces, jefes de taller e ingenieros, apenas si está más adelantada que la de los obreros; sin embargo, la influencia de estos agentes sobre el resultado de la empresa es mucho más significativa y, si por lo regular no están interesados en los beneficios, esto no puede ser sino porque la fórmula para su participación es difícil de establecer.

Sin duda, los jefes no tienen necesidad de un estímulo pecuniario para cumplir todas sus obligaciones; pero no son indiferentes a las satisfacciones materiales y hay que admitir que la esperanza de un beneficio suplementario bien puede estimular su celo. Por esto, se debe interesar a los agentes medios en los beneficios, cuando sea posible.

Esto es relativamente fácil para los negocios en sus inicios y las empresas en padecimiento, donde un esfuerzo excepcional puede aportar resultados importantes. La participación puede entonces aplicarse al conjunto de los beneficios de la empresa o solamente a la marcha del departamento del agente interesado.

Cuando la empresa es antigua y acertadamente conducida, el celo de un jefe medio apenas si es perceptible en los resultados generales y es muy difícil establecer para él una participación útil.

De hecho, en Francia, la participación de los jefes medios en los beneficios es muy rara en las grandes empresas.

Las primas a la producción o por ciertos resultados de un taller -que no hay que confundir con la participación en los beneficios- son mucho más frecuentes.

Altos jefes.- Hay que elevarse hasta la dirección para encontrar una categoría de agentes frecuentemente interesados en los beneficios de las grandes empresas francesas.

Por sus conocimientos, por sus ideas, por su acción, el jefe de la empresa tiene una influencia considerable sobre los resultados generales y es del todo natural procurar interesarle en estos resultados. A veces es posible establecer una relación estrecha entre su acción personal y los resultados; sin embargo, generalmente existen otras influencias, totalmente independientes del valor del jefe, que pueden hacer variar los resultados generales en proporciones mucho mayores que la acción personal del jefe. Si la remuneración del jefe dependiera exclusivamente de los beneficios, podría a veces verse reducida a cero.

Hay por lo demás empresas en creación o en liquidación, o simplemente en crisis pasajera, cuya dirección no exige menos talento que la de los negocios prósperos, donde la participación en los beneficios no puede ser la base del tratamiento del jefe.

Por último, los altos servidores del Estado no pueden ser remunerados con una participación en los beneficios.

Así pues, la participación en los beneficios no es más regla general de *remuneración* para los grandes jefes que para los obreros.

En resumen, la ***participación en los beneficios*** es un medio de remuneración que puede, en ciertos casos, dar excelentes resultados; no es una solución general.

No me parece que se pueda contar, al menos por el momento, con este modo de retribución para apaciguar los conflictos del capital y del trabajo. Felizmente hay otros medios que han bastado hasta el presente para asegurar a la sociedad una paz relativa; estos medios no han perdido su eficacia. Incumbe a los jefes estudiarlos, aplicarlos y hacer que tengan éxito.

SUBSIDIOS EN ESPECIE. - INSTITUCIONES DE BIENESTAR
SATISFACCIONES HONORIFICAS [128]

Sea que el salario se componga solamente de numerario o que incluya diversos complementos en calefacción, electricidad, alojamiento, víveres, poco importa, con tal que el agente esté satisfecho.

Por otro lado, no hay duda que la empresa será tanto mejor servida cuanto más vigorosos, más instruidos, más concienzudos y más estables sean sus agentes. No fuese sino en el interés de la empresa, el patrono debe prestar sus cuidos, a la salud, a la fuerza, a la instrucción, a la moralidad y a la estabilidad de su personal.[129]

Estos elementos de buena marcha para la empresa no se adquieren únicamente en el taller; se forman y se perfeccionan también, y sobre todo, afuera: en la familia, en la escuela, en la vida civil y religiosa. El patrono se ve pues movido a ocuparse también de sus agentes afuera de la fábrica y aquí de nuevo se plantea la cuestión de la justa medida.

Las opiniones están muy divididas al respecto. Ciertas experiencias desafortunadas han resuelto a algunos patronos a limitar su intervención puertas adentro de la fábrica y al reglamento del salario.

La mayoría sin embargo estima que la acción patronal puede ejercerse útilmente hacia afuera con la condición de ser discreta y prudente, de hacerse desear más bien que imponerse, de estar conforme con la cultura, los gustos de los interesados y respetar absolutamente su libertad. Debe ser una colaboración que vela por su bien y no una tutela tiránica. Esta es una condición indispensable del éxito.[130]

---

[128] Sub-sección a ser leída con mucho cuidado. Nos presenta a un Fayol sumamente actual y respetuoso de los seres humanos, sobre todo cuando se considera el centenar de años transcurridos desde su haber redactado este texto.

[129] Compacto párrafo que aclara el para qué del catálogo de cualidades y conocimientos presentados por Fayol al inicio del capítulo 2 de la primera parte de AIG; componentes clave que están a la base de las diversas capacidades que los agentes de la empresa han de poseer.

[130] Párrafo clave que amerita examen. **Ejercicio**: Por separado reflexione acerca de cada una de las seis recomendaciones que Fayol hace en la primera larga oración, siete si considera la aclaratoria que hace en la siguiente y que reunidas todas condicionan el éxito de la acción patronal externa como afirma en la oración final.

La obra de bienestar del patrono puede ser variada. En la fábrica se ejerce sobre las cuestiones de higiene y de confort: aire, luz, limpieza, comedor. Fuera de la fábrica, se aplica al alojamiento, a la alimentación, a la instrucción y a la educación.

Las obras de previsión encajan en esta categoría de medios.

Las satisfacciones honoríficas tan solo aparecen en las empresas muy grandes. Puede decirse que son casi exclusivamente del dominio del Estado.

Todos los modos de retribución que pueden mejorar el valor y la suerte del personal, estimular el celo de los agentes de todos los niveles, deben ser objeto de una continua atención por parte de los jefes.

8º Centralización.

Al igual que la "división del trabajo", la ***centralización*** es un hecho de orden natural; consiste en que en todo organismo, animal o social, las sensaciones convergen hacia el cerebro o la dirección, y que del cerebro o de la dirección parten las órdenes que ponen en movimiento todas las partes del organismo.

La centralización no es un sistema de administración bueno o malo en sí mismo, pudiendo ser adoptado o abandonado a merced de los dirigentes o de las circunstancias; siempre existe en más o en menos. La cuestión de la centralización o de la descentralización es una simple cuestión de justa medida. Se trata de encontrar el límite favorable a la empresa.[131]

En las empresas pequeñas, donde las órdenes del jefe se dirigen directamente a los agentes inferiores, la centralización es absoluta; en las grandes empresas, donde una larga jerarquía separa al jefe de los agentes inferiores, las órdenes, así como las impresiones de retorno, pasan por una serie de agentes intermedios necesarios. Cada agente pone, voluntariamente o involuntariamente, un poco de sí mismo en la transmisión y la ejecución de las órdenes, así como en la transmisión de las

---

[131] Este es el párrafo clave en relación a la centralización. Se trata de un rango de posibles combinaciones entre los extremos de centralización y descentralización. **Ejercicio**: Vista la amplia y diversa disponibilidad de tecnologías en la actualidad, ¿qué implicaciones de carácter general pueden derivarse de sus posibles utilizaciones a la hora de determinar tanto en intensidad como en modalidad, la optima combinación de centralización/descentralización a ser puesta en práctica?

impresiones recibidas; no actúa como simple engranaje mecánico. Del carácter del jefe, de su valor, del valor de los subordinados y también de las condiciones de la empresa, depende la parte de iniciativa que conviene ceder a los agentes intermedios. El grado de centralización debe variar según los casos.

El objetivo a ser perseguido es la mejor utilización posible de las facultades de todo el personal.

Si el valor del jefe, sus fuerzas, su inteligencia, su experiencia, la rapidez de sus concepciones… le permiten expandir mucho su acción, podrá extremar la centralización y reducir el papel de sus subordinados al de simples agentes de ejecución. Si, por el contrario, reservándose el privilegio de dictar las directrices generales, prefiere mejor recurrir a la experiencia, al parecer, a los consejos de sus colaboradores, puede llevar a cabo una amplia descentralización.

Estando el valor absoluto y relativo del jefe y de los agentes en perpetua transformación, se comprende que pueda ser constantemente variable la medida de centralización o de descentralización. Es un problema que hay que resolver según las circunstancias a la par de atender lo mejor posible los intereses en juego.

No sólo se plantea para los mandos superiores, sino para los jefes de todo nivel. Ninguno hay que no pueda ampliar o restringir en cierta medida la iniciativa de sus subordinados.

Encontrar la medida que dé el mejor rendimiento total, tal es el problema de la centralización y de la descentralización. Todo lo que aumenta la importancia del papel de los subordinados es descentralización; todo lo que disminuye la importancia de este papel es centralización.[132]

9º Jerarquía.

La *Jerarquía* es la serie de jefes que va desde la autoridad superior a los agentes inferiores.

---

[132] Leído el mensaje central que Fayol expone a propósito del principio, se desprende que aunque denominado "centralización" a secas, la denominación más adecuada pudieran haber sido la pareja de términos "centralización/descentralización".

La **vía Jerárquica** es el camino que siguen, pasando por todos los grados de la jerarquía, las comunicaciones que parten de la autoridad superior o que le son dirigidas. Este camino lo impone a la vez la necesidad de una transmisión segura y la **unidad de mando**. Pero no siempre es el más rápido; incluso es a veces desastrosamente largo en las grandes empresas, notoriamente en el Estado.

Ahora bien, hay muchas operaciones cuyo éxito depende de una ejecución rápida; por lo tanto es necesario poder conciliar el respeto por la vía jerárquica con la obligación de funcionar con rapidez.[133]

Se logra de la manera siguiente:

Supongamos que se trate de poner en relación al departamento **F** con el departamento **P** en una empresa cuya jerarquía está representada por la doble escalera **G–A–Q**.

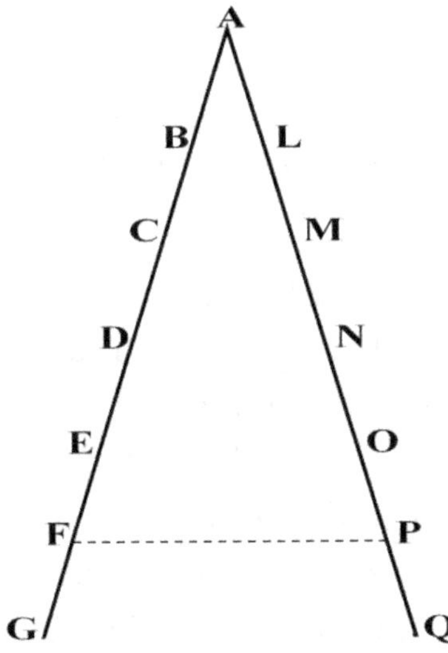

Siguiendo la vía jerárquica habrá que subir la escala de **F** a **A**, luego descender de **A** a **P** deteniéndose en cada escalón, luego volver a subir de **P** a **A** y volver a bajar de **A** a **F** para regresar al punto de partida.

---

[133] De nuevo comprobamos ningún absolutismo por parte de Fayol: jerarquía sí, pero no cuando hay perjuicio para la empresa, particularmente cuando la necesidad de rapidez es vital.

Evidentemente es mucho más simple y más rápido directamente ir de **F** a **P** pasando por la *pasarela* **F– P**. Y esto es lo que usualmente se hace.

El principio jerárquico estará salvaguardado si los jefes **E** y **O** han autorizado a sus respectivos agentes **F** y **P** de entrar en relaciones directas; y del todo normalizada la situación si **F** y **P** informan inmediatamente a sus jefes respectivos acerca de lo que han hecho de común acuerdo.

En tanto **F** y **P** permanezcan de acuerdo y que sus operaciones sean aprobadas por sus jefes directos, las relaciones directas pueden proseguir; tan pronto desaparezca el acuerdo o que la aprobación de los jefes falte, las relaciones directas cesan y la vía jerárquica es inmediatamente restablecida.

Tal es el régimen que de hecho se puede comprobar en la gran mayoría de las empresas. Implica, cual hábito, la existencia de cierta iniciativa en todos los grados de la escala.

En la empresa pequeña, el interés general, es decir el de la propia empresa, es fácil de captar y el patrono está allí para recordarles este interés a quienes tengan la tentación de olvidarlo.

En el Estado, el interés general es cosa tan compleja, tan vasta, tan lejana, que hacerse de él una clara idea no es fácil; y el patrono es una suerte de mito para la casi totalidad de los funcionarios. Si no es reavivado sin cesar por la autoridad superior, el sentimiento del interés general se desdibuja, se debilita y cada departamento tiende a considerarse a sí mismo como objetivo y fin; olvida que tan solo es un engranaje de una gran máquina cuya totalidad de partes deben funcionar en concordancia; se aísla, se compartimenta y ya no conoce otra vía sino la jerárquica.[134]

El empleo de la *pasarela* es simple, rápido, seguro; permite a los dos agentes **F** y **P** tratar, en una sola sesión, en algunas horas, una cuestión tal, que por la vía jerárquica habrá de experimentar veinte transmisiones, molestará a mucha gente, acarreará un

---

[134] Una de las diversas ocasiones en que Fayol se refiere al Estado a lo largo de "Administración industrial y general", clara evidencia del no creer que lo expuesto en su obra sólo sea aplicable a las empresas del sector privado. Tanto o más convencido de la pertinencia y aplicabilidad de sus ideas a los entes del sector público.

enorme papeleo, hará perder semanas o meses para llegar a una solución generalmente menos buena que la obtenida de haber puesto directamente en contacto a **F** y **P**.

¿Posible que tales prácticas, tan ridículas como funestas, estén en uso? Lamentablemente no puede dudarse de ello en lo que concierne a los servicios del Estado.

Generalmente se admite que su principal causa es el temor ante las responsabilidades. Creo más bien que es la insuficiente capacidad administrativa de los dirigentes.[135]

Si el jefe supremo **A** exigiese de sus colaboradores **B** y **L** el empleo de la *pasarela* y los determinase a imponerla a sus subordinados **C**... **M**..., el hábito y el valor ante las responsabilidades se establecerían al mismo tiempo que el uso del camino más corto.

Es un error apartarse de la vía jerárquica sin necesidad; uno mucho mayor es seguirla cuando haya de resultar un perjuicio para la empresa. Este último puede, bajo ciertas circunstancias, cobrar extrema gravedad. Cuando un agente se ve en la obligación de escoger entre las dos maneras de proceder y no le es posible obtener la opinión de su jefe, debe tener el suficiente valor y sentirse con la suficiente libertad para adoptar aquél que el interés general impone. Pero para que tal sea su estado de ánimo, es preciso que al respecto haya sido preparado de antemano y sus jefes le hayan dado el ejemplo. El ejemplo debe provenir de arriba.[136]

---

[135] Característico de Fayol: contrario a achacar culpas o apelar a la existencia de características deficientes en el personal subordinado, la responsabilidad por la existencia y persistencia de tal estado de cosas siempre se remonta al jefe, indicativo ello de su deficiente capacidad administrativa (componente esencial del oficio de gobernar como bien sabemos).

[136] *Observación general.* Acerca de la jerarquía está claro que Fayol ciertamente ignoró el surgimiento en tiempos mucho más recientes de la tendencia –cuando así convenga y sea posible– hacia el denominado "aplanamiento organizacional", el cual supone la intencional reducción de los niveles de jerarquía en las empresas. **Ejercicio**: investigue el tema con especial atención a los factores que pueden habilitar tal reducción. (Ignoró también Fayol las más actuales modalidades de estructuración organizacional de la empresa calificadas de: "matricial", "divisional" o "por unidades de negocio")

10º Orden.

Se conoce la fórmula del orden material: ***Un lugar para cada cosa y cada cosa en su lugar***. La fórmula del orden social es idéntica: ***Un lugar para cada persona y cada persona en su lugar***.[137]

Orden material.- Según la definición precedente, para que el orden material reine, es preciso que un lugar haya sido reservado para cada objeto y que todo objeto esté en el lugar que le ha sido asignado.

¿Basta con esto? ¿No hace falta además que el lugar haya sido bien escogido?

El orden debe tener por resultado evitar las pérdidas materiales y las pérdidas de tiempo. Para alcanzar por completo tal finalidad, no solo es preciso que las cosas estén en su lugar bien dispuestas, sino que además el lugar haya sido escogido de manera a facilitar tanto como sea posible todas las operaciones. Si esta última condición no se cumple, el orden tan solo es aparente.

El orden aparente puede encubrir un desorden real. He visto el patio de una fábrica usado como almacén de lingotes de acero donde los materiales bien dispuestos, bien alineados, limpios, daban una agradable impresión de orden. Examinado más de cerca se comprobaba que el mismo montón encerraba, confundidas, cuatro o cinco especies de aceros destinadas a fabricaciones diferentes. De donde maniobras inútiles, pérdidas de tiempo, posibilidades de error...; ninguna cosa estaba en su lugar.

Por el contrario ocurre que un desorden aparente corresponde a un orden real. Tal es el caso de los papeles esparcidos según la voluntad del amo y que un servidor bien intencionado, pero incompetente, dispone de otra manera y yergue en pilas bien alineadas. Familiaridad perdida que el amo tardará en recuperar.

El ***orden perfecto*** implica un lugar juiciosamente elegido; El **orden aparente** tan solo es una imagen falsa o imperfecta del orden real.

---

[137] La palabra "lugar" repetida cuatro veces. Evidentemente alguna relación importante ha de existir entre el lugar de algo/alguien y la realización o no del orden. En la primera oración, a propósito del orden material, se refiere a cosas; en la segunda a personas, cuando se trata del orden social. Todo depende entonces de lo que lugar significa en cada caso. A lo largo de su lectura mantenga su atención en lo que en cada caso lugar significa.

La limpieza es un corolario del orden. Ningún lugar le está reservado a la suciedad.

Un cuadro gráfico que represente al conjunto de los inmuebles, dividido en tantos compartimientos como agentes responsables hay, facilita mucho el establecimiento y el control del orden.[138]

Orden social.- Para que el orden social reine en una empresa, hace falta, según la definición, que un lugar le esté reservado a cada agente y que cada agente esté en el lugar que le ha sido asignado.

El orden perfecto exige además que el lugar convenga al agente y que el agente convenga a su lugar. ***The right man in the right place***.[139]

El orden social así entendido supone resueltas dos operaciones administrativas de las más difíciles: una buena organización y un buen reclutamiento. Establecidos los puestos necesarios para la marcha de la empresa, se han reclutado los titulares de estos puestos y cada agente ocupa el puesto donde puede mejor prestar sus servicios. Tal es el orden social ***perfecto***. "Un lugar para cada persona y cada persona en su lugar." Esto parece sencillo, y tenemos naturalmente tal deseo que así sea, que tan pronto oímos a un jefe de Gobierno afirmar por vigésima vez este principio, al punto nos llega la idea de una administración perfecta. Es un espejismo.

El orden social exige un conocimiento exacto de las necesidades y de los recursos sociales de la empresa y un equilibrio constante entre estas necesidades y estos recursos. Ahora bien, este equilibrio es muy difícil de establecer y de mantener, y tanto

---

[138] Ya leídos la presentación y comentarios de Fayol respecto al orden material, **Ejercicio**: ¿Qué saca Ud. en claro acerca de lo que con todo rigor ha de entenderse por "lugar" cuando de cosas/objetos se trata? ***Preguntas:*** ¿Cuándo inequívocamente cabe afirmar que cierta cosa/objeto se encuentra en el lugar que le corresponde? A la luz de la ejecución de las operaciones constitutivas de las seis grandes clases de funciones esenciales, ¿qué descripción haría Ud. del funcionamiento de la empresa que hubiese alcanzado el orden material perfecto?

[139] Complete su lectura de la presentación y comentarios de Fayol que siguen con respecto al orden social. Enfrentará ahora una **Ejercicio** bastante más delicado que el anterior: ¿Qué saca Ud. en claro acerca de lo que con todo rigor ha de entenderse por "lugar" cuando de agentes de una empresa se trata? ***Preguntas***: ¿Cuándo inequívocamente cabe afirmar que cierto agente se encuentra en el lugar que le corresponde? A la luz de su funcionamiento, ¿qué descripción haría Ud. de la empresa que ha alcanzado el orden social perfecto?

más difícil cuanto más grande es la empresa. Y cuando ha sido roto, que intereses particulares han hecho desatender o sacrificar el interés general, que la ambición, el nepotismo, el favoritismo, o simplemente la ignorancia han multiplicado inútilmente los puestos o colocado en los puestos necesarios a agentes incapaces, se requiere mucho talento, mucha voluntad y más perseverancia de la que implica la actual inestabilidad ministerial para hacer desaparecer los abusos y restablecer el orden.

Aplicada al Estado la fórmula del orden: "Un lugar para cada persona y cada persona en su lugar" adquiere una amplitud extraordinaria. Es la responsabilidad de la nación con respecto a todos y a cada uno, es la suerte de cada quien prevista, es la solidaridad, es la cuestión social toda. No me detengo por más tiempo ante esta inquietante extensión del principio del orden.[140]

En las empresas privadas y sobre todo en las empresas de reducida envergadura, es más fácil proporcionar el reclutamiento a las necesidades.

---

[140] Fayol dice bien. Se trata de una importante extensión del principio del orden; de una significativa ampliación del contexto y de la gente que abarca. No se trata ahora de una determinada empresa, sino de la nación como un todo. No se trata ahora de simples agentes y lo que aportan a la empresa, sino de la amplísima gama de seres humanos constitutivos del todo social. Lo que ha de entenderse por el lugar de cada quien no se reduce ahora a que, dicho antes por Fayol, en la empresa "el lugar convenga al agente y que el agente convenga a su lugar". De entrada: ¿su lugar el mismo de estar conduciendo una reunión formal a estar reunido con un grupo de familiares cercanos? ¿su lugar el mismo de ser mujer u hombre en una sociedad con tales o cuales tradiciones? ¿su lugar el mismo de encontrase triste o alegre, ser tímido o expansivo? ¿su lugar el mismo de estar inmerso en la realización de una muy delicada tarea al de súbitamente ocurrir ser interrumpido por la gritería de sus tres hijos? ¿su lugar el mismo de su profesión ser maestro o policía? ¿su lugar el mismo de ser el padre de familia hasta hace poco vivo, pero ahora muerto y añorado? ¿un lugar que persiste incluso luego de fallecido? ¿El lugar que experimenta ser el suyo igual o diferente al que otros estiman que ocupa? etc. Inagotable, pues, la diversidad de entendimientos a los que se da lugar la noción de lugar. **Ejercicio**: ¿Qué saca Ud. en claro de tal variedad? Ahora necesitamos que la noción de "lugar" sea capaz de abarcar a todas las clases de seres humanos, estados de ánimo y circunstancias vividas, encuéntrense donde se encuentren y cuando, a lo largo de un día laboral en la empresa o fuera de ella ya concluida su jornada. **Ejercicio**: Dado que ahora necesariamente ha de entenderse a cada quien como miembro de la sociedad toda y no meramente como agente de una determinada empresa, lo cual implicó una momentánea simplificación artificial de la realidad humana, ¿no le corresponde ahora revisar sus reflexiones acerca de la noción del lugar de cada quien, se halle circunstancialmente en o fuera de la empresa? *Recomendación*: A propósito de los temas "orden" y "lugar", mutatis mutandis altamente provechosa la lectura de "La república" de Platón. Podrá grandemente enriquecer su entendimiento de este décimo principio-

Tal como lo es para el orden *material*, un cuadro gráfico, un esquema, facilita mucho el establecimiento y el control del orden social. Representa al conjunto del personal y a todos los departamentos de la empresa con sus titulares. Este cuadro será tratado en el capítulo de la organización.

11º Equidad.

¿Por qué *equidad* y no *justicia*?

La justicia es la realización de las convenciones establecidas. Pero las convenciones no pueden preverlo todo; a menudo es preciso interpretarlas o suplir sus insuficiencias.

Para que el personal se sienta estimulado a aportar en el ejercicio de sus funciones toda la buena voluntad y la devoción de la cual es capaz, es necesario que se le trate con benevolencia; la equidad resulta de la combinación de la benevolencia con la justicia.

La equidad no excluye ni la energía ni el rigor. Requiere, en la aplicación, mucha sensatez, mucha experiencia y mucha bondad. [141]

El deseo de equidad, el deseo de igualdad, son aspiraciones que hay que tomar muy en cuenta en el trato del personal.[142] Para dar a estas necesidades la mayor satisfacción posible, sin descuidar ningún principio y sin perder de vista el interés general, el jefe de

---

[141] "Benevolencia" palabra que viene del párrafo anterior y que seleccionamos para traducir el francés "Bienveillance", solo que en ese idioma literalmente significa "velar-por-el-bien", no totalmente idéntico al "desear-el-bien" que el significado de "benevolencia" en español literalmente transmite. Existe cercanía de significados, pero no sinonimia total. En español "benevolencia" connota un mayor "dejar-pasar", un mayor consentir y una mayor laxitud que el "bienveillance" francés, connotaciones que hay que evitar como precisamente lo evidencia lo señalado por Fayol en el presente párrafo.

[142] En esta oración es recomendable procurar no dejarse llevar demasiado lejos por la aparente equivalencia que Fayol establece entre equidad e igualdad. La igualdad es una de esas palabras clave del pensamiento político cuyo significado es uno de los más polémicos, más discutidos, complejos y difíciles de clarificar que hay. Equidad es una palabra bastante más sencilla así como transparente su significado. En el presente contexto conviene, como lo apunta Fayol, asociarla con el trato debido; en general el trato del personal.

la empresa debe a menudo poner en juego sus más altas facultades. Debe esforzarse por hacer penetrar el sentimiento de equidad en todos los niveles de la jerarquía.[143]

12º Estabilidad del Personal.

Le hace falta a un agente tiempo para iniciarse en una nueva función y para llegar a cumplirla bien – admitiendo que esté provisto de las aptitudes necesarias.

Si cuando se acaba su iniciación o antes de haberse acabado, se traslada al agente, no habrá tenido el tiempo de prestar un servicio significativo.

Y si la misma cosa se repite indefinidamente, la función jamás será bien cumplida.

Las consecuencias nefastas de semejante inestabilidad son sobre todo temibles en las grandes empresas donde la iniciación de los jefes es generalmente larga. En efecto, hace falta mucho tiempo para lograr el conocimiento de los hombres y las cosas de una gran empresa, para estar en condiciones de decidir un programa de acción, para llegar a tener confianza en sí mismo e inspirar confianza a los demás.[144] Por lo que a menudo se ha comprobado que un jefe de mediana capacidad que perdure es infinitamente preferible a jefes de alta capacidad que tan solo están de paso.

En general, el personal dirigente de las empresas prósperas es estable; el de las empresas desafortunadas es inestable. La inestabilidad es a la vez causa y consecuencia de la mala marcha de las empresas. El aprendizaje de un alto jefe es generalmente muy costoso.

Sin embargo los cambios de personal son inevitables: la edad, la enfermedad, las jubilaciones, la muerte alteran la constitución del cuerpo social; ciertos agentes dejan

---

[143] **Ejercicio**: Tras haber leído cuidadosamente las dos últimas oraciones, realice el ejercicio de visualización siguiente: la empresa en la cual el principio de equidad hubiese sido idealmente instituido.

[144] Oración que no agota lo que la estabilidad provee al jefe en formación, pero que en ninguna otra parte en AIG destaca de manera tan enfática las que tienen que ver con la confianza: "confianza en sí mismo", "inspirar confianza a los demás". La confianza en sí mismo añade naturalidad, soltura y sencillez a la actuación; inspirar confianza a los demás facilita grandemente liderar. **Ejercicio**: Ciertamente la confianza en sí mismo no es algo que de súbito se alcanza. Como no ocurre así, indague y reflexiones acerca del proceso que desemboca en un haber alcanzado la muy gratificante "confianza en sí mismo". (2)- "Inspirar confianza a los demás" también ha de ser resultante de un usualmente largo y empeñoso proceso; indague y reflexiones al respecto.

de ser capaces de cumplir sus funciones, en tanto que otros se vuelven capaces de acometer responsabilidades mayores.

Como todos los demás principios, el de la **estabilidad** es, por lo tanto, también una cuestión de justa medida.[145]

13º Iniciativa.

Concebir un plan y asegurar su éxito es una de las más vivas satisfacciones que puede experimentar el hombre inteligente; es también uno de los estímulos más poderosos de la actividad humana.

Esta posibilidad de concebir y de ejecutar es lo que se llama iniciativa. La libertad de proponer y la de ejecutar son también, cada una por su lado, iniciativa.

En todos los niveles de la jerarquía social, el celo y la actividad de los agentes se ven incrementados por la iniciativa.

La iniciativa de todos, sumándose a la del jefe y, de ser necesario suplirla, es una gran fuerza para las empresas. Se advierte esto sobre todo en los momentos difíciles.

Por lo que es necesario estimular y desarrollar lo más posible esta facultad.

Hace falta mucho tacto y cierta virtud para estimular y mantener la iniciativa de todos dentro de los límites impuestos por el respeto a la autoridad y disciplina.[146] Es necesario que el jefe sepa hacer algunos sacrificios de amor propio para dar satisfacciones de esta clase a sus subordinados.

---

[145] De nuevo vemos expresada por Fayol la "justa medida" como actitud fundamental que ha de caracterizar la actuación de quien administra; de quien, claro está, ha asumido el oficio de gobernar, particularmente a la hora de implantar el principio de la estabilidad en la empresa. (Nota al pie 98 que explica la traducción del "mesure francés por "justa medida")

[146] Obsérvese de nuevo como a la hora de implantar cualquier principio, siempre ha de considerarse su interacción con los otros principios ya implantados o por implantar. Mejor aún: siempre procurar que el conjunto de los principios implantados en una empresa, amen de ser los necesarios, conformen un todo armónico. **Ejercicio**: Medite acerca de lo siguiente: Pensando en una hipotética empresa o una con la cual esté familiarizado, ¿qué principio(s) ha(n) de estar instituido(s) en ella que impida(n) que la iniciativa otorgada a todos y cada uno de sus miembros no se convierta en un todo de actuaciones discordantes? Explique el porqué de su(s) respuesta(s).

Por lo demás, dadas las mismas circunstancias, un jefe que sabe darle iniciativa a su personal es infinitamente superior a otro que no lo sabe.[147]

14º La Unión del Personal.

La unión hace la fuerza.

Este proverbio se impone a la meditación de los jefes de empresa. [148]

La armonía, la unión del personal de una empresa es una gran fuerza dentro de esta empresa. Por lo tanto es necesario esforzarse por establecerla.

Entre los numerosos medios a emplear señalaré particularmente un principio a ser observado y dos peligros a ser evitados. El principio a ser observado es la **unidad de mando**; los peligros a ser evitados son: **a)** una mala interpretación de la divisa "dividir para reinar"; **b)** el abuso de las comunicaciones escritas.

a) No hay que dividir al propio personal.- Dividir las fuerzas enemigas para debilitarlas es hábil; pero dividir las propias tropas es una grave falta en contra de la empresa.

Sea que esta falta resulte de una insuficiente capacidad administrativa, o de una comprensión imperfecta de las cosas, o de un egoísmo que sacrifica el interés general por un interés personal, siempre es condenable porque perjudica a la empresa.

No se requiere de mérito alguno para sembrar la división entre los propios subordinados; esto está al alcance de cualquiera. Por el contrario hace falta un real talento para coordinar los esfuerzos, estimular el celo, utilizar las facultades de todos y

---

[147] De los comentarios de Fayol acerca del principio "iniciativa" se desprende su claro rechazo a que el fuerte de la actuación –pensamiento y acción– se concentre en el superior restando así la libertad que el subordinado tenga de pensar por cuenta propia lo que haya de hacerse y lo lleve a cabo cuando así corresponda.

[148] Formulado como proverbio "La unión del personal" se nos presenta como un principio muy obvio. Ningún gran esfuerzo intelectual parece ser preciso para entender que en la unión está la fuerza. Pero entonces, ¿por qué Fayol llama a que sobre ello mediten los jefes de empresa? ¿Cómo poder meditar sobre lo obvio? **Ejercicio**: ¿Qué le está queriendo Fayol transmitir al lector mediante tan lacónica afirmación? **Dato**: Visualícese en una situación tal que a Ud. corresponda establecer la unión entre una diversidad humana de intereses y puntos de vista.

recompensar el mérito de cada quien sin despertar susceptibilidades envidiosas y sin enturbiar la armonía de las relaciones.[149]

b) Abuso de las comunicaciones escritas.- Para tratar una cuestión de negocios o para dar una orden que debe ser complementada con explicaciones, es generalmente más simple y más rápido operar verbalmente que por escrito.

Sabido es, por lo demás, que conflictos y malentendidos que podrían resolverse en una conversación, a menudo se emponzoñan con la correspondencia.

Se sigue de esto que, siempre que sea posible, las relaciones deben ser verbales. Con ello se gana en rapidez, en claridad y en armonía.

Sin embargo ocurre que en ciertas empresas los agentes de departamentos vecinos que sostienen entre sí numerosas relaciones, o incluso los agentes de un mismo departamento que podrían fácilmente coincidir, no se comunican sino por escrito. De donde incremento de las tareas, complicaciones y demoras perjudiciales para la empresa. Se puede comprobar, al mismo tiempo, que una cierta animosidad reina entre los departamentos o entre los agentes de un mismo departamento. El régimen de las comunicaciones por escrito conduce habitualmente a este resultado.[150]

---

[149] Muy lúcido el comentario que en tres breves párrafos Fayol expone. Amerita ser estudiado detenidamente oración por oración, apuntando a lo que ciertamente quiere transmitir con cada una de las palabras clave que utiliza. Ésta es pues su primera **Ejercicio**: profundizar detalladamente tanto como le sea posible en lo que Fayol quiere darle a entender en cada uno de esos tres breves pero sustanciosos párrafos. Un ejemplo: evidentemente la divisa no puede ser "¡Dividir para reinar!", pero ¿qué hay si apenas incorporado quien asume el oficio de gobernar encuentra ya instalada una fuerte desunión? Ya Fayol nos lo dijo arriba: ¡Establecerla! Pero muchos y complejos posibles escenarios a meditar: ¿Cómo establecer la unión cuando existe un sector que de manera inflexible rechaza la clase de unión ofrecida, por querer sea establecida la clase de unión por ellos concebida? ¿Qué hay si las posiciones son irreconciliables? ¿Qué hay cuando son múltiples los sectores intransigentes, atomización social? En fin múltiples y diversas los escenarios. **Ejercicio**: categorice unos pocos de los muchos escenarios posibles para así visualizar sus posibles desenlaces, de buena o mala gana por parte de los diversos actores o sectores involucrados.

[150] Párrafo que evidencia la actitud claramente anti burocrática de Fayol según la caracterización peyorativa que de ella usualmente se hace, a no ser confundida con el concepto académico de burocracia sobre el cual existe una extensa literatura, a destacar muy particularmente la formulación del tipo ideal de burocracia hecha por el gran sociólogo alemán Max Weber a principios de los años veinte del siglo XX, muy distante este tipo ideal de la percepción popular mayormente negativa que se ha

Hay una manera de ponerle término a este régimen odioso, cual es el de prohibir todas las comunicaciones escritas que puedan fácil y ventajosamente ser reemplazadas por las comunicaciones verbales.

De nuevo nos encontramos aquí con una cuestión de justa medida.

El poder de la *unión* no solamente se manifiesta por los felices efectos de la armonía que reina entre los agentes de una misma empresa: los acuerdos comerciales, los sindicatos, las asociaciones de todo tipo desempeñan un papel considerable en el gobierno de las empresas.

El papel de la asociación ha crecido singularmente en medio siglo; en 1860, lo que veía era a los obreros de la gran industria, sin cohesión, sin lazos, una verdadera atomización de individuos; el sindicato hace de ellos colectividades que tratan de igual a igual con el patrono.[151] En la misma época reinaba entre las grandes empresas similares una rivalidad encarnizada que poco a poco ha sido reemplazada por relaciones corteses, que permiten solventar de común acuerdo la mayoría de los intereses mutuos. Es el inicio de una nueve era que ya ha modificado profundamente los hábitos y las ideas. Los jefes de empresa deben tomar en cuenta esta evolución.[152]

Detengo aquí esta revisión de los *principios*, no porque la lista esté agotada -esta lista no tiene límite preciso- sino porque sobre todo me parece útil, en este momento, dotar a la doctrina administrativa con una docena de principios bien establecidos, sobre los cuales conviene por tanto concentrar la discusión pública.[153]

---

tenido y se tiene de la burocracia. **Ejercicio**: Investigue lo que significa "tipo ideal" en Weber y la utilización que de ellos hace en sus estudios sociológicos. Contraste su caracterización del tipo ideal con la percepción usual que de la burocracia se tiene. **Dato**: Esencial no interpretar "ideal" en Weber como su defensa de la burocracia ante la percepción negativa que de ella frecuentemente se tiene.

[151] Posición de Fayol que claramente no es anti sindical.

[152] Un Fayol claramente a la vanguardia de su época.

[153] Evidentemente falsa la impresión que ha dejado en múltiples generaciones de estudiantes la afirmación "Los **catorce** principios de la administración para Fayol **son**:…", expresión que se presta a malentender que para Fayol los principios de la administración tan solo son catorce. Aclaremos esto de una vez por todas: Teóricamente, convertible en principio, es cualquier exigencia con o sin semblanza

Los principios precedentes son aquellos a los cuales he tenido que recurrir más a menudo. Con respecto a ellos, simplemente he expresado mi opinión personal. ¿Tomarán lugar en el código administrativo que está por constituirse? La discusión pública decidirá.

Este código es indispensable. Que se trate de comercio, de industria, de política, de religión, de guerra o de filantropía, hay en toda empresa una función administrativa a ser cumplida y para cumplir esta función es necesario apoyarse en principios, es decir sobre verdades admitidas, consideradas como demostradas. El código representa en cada momento el conjunto de estas verdades.[154]

A primera vista, puede extrañarnos que los principios de la moral eterna, que las leyes del Decálogo, que los Mandamientos de la Iglesia… no sean para el *administrador* una guía suficiente y que tenga necesidad de un código especial.[155] Esto se explica: generalmente las leyes superiores de orden moral o religioso tan solo tienen en la mira al individuo o a intereses que no son de este mundo; ahora bien, los principios de administración apuntan generalmente al éxito de asociaciones y a la satisfacción de intereses económicos. Siendo la finalidad diferente en nada sorprende que los medios no sean los mismos. No hay identidad, no hay contradicción.

---

formal de norma, regla o ley. El todo es que se halle, solitariamente o no en compañía de otros, a la base de una pirámide invertida de exigencias, independientemente de si conforman un sistema de alta o baja coherencia. <u>Cualquier</u> <u>exigencia</u>: un patrón de conducta de cumplimiento exigido, cualquier formalidad, cualquier costumbre preestablecida de larga data, cualquier estado deseable de cosas o asuntos, cualquier distinción personal exigida de terceros por parte de quien tenga el poder de imponerla, etc. Principio será toda exigencia de carácter principista puesta a la base de un sistema de exigencias por parte de quien tenga el poder de asegurar su respeto y cumplimiento. **Ejercicio**: alargue la anterior lista de "cualquier exigencia" con unos cuantos otros diversos ejemplos de exigencias convertibles en principios.

[154] Queda bien claro que para Fayol los principios habrán de ser parte constitutiva esencial de la doctrina, aunque no la totalidad de ella. El que sean considerados como verdades —más una manera de Fayol expresar el respeto que merecen, que verdades propiamente dichas— no significa que no puedan en el tiempo y en función de la experiencia y discusión pública ser revisados, modificados, perfeccionados o substituidos.

[155] Obsérvese que al Fayol decir: "…los principios… no sean para el administrador una guía <u>suficiente</u>…", <u>no</u> significa que los principios de ese otro nivel hayan de ser ignorados. No deben serlo, solo que simplemente no son suficientes a la hora de administrar y gobernar. En la actualidad, el campo de la ética crecientemente ocupa un puesto de importancia en la formación de los jefes de empresas.

Sin principios se está en la oscuridad, en el caos; sin experiencia y sin justa medida, se permanece muy confundido, incluso con los mejores principios.[156] El principio es el faro que permite orientarse: tan solo sirve a quienes conocen el camino al puerto.[157]

---

[156] De nuevo, como tantas otras veces, vemos a Fayol enfatizar la "justa medida" (Nota al pie 99: traducción del "mesure" francés). Necesaria actitud de quien asume el oficio de gobernar; competente equilibrista de la complejidad del mundo interno y externo a la empresa, así como de sus interrelaciones.

[157] El "faro" solo indica el lugar de llegada. **Ejercicio**: Formule un principio otro que cualquiera de los catorce introducidos por Fayol, procurando ahora a grandes pinceladas determinar los medios —"camino al puerto"– instrumentales a la hora de implantarlo en alguna empresa.

Introducción general al capítulo II de la 2ª parte de AIG

El que ahora Fayol califique como elementos a los cinco verbos constitutivos de la definición del administrar que presentó en el capítulo Primero de la 1ª parte de AIG es de extraordinaria importancia para los efectos de rectamente interpretar a Fayol. Se trata de elementos en el sentido auténtico de la palabra. Administrar, nos dijo, es prever, organizar, mandar, coordinar y controlar. Recordando el sentido verbal que a cada uno debe dársele, entiéndanseles como <u>elementos</u> del <u>compuesto</u> "administrar".

Error de interpretación: Con frecuencia en los libros de texto en administración el estudiante encontrará un conjunto de cuatro palabras en parte parecidas a las utilizadas por Fayol situadas dentro de un así denominado "proceso administrativo". Proceso circular que ocurre secuencialmente en el tiempo. Usualmente se trata de cuatro sustantivos: Planificación, Organización, Dirección y Control. Cada uno se traduce en una fase o etapa del referido proceso: en primer lugar se planifica, luego se organiza, más tarde se dirige y por último se controla, pudiendo reiniciarse el mismo ciclo tantas veces como sea necesario.

Interpretación debida: Además de no ser inocuo el haber modificado dos de los términos —planificación por previsión y dirección por mando— para Fayol los elementos son cinco y no cuatro, y esto por muy buenas razones confirmadas con la debida lectura del siguiente capítulo, último de AIG. Por otra parte, la palabra "proceso" en lo absoluto figura en la exposición que Fayol hace de la definición del administrar y de sus elementos. La noción de un proceso cíclico en el tiempo no proviene de Fayol, sino del punto de vista contemplativo de consultores y académicos y no de la óptica del hombre de acción cumpliendo con la función de gobernar, la cual como bien sabemos, supone administrar.

Los elementos de Fayol son verdaderos elementos del administrar y por lo tanto no pueden ni deben ordenarse en el tiempo. Prever, organizar, mandar, coordinar y controlar se sintetizan en cada acto cómo el administrar que, en cuanto componente, desempeña un papel muy importante a la hora de gobernar, según nos afirmó en la que hemos denominado "Advertencia inicial" (p. 047).

Cual si se tratase de química, los elementos de Fayol son auténticos elementos del <u>compuesto</u> administrar y por lo tanto no pueden ni deben ordenarse en el tiempo. Prever, organizar, mandar, coordinar y controlar son constitutivos del administrar. Los cinco elementos son coexistentes en la síntesis de un mismo administrar y no separables en la realidad concreta. Tan solo es la facultad humana de abstracción la que posibilita separar –analizar– en el intelecto lo que no lo es en la realidad concreta.

Necesaria profundización a fin de reforzar la interpretación debida recién expuesta: Cuatro operaciones claramente diferentes y a no confundir que pueden llevarse a cabo acerca de una cosa cualquiera, tangible o no, considerada como conformando un todo. –**1**– Cierta cosa toda puede diseccionarse según diversos criterios posibles, quedando sus partes así disgregadas; partes de una silla, por ejemplo: las patas, el respaldo, el asiento, etc. –**2**– De una cierta cosa toda tangible o no pueden los seres humanos abstraer en el intelecto una diversidad de cualidades; tangible, las cualidades de la silla: color, forma o diseño, robustez, etc.; intangible, cualidades de un ente del Estado: su eficacia, su rapidez, su imparcialidad, etc.; cualidades que en cuanto tales en modo alguno poseen existencia separada propia.   –**3**– Mediante el análisis pueden, de una cosa toda denominada compuesto, tangible o no, descubrirse sus elementos, y a la inversa, mediante la síntesis vueltos a reunirse en el compuesto; tratándose de química, clásico ejemplo: dos átomos de hidrógeno y uno de oxígeno por cada molécula del compuesto agua; ¿Fayol?, como elementos del intangible compuesto "administrar": "prever", "organizar", "mandar", "coordinar" y "controlar". –**4**– Desglosar en términos de actividades a realizar en el tiempo al todo de un determinado proceso; ejemplo: cualquier receta de cocina que describe las etapas de un determinado proceso de cocción. Operaciones de carácter sincrónico los tres primeros; diacrónico el cuarto.

En el capítulo primero de la primera parte de AIG y en cumplimiento a lo que el título ofrece, Fayol expone razonadamente la que cree ser la definición buscada: "Administrar, es prever, organizar, mandar, coordinar y controlar".

¿Cómo hemos de interpretarla?: ¿Cómo la disección del administrar en cinco partes? ¿Cómo la enumeración de las cinco cualidades que caracterizan al administrar? ¿Cómo los cinco elementos constitutivos del compuesto administrar? ¿Cómo el desglose de un proceso todo en términos de actividades correspondientes a cinco fases o etapas a realizar secuencialmente?

¿Cómo hemos de entender al administrar?: ¿Cómo un cierto todo cuya disección permite distinguir cinco partes? ¿Cómo un todo caracterizado por cinco cualidades? ¿Cómo un compuesto constituido por elementos?

Ejercicio: Examine detenidamente los cuatro posibles entendimientos del "administrar" con miras a determinar cuál de las cuatro interpretaciones mejor atiende al entendimiento que Fayol quiere transmitir.

Es en el propio título del segundo capítulo de la 2ª parte de la obra que Fayol se refiere a los cinco como elementos. Sin como tal proponérselo: ¿intuitivamente concibiendo al administrar como un auténtico compuesto? ¿Como el entendimiento profundo del "administrar" que el oficio de "gobernar" exige? ¿Qué significa profundo aquí?

Argumente el porqué deben descartarse las otras tres interpretaciones, particularmente la centrada en concebir al "administrar" como un proceso.

Si la tercera es la interpretación apropiada, y "administrar" no es un compuesto como el de los químicos, ¿en qué son lo mismo, en qué profundamente diferentes?

Compare sus reflexiones con el camino y razonamientos que Fayol, cercano a concluir el primerísimo capítulo de AIG, solicita al estudiante/lector seguir previo a desembocar en la definición que propone.

CAPÍTULO II DE LA 2ª PARTE

ANTE TODO, UNA NECESARIA PRECISIÓN: Nominalizados, los cinco verbos constitutivos de la definición del administrar que Fayol propuso en el primer capítulo de la 1ª parte de "Administración industrial y general" son ahora presentados como elementos. ¿Así fueron calificados a lo largo de toda la obra en previas páginas? Pues no, Fayol utiliza con cierta frecuencia, en diversos contextos, la palabra "elemento" en singular o plural como término útil para referirse a los componentes de un algún algo que con naturalidad puede ser considerado un todo, un compuesto. La aplicación de este significado a cada uno de los cinco verbos constitutivos de su primera gran definición del administrar recién ocurre por primera vez y casi única vez en el título de capítulo II de la 2ª parte de AIG que a continuación se inicia, y solo una marcada segunda vez cuando llegado al control –casi al final del libro– de nuevo muy explícitamente califica a cada uno de los cinco como un elemento. ¿Puede esta bajísima frecuencia permitir ignorar tal calificación? Aunque un verbo, "administrar" puede ser entendido como el todo del cual forman parte y lo constituyen cada uno de los otros cinco verbos. Claro que no facilita entenderlo así el que se trate de verbos. Pero también de allí que su nominalización sea lo que con toda naturalidad facilite concebirlos como elementos.

ADVERTENCIA: Aunque en lo que sigue el título de cada sección se refiere al elemento mediante un substantivo que podría despistar al lector acerca de la presentación por venir, conviene que no olvide el sentido verbal originario y más operativo que ha de dársele a cada elemento. ***Es el propio Fayol quien prontamente, con frecuencia de inmediato, inicia su exposición en términos de verbos.***

1- Advertido, su labor habrá de ser la lectura verbal más esclarecida posible de cada uno de los cinco elementos, y esto aun cuando compruebe el tratamiento muy desigual en términos del número de páginas que a cada uno dedica.

2- Bien compenetrado con cada uno de los cinco por separado, verbalmente regresar a la comprensión del todo del administrar: la real comprensión de la ya clásica definición propuesta por Fayol en el primer capítulo de la 1ª parte de su obra. Entender al administrar como aquel todo –compuesto– que a su vez es parte –¿cabe decir "elemento"?– del oficio de gobernar la empresa, consistente ello en la ejecución de los seis grandes grupos de operaciones o funciones esenciales.

3- Realizar el ejercicio que a continuación se describe.

Único gran ejercicio

Primero: Con mucho detenimiento estudie la presentación y comentarios de Fayol acerca de cada uno de los cinco elementos en el capítulo 2 de la 2ª parte de "Administración industrial y general" que sigue.

Segundo: Examine la forma en que ha sido construido el cuadro de la página 139 que sigue: ***"Afirmando las cinco actitudes insoslayables que en gran medida han de caracterizar a quien quiere gobernar"***. Formulado en tono negativo hay un resumen condensado de cada uno de los cinco elementos, constitutivos del administrar, a su vez componente esencial de gran importancia a la hora de gobernar.

Tercero: Lea ese resumen y exponga en cada caso el porqué.

¿Puede querer gobernar quien no quiere prever? ¡Claro que no! ¿Desarrolle el porqué?

¿Puede querer gobernar quien no quiere organizar? ¡Claro que no! ¿Desarrolle el porqué?

¿Puede querer gobernar quien no quiere mandar? ¡Claro que no! ¿Desarrolle el porqué?

¿Puede querer gobernar quien no quiere coordinar? ¡Claro que no! ¿Desarrolle el porqué?

¿Puede querer gobernar quien no quiere controlar? ¡Claro que no! ¿Desarrolle el porqué?

En cada caso profundice todo lo posible en la enfática respuesta proporcionada.

Como se ve, el ejercicio tiene por finalidad compenetrarse lo más profundamente posible con las ***actitudes*** fundamentales que reunidas en síntesis han de caracterizar a quien asume el oficio de gobernar. Administrar es el despliegue quíntuple de estas actitudes, su manifestación.

AFIRMANDO LAS CINCO ACTITUDES INSOSLAYABLES QUE EN GRAN MEDIDAD HAN DE CARACTERIZAR A QUIEN QUIERE GOBERNAR

Para asegurarnos de que en efecto Fayol ha "dado en el clavo" en cuanto a las actitudes fundamentales que han de caracterizar a quien quiere Gobernar, preguntémonos lo siguiente:

¿Puede querer gobernar quien **NO** quiere poder prever, organizar, mandar, coordinar y controlar?

Desglosamos así:

¿PUEDE QUERER GOBERNAR QUIEN **NO** QUIERE...

QUE EL PORVENIR DE LA EMPRESA SEA MAYORMENTE EL QUE PARA ELLA QUIERE Y QUE TANTO COMO SEA POSIBLE RESULTE DE LA ACTUACIÓN QUE ÉL MISMO Y LOS DEMÁS MIEMBROS DE SU EQUIPO LLEVEN A CABO A LO LARGO DEL RECORRIDO QUE ALLÍ CONDUZCA.

PREVER
Materializar el porvenir que quiere realizar

¿PUEDE QUERER GOBERNAR QUIEN **NO** QUIERE...

TENER A SU DISPOSICIÓN LO NECESARIO, PARTICULARMENTE AQUELLOS CON QUIENES EJECUTAR LO QUE SE PROPONE. (CONSTITUCIÓN DEL CUERPO SOCIAL DE LA EMPRESA)

ORGANIZAR
Dotar, disponer de todo lo necesario

¿PUEDE QUERER GOBERNAR QUIEN **NO** QUIERE...

LOGRAR QUE EL CUERPO SOCIAL SE ACTIVE. (QUE FUNCIONE); i.e.: VENCER LA INERCIA HUMANA, LOGRANDO QUE DENTRO DE LO POSIBLE LOS AGENTES -INCLUYÉNDOSE- DEN LO MEJOR DE ELLOS MISMOS, VISTO QUE HACEN LO QUE LES CORRESPONDE CON LA MEJOR BUENA VOLUNTAD Y CAPACIDAD REQUERIDA.

MANDAR
Energizar, movilizar al cuerpo social

¿PUEDE QUERER GOBERNAR QUIEN **NO** QUIERE...

QUE DENTRO DEL TODO DE LA EMPRESA, TODO FUNCIONE COMO UN TODO ARMÓNICO; i.e.: QUE TODOS LOS COMPONENTES EXISTAN Y ACTÚEN EN JUSTA PROPORCIÓN Y ARMONÍA , LOGRANDO ASÍ LA MOVILIZACIÓN ARMÓNICA DE LA EMPRESA COMO UN TODO.

COORDINAR
Armonizar; que todo esté y ocurra en su justa proporción

¿PUEDE QUERER GOBERNAR QUIEN **NO** QUIERE...

DETECTAR LOS ERRORES PARA ASÍ PONERLES REMEDIO Y EVITAR SU RETORNO.
+ APRENDER DE LOS ÉXITOS ALCANZADOS "POR CASUALIDAD" PARA, TOMANDO CONCIENCIA DE CÓMO PUDO SER QUE OCURRIESEN, REPETIRLOS MÁS ADELANTE INTENCIONALMENTE.

CONTROLAR
Velar con miras a detectar y aprender de ello

Capítulo II

ELEMENTOS DE ADMINISTRACION
1º PREVISION – 2º ORGANIZACIÓN – 3º MANDO – 4º COORDINACION – 5º CONTROL

1º Previsión.

La máxima "gobernar es prever" da una idea de la importancia que se atribuye a la **previsión** en el mundo de las empresas, y es verdad que si bien la previsión no es el todo del gobierno, es al menos una parte esencial de él.[158] **Prever** significa aquí, a la vez calcular el porvenir y prepararlo; **prever** ya es actuar.

La **previsión** tiene una infinidad de ocasiones y de maneras de manifestarse; su principal manifestación, su signo sensible, su instrumento más eficaz, es el **programa de acción**.[159]

El **programa de acción** es a la vez el resultado al cual se apunta, lineamiento de conducta a seguir, las etapas a ser salvadas, los medios a emplear; es una suerte de cuadro del porvenir en el que se hallan representados los acontecimientos cercanos con cierta claridad, según la idea que uno se ha hecho de ellos, y donde los sucesos lejanos se presentan de manera cada vez más vaga; es la marcha de la empresa prevista y preparada por cierto tiempo.[160]

---

[158] **Nota**: "mundo de las empresas" para traducir "monde des affaires"; pero igualmente podría haber sido traducido por "mundo de los negocios", en el sentido literal de "no-ocio" (según nota al pie 26).

La frase "Gobernar es prever" enfáticamente conecta a ambos verbos sin pasar por el "administrar", uno de cuyos cinco verbos que lo constituyen es el "prever". **Ejercicio**: ¿Por qué apenas iniciada la sección "Previsión" vemos particularizada la conexión del "prever" con el "gobernar" haciendo caso omiso de los otros cuatro verbos constitutivos del administrar, según la definición propuesta por Fayol en el primer capítulo de la primera parte de AIG? ¿Qué tiene de particular el "prever" que no lo tienen los otros cuatro elementos del administrar?

[159] Obsérvese que Fayol no utiliza el término común de "plan" (usualmente apellidado "de negocio", "corporativo", etc.), el cual no posee la virtud de enfatizar la acción y sus tiempos como sí lo hace el "programa de acción". En lo que sigue Fayol se va a centrar en el "Programa de acción".

[160] Esta última cláusula lo dice todo. El programa de acción anticipa la marcha de la empresa. No se trata de una simple visualización anticipada del porvenir al cual se apunta. El no incluir la actuación programada de la empresa, lo convertiría en un simple ejercicio contemplativo, propio de académicos y no de "hombres orientados a la acción" como lo es Fayol.

El ***programa de acción*** se fundamenta en: **1º** los recursos de la empresa (inmuebles, herramientas, materias primas, capitales, personal, capacidad de producción, mercados comerciales, relaciones públicas, etc., etc.); **2º** la naturaleza e importancia de las operaciones en curso, y **3º** las posibilidades del porvenir; posibilidades que dependen, en parte, de las condiciones técnicas, comerciales, financieras y otras, todas sometidas a cambios cuya importancia y ocasión no pueden determinarse de antemano.

La preparación del ***programa de acción*** es una de las operaciones más importantes y más difíciles de toda empresa; pone en juego a todos los departamentos y a todas las funciones, y en particular a la función ***administrativa***.

En efecto, es en cumplimiento de su función como ***administrador*** que el jefe asume la iniciativa del programa de acción, indica su finalidad y alcance, fija la participación de cada departamento en la obra común, coordina sus partes, armoniza el conjunto, y finalmente decide la línea de conducta a seguir. En cuanto a esta línea de conducta no sólo es necesario que nada choque con los principios y las reglas de una buena administración, sino que las disposiciones adoptadas también faciliten la aplicación de estos principios y de estas reglas.[161]

Por lo tanto, para establecer el programa de acción, a las diversas capacidades técnicas, comerciales, financieras y otras, necesarias al jefe de la empresa y a sus colaboradores, debe añadirse una importante capacidad administrativa.

Caracteres generales de un buen programa de acción.

Nadie cuestiona la utilidad del programa de acción; sin duda es necesario que antes de actuar se sepa lo que se puede y lo que se quiere. Sabido es que la ausencia de un programa va acompañada de titubeos, de falsas maniobras, de cambios intempestivos de orientación, que son otras tantas causas de debilidad, cuando no de ruina, para las empresas. Por lo tanto, la necesidad del programa de acción no es cuestión que tan

---

[161] ***Observación***: Hoy día la así denominada por Fayol "línea de conducta" se llama "estrategia". En efecto toda estrategia abierta u oculta es lineamiento: *patrón de actuación que vía la ejecución de múltiples acciones concretas, la empresa habrá de poner en práctica con miras a alcanzar los éxitos a los cuales apunta.*

siquiera se plantee, y creo expresar la opinión general al decir que el programa de acción es *indispensable*.

Pero hay programas de programas: los hay simples, los hay complejos, sucintos, detallados, de larga o corta duración; los hay que han sido estudiados con minuciosa atención, otros tratados con ligereza; los hay buenos, mediocres y malos.

¿Cómo distinguir a los buenos de los otros?

Sobre el valor real de un programa, es decir sobre los servicios que puede prestar a la empresa, tan solo la experiencia puede pronunciarse soberanamente. Además hay que tomar en cuenta la manera en que es aplicado. Hay el instrumento y el artista.

Hay, sin embargo, algunas características generales sobre las cuales es posible entenderse previamente, sin esperar a que la experiencia se haya pronunciado.

La unidad de programa, por ejemplo. Tan solo puede haber aplicación de un programa a la vez: dos programas diferentes, habría dualidad, confusión, desorden.

Pero un programa puede dividirse en varias partes. En la gran empresa se encuentra, junto con el programa *general*, un programa *técnico*, un programa *comercial*, un programa *financiero*, etc., o también un programa de *conjunto* con un programa *particular* para cada departamento. Pero entre todos estos programas hay enlace, amalgama, de tal manera a constituirse en uno solo, y todo aporte que modifique a uno cualquiera de ellos de inmediato se traduce al programa de conjunto.

La acción directriz del programa debe ser *continua*. Ahora bien, los límites de la perspicacia humana forzosamente limitan la duración de los programas. Para que no haya interrupción en la acción directriz, es preciso que sin solución de continuidad un segundo programa releve al primero, un tercero al segundo y así sucesivamente.

En la gran empresa el empleo del programa *anual* es casi general. Otros programas, de más larga o de más corta duración, funcionan simultáneamente y siempre en estrecha armonía con el programa anual.

El programa debe ser lo *bastante flexible* como para plegarse a las modificaciones que en él se juzgue bueno introducir, ya sea bajo la presión de los acontecimientos, sea por cualquier otra razón. Luego, al igual que antes, es la ley ante la cual hay que inclinarse.

Una ***precisión*** compatible con lo desconocido que pesa sobre los destinos de la empresa es otra cualidad que el programa ha de tener. Con un grado bastante elevado de precisión es usualmente posible trazar la próxima línea de conducta a seguir. Para las operaciones lejanas lo conveniente es una simple ***directriz***; antes de haber llegado el momento de ejecutarlas, se habrán adquirido luces que permitirán establecer mejor la línea de conducta a seguir. Cuando la parte de lo desconocido es relativamente muy grande, el programa no puede tener precisión alguna; ***aventura*** es entonces la denominación que a la empresa aplica.

Unidad, ***continuidad***, ***flexibilidad*** y ***precisión***, tales son las características generales de un buen programa de acción.

En cuanto a saber establecer de antemano las demás cualidades particulares que debe poseer y que dependen de la naturaleza, de la importancia y de las condiciones de la empresa para la cual se elabora, ello solo sería posible mediante la comparación con otros programas reconocidos como ***buenos*** para empresas análogas. Por lo tanto, en cada caso es preciso buscar en la práctica de los negocios elementos de comparación, modelos, tal como lo hace el arquitecto a quien corresponde construir un edificio. Mejor provisto que el administrador, el arquitecto puede recurrir a álbumes y a cursos de arquitectura; no hay álbumes de programas de acción; [162] la previsión no se enseña; la doctrina administrativa está por hacer.

No hay carencia de buenos programas; se les adivina conforme a cómo marchan los negocios, pero no se les ve lo suficientemente de cerca como para conocerlos bien y enjuiciar. Sin embargo sería muy útil para todos aquéllos que deban administrar saber

---

[162] Lo que vemos a Fayol esbozar en este párrafo es la ya clásica metodología que más de medio siglo más tarde pasará a denominarse "Benchmarking". Aunque tiene sus propios antecedentes en el siglo XIX relativo a la fabricación de armas, para el mundo empresarial el "Benchmarking" emerge a mediados de los años 70 del siglo XX, cuando la empresa Xerox "reina de las fotocopiadoras" enfrenta la fuerte competencia de las empresas japonesas y decide estudiarlas con miras a mejorar sus propios procesos. Queda bien claro que salvo ciertas dificultades Fayol bien quisiera que fuese aplicada al mejoramiento de los "Programas de acción", aunque hoy día la aplicabilidad del "Benchmarking" abarca muchas otras áreas. **Ejercicio**: Investigue acerca del cómo usualmente son llevados a cabo los "Benchmarking". ¿Acerca de cuáles materias o asuntos puede la realización de un "Benchmarking" ser pertinente? Tratándose de empresas, ¿cómo es resuelta la ausencia de "álbumes" a la cual se refiere Fayol?

cómo los jefes experimentados se las arreglan para montar sus programas. Una docena de ejemplos bien escogidos bastarían.

A título de documento o de muestra, voy a exponer el método seguido desde hace mucho tiempo en una gran empresa minera y metalúrgica que conozco bien.

Manera en que se establece el programa de acción en una gran empresa minera y metalúrgica.[163]

Esta sociedad comprende varios establecimientos distintos y ocupa alrededor de diez mil agentes.

El programa de conjunto se compone de una serie de programas distintos llamados *previsiones*.

Hay las previsiones *anuales*, las previsiones *decenales*, previsiones *mensuales*, *semanales*, *diarias*; hay previsiones *a muy largo plazo*, previsiones *especiales*… Y todas estas previsiones se funden en un programa único que sirve de *directriz* para la empresa.

Iº Previsiones anuales.– Cada año, dos meses después del final de un ejercicio, se elabora un *informe general* sobre las operaciones y los resultados de ese ejercicio. El informe trata particularmente de la producción, de las ventas, de la situación técnica, comercial y financiera, del personal, de los resultados económicos, etc.

El *informe* va acompañado de *previsiones* que tratan los mismos temas. Las *previsiones* son una suerte de rendición de cuentas hecha por anticipado sobre las operaciones y resultados probables del nuevo ejercicio.

Gracias a *previsiones provisionales* elaboradas quince días antes de la finalización del ejercicio anterior, los dos meses transcurridos del nuevo ejercicio no se quedan sin programa,

---

[163] Sección que seguramente Fayol consideró necesario incluir en AIG a título de ejemplo extraído de su propia experiencia. A ser leída, no tanto en plan de aprender la metodología que Fayol expone aquí sino para captar el espíritu del prever que debe permear todo sistema de previsión que la empresa ponga en práctica.

En una gran empresa minera y metalúrgica son pocas las operaciones que por entero se efectúan en el transcurso de un año. Las combinaciones técnicas, comerciales y financieras que a la empresa dan su actividad, exigen de un tiempo mayor para su preparación y realización.

Por otra parte, hay que tomar en cuenta las repercusiones que las operaciones próximas han de tener sobre las operaciones ulteriores, así como la obligación de preparar, a veces con mucha antelación, un estado deseado de cosas.

Por último, hay que pensar en las incesantes modificaciones que se operan en la situación técnica, comercial, financiera y social del mundo industrial en general y de la empresa en particular, y no dejarse sorprender por los acontecimientos.

Estas diversas consideraciones se salen del marco de las *previsiones* anuales y conducen a previsiones de más largo plazo.

IIº Previsiones decenales.– Las previsiones *decenales* tratan las mismas materias que las previsiones *anuales*.

En el punto de partida estas dos clases de previsiones son idénticas; las previsiones *anuales* confundiéndose con el primer año de las previsiones *decenales*. Pero a partir del segundo año notables divergencias aparecen.

Para preservar la unidad de programa, cada año es necesario armonizar las previsiones *decenales* con las previsiones *anuales*, de suerte que al cabo de algunos años las previsiones *decenales* están por lo general a tal punto modificadas, transformadas, que han dejado de estar claras, y es sentida la necesidad de rehacerlas. Y en efecto, se ha establecido la costumbre de rehacerlas cada cinco años.

La norma es que las previsiones *decenales* siempre abarquen una década, y rehechas cada cinco años. Así se tiene siempre un lineamiento de conducta trazado de antemano para al menos cinco años.

IIIº Previsiones especiales.– Hay operaciones cuyo ciclo supera a uno o incluso a varios períodos decenales; hay otras que, surgiendo de repente, deben modificar sensiblemente las condiciones de la empresa. Las unas y las otras son el objeto de previisones *especiales* cuyas conclusiones naturalmente tienen su lugar en las previsiones anuales y decenales. Jamás se pierde de vista que sólo hay un programa.

Estas tres clases de previsiones – *anuales*, *decenales*, *especiales* – fundidas, armonizadas, constituyen el *programa general* de la empresa.

Preparadas con minucioso cuido por cada dirección local con el concurso de los jefes de departamentos; revisadas, modificadas, completadas por la dirección general; sometidas al examen y a la aprobación del Consejo de administración, estas previsiones se convierten en el *programa* que servirá de guía, de directriz, de ley, para todo el personal, en tanto no haya sido reemplazado por otro,

He aquí el índice de las materias tratadas en las previsiones *anuales* y *decenales* y un modelo de los cuadros que completan y resumen estas previsiones.

Previsiones anuales o decenales
ÍNDICE DE MATERIAS

Parte técnica.

Concesiones. – Inmuebles.– Material.
Explotación. – Fabricación. – Producciones.
Trabajos nuevos – Mejoras.
Mantenimiento de los inmuebles y del material.
Precio de Costo.

Parte comercial.

Mercados
Productos disponibles para las ventas.
Sucursales – Convenios.
Clientes: Importancia. – Solvencia.
Precio de venta.

Parte financiera.

Capital. – Préstamos. – Depósitos.

Capital circulante. {
Abastecimientos.
Mercancías.
Deudores.
Fondos líquidos.

Fondos disponibles.

Reservas y provisiones diversas.

Acreedores. . . . . {
Salarios.
Proveedores.
Diversos.

Amortizaciones. – Dividendos. – Banqueros

Contabilidad.

Balance. – Ganancias y pérdidas. – Estadísticas.

Seguridad.

Medidas adoptadas contra los accidentes.
Guardias. – Litigios. – Servicio de salud.
Seguros.

Administración.

Programa de acción.
Organización del personal. – Reclutamiento.
Mando.
Coordinación. – Reuniones.
Controles.

———————

Hace cincuenta años que comencé a emplear este sistema de previsiones. Se trataba entonces de la dirección de una mina de hulla. Me prestó tales servicios que no dudé en aplicarlo después en las diversas industrias cuya dirección me fue confiada. Lo considero un precioso instrumento de dirección y no dudo en recomendar su empleo a quienes no dispongan de un mejor instrumento.

Década: Previsiones

Productos

Años	Minas de carbón			Mina de hierro	Fábricas				
	A	B	Total		C	D	E	F	Total

Ganancias y pérdidas

Años	Minas de carbón			Mina de hierro	Fábricas					Sociedades filiales			Servicio central	El conjunto
	A	B	Total		C	D	E	F	Total	Minas	Fábricas	Total		

Gastos en trabajos nuevos

Años	Establecimientos						Total
	A	B	C	D	E	F	

Empleo de las ganancias

Años	Ganancias	Dividendos	Reparto					Reserva
			Accionistas				Total	

Fondos disponibles

Años	Disponible al inicio del año M	A ser añadido:											Total N	Conjunto M+N
		Beneficios	Reducción de los			Incremento de los				Realización de inmuebles				
			Inventarios	Deudores	Fianzas	Depósitos	Acreedores	Suministros	Fondo de previsión					

Años	Saldo de M+N	A ser deducido													Total O	Disponible al final del año M + N − O
		Ganancias distribuidas	Trabajos nuevos Y adquisiciones	Incrementos en			Disminución en				Versements aux sociétés filiales		Adelantos diverso			
				Inventarios	Deudores	Fianzas	Depósitos	Acreedores	Suministros	Fondos de Previsión	Minas	Fábricas				

No procede sin algunos inconvenientes, pero sus inconvenientes son muy poca cosa en comparación con las ventajas que ofrece.

Echémosle una ojeada a estas ventajas e inconvenientes.

Ventajas e inconvenientes de las previsiones.

a) El estudio de los recursos, de las posibilidades del porvenir y de los medios a emplear para alcanzar el fin propuesto, requiere de la intervención de todos los jefes de departamento dentro del marco de sus atribuciones; al estudio, cada cual aporta el concurso de su experiencia, así como el sentimiento de la responsabilidad que habrá de corresponderle en la realización del programa.

Son éstas, excelentes condiciones para que ningún recurso se descuide, para que las posibilidades del porvenir se evalúen con valentía y prudencia, y para que los medios se adapten bien al fin propuesto.

Sabiendo lo que puede y lo que quiere, la empresa asume una marcha firme; aborda los quehaceres corrientes con seguridad y está preparada para levantar todas sus fuerzas y con ellas enfrentar las sorpresas y accidentes de cualquier naturaleza que pudiesen presentarse.

b) La confección del programa anual siempre es una operación delicada; es particularmente larga y laboriosa cuando se efectúa por primera vez. Pero cada renovación trae consigo alguna simplificación y cuando el programa se ha vuelto un hábito, el esfuerzo y las dificultades se ven grandemente reducidos.

El interés que genera va, por el contrario, en aumento: la atención que reclama la realización del programa; la comparación que se impone entre los hechos previstos y los hechos reales; la comprobación de los errores cometidos y también de los éxitos obtenidos; la búsqueda de los medios para reproducir éstos y evitar aquellos; todo esto hace del nuevo programa un trabajo cada vez más interesante y cada vez más útil.

Con la realización de este trabajo, el valor del personal crece de año en año y al cabo de cierto tiempo se le encuentra muy superior a lo que era en un principio.

En verdad, este resultado no se debe únicamente al ejercicio de la previsión. Pero todo está interconectado: un programa bien estudiado usualmente no va sin sanas prácticas de organización, de mando, de coordinación y de control. Este elemento de la administración influye sobre todos los demás.[164]

---

[164] "... todo está interconectado...": clara confirmación del entendimiento que ha de tenerse de la definición del "administrar" en tanto compuesto que Fayol propuso en el primer capítulo de la primera parte de AIG. Compuesto constituido por cinco elementos en el sentido fuerte —químico si se quiere— de la palabra. Elementos cuya separabilidad del compuesto "administrar" solo puede —a diferencia del análisis químico— ocurrir en el intelecto vía respectivos actos de abstracción, pero que así abstraído uno cualquiera de ellos, posibilitará planificar su perfeccionamiento, sin olvidar que en tanto elemento de un compuesto, apenas modificado, ello muy posiblemente suponga ciertos cambios a realizar en uno o varios de los otros cuatro. Elementos del administrar que no siguen proporciones fijas. En el administrar los cinco elementos todos siempre han de figurar, pero —segunda muy importante diferencia con los elementos químicos— encontrase según muy diversas y cambiantes proporciones en función de las circunstancias y según la necesidad: en ocasiones, muy en alto el peso de las operaciones comerciales seguidas por las de producción y constante atención a las administrativas y financieras; fácil imaginar momentos en que las de seguridad adquieren particular preeminencia, etc.

c) La falta de continuidad en la acción y los cambios injustificados de orientación son peligros que amenazan constantemente a las empresas sin programa. El menor viento en contra desvía la nave que no se ha preparado para resistir. Cuando surgen graves acontecimientos pueden que bajo el influjo de una alteración profunda, pero pasajera, sean decididos lamentables cambios de orientación. Sólo un programa maduramente concebido en tiempos de calma permite conservar una clara visión del porvenir y concentrar sobre el peligro presente la mayor suma posible de facultades intelectuales y de fuerzas materiales.

Es sobre todo en los momentos difíciles que un programa es necesario. Ni siquiera el mejor programa puede haber previsto anticipadamente todos los acontecimientos extraordinarios que pueden sobrevenir; pero ha tomado en cuenta estos acontecimientos y preparado las armas que podrían necesitarse en el momento de las sorpresas.

El programa protege a la empresa no sólo de los enojosos cambios de orientación que graves acontecimientos pueden provocar, sino también contra aquellos que a veces simplemente provienen del carácter voluble e inconstante de las autoridades superiores. También la protege contra desviaciones, insensibles en un principio, que terminarían por desviarla de sus fines.

Condiciones y cualidades necesarias al establecimiento de un buen programa de acción.

En resumen, el programa de acción facilita la utilización de los recursos de la empresa y la escogencia de los mejores medios a emplear para alcanzar su propósito; suprime o reduce las vacilaciones, las falsas maniobras, los cambios injustificados de orientación; contribuye al mejoramiento del personal.

Es un instrumento precioso de gobierno.

Debe uno preguntarse porque tal instrumento no se utiliza en todas partes y en todas partes llevado a su más alto grado de perfección. Probablemente ello es debido a que su confección exige en el personal dirigente cierto número de cualidades y de condiciones bastante difíciles de reunir.

La confección de un buen programa de acción exige en el personal dirigente:

1º El arte de manejar a los hombres; 2º mucha actividad; 3º cierta valentía moral; 4º una estabilidad bastante grande; 5º cierta competencia en la especialidad profesional de la empresa; 6º cierta experiencia general en los negocios.

1º El arte de manejar los hombres.– En una gran empresa, la mayoría de los jefes de departamento participan en la confección del programa de acción. Esta tarea viene, por intervalos, a añadirse al trabajo cotidiano ordinario; trae consigo cierta responsabilidad y no da lugar habitualmente a ninguna remuneración especial.

Para bajo tales condiciones obtener de los jefes de departamento una colaboración leal y activa, es preciso un hábil conductor de hombres, sin temor ni al esfuerzo, ni a las responsabilidades. Se reconoce al hábil conductor de hombres en el celo de sus subordinados y la confianza de los superiores.

2º Actividad.– Las previsiones anuales, las previsiones decenales y las previsiones especiales exigen atención continua por parte del personal dirigente.

3º Valentía moral.—Por muy bien estudiado que haya sido, bien se sabe que jamás el programa se realizará con exactitud. Las previsiones no son profecías. Tienen por finalidad reducir la parte que corresponde a lo imprevisto.

Sin embargo, el público, incluso quienes se interesan en la empresa con más luces acerca de la marcha de los negocios, son para nada benévolos con aquél jefe que hizo nacer, o dejó nacer, esperanzas no realizadas. De ahí la necesidad de cierta prudencia, que es preciso conciliar con la obligación de llevar a cabo todos los preparativos que implica la búsqueda del mejor resultado posible.

La tentación de los timoratos es suprimir el programa o hacerlo insignificante para no darle asidero a la crítica. Es un mal cálculo, incluso desde su punto de vista personal. La ausencia de programa que compromete la marcha de los negocios expone al jefe a responsabilidades infinitamente más graves que las de tener que explicar las causas de previsiones imperfectamente realizadas.

4º Estabilidad del personal dirigente.– Un tiempo bastante largo transcurre antes de que un nuevo director haya podido adquirir un conocimiento suficiente de las operaciones en curso, del valor de los agentes, de los recursos de la empresa, de su organización general y de sus posibilidades de porvenir, como para abordar provechosamente la confección del programa de acción. Si en ese momento siente que no dispondrá del tiempo necesario para completar este trabajo o tan solo para ver iniciarse su realización; si por otra parte está convencido de que este trabajo, condenado a permanecer estéril, no puede sino atraerle críticas, ¿podemos acaso creer que lo ejecutará con entusiasmo o que incluso lo emprenderá de no estar obligado a ello? Hay que tomar en cuenta la naturaleza humana.

Sin la estabilidad del personal dirigente, no puede haber un buen programa de acción.

5º y 6º Competencia profesional y conocimiento general de los negocios.– Éstas son capacidades necesarias tanto para la confección del programa como para su realización.

Tales son las condiciones necesarias para la confección de un buen programa de acción. Implican una dirección inteligente y experimentada.

La ausencia de programa o un mal programa son signos de incapacidad en el personal dirigente.

Para proteger a las empresas contra esta incapacidad es preciso:

1º Convertir al programa en *obligatorio*;

2º Poner al alcance del público buenos modelos de programas;

(Se le pueden pedir estos modelos a las empresas prósperas. La experiencia y la discusión pública seleccionarán los mejores).

3º Introducir la *previsión* en la enseñanza.

La opinión pública podrá así instruirse y actuar sobre el personal dirigente cuya incapacidad será menos de temer, lo cual en modo alguno disminuirá la importancia relativa de los hombres de valor.

No entraré aquí en detalle alguno sobre las previsiones mensuales, semanales y cotidianas que se hallan en uso en la mayoría de las empresas y que, al igual que las previsiones de largo plazo, tienen por finalidad trazar por adelantado el lineamiento de conducta considerado más favorable para el éxito.

Todas estas previsiones deben llegar lo bastante pronto como para que haya tiempo de preparar su realización.[165]

Previsión Nacional.[166]

La nación francesa es previsora; su gobierno no lo es.[167]

Primero establezcamos el hecho, luego buscaremos los remedios.

---

[165] Muy evidente ha quedada la importancia que para Fayol tiene al programa de acción como instrumento fundamental de previsión y por lo tanto de gobierno de la empresa entendida como totalidad actuante. Pero ello no agota al todo de la previsión en las empresas. **Ejercicio**: visualice y caracterice a grandes rasgos a la empresa cotidianamente previsora relativo al desempeño de los seis grandes grupos de operaciones –funciones esenciales– que ha de llevar a cabo, así como de la multitud de asuntos que ameritan previsión.

[166] Una sección en la cual se evidencia que Fayol no piensa que sus aportes en AIG relativo al administrar y al gobernar solo sean validas para el sector de las empresas privadas. Queda claro que cree ser pertinente para todas las clases de empresas, según la amplia cobertura de la palabra "empresa" explicada en la sub-sección "Muy importante", página 20 (en lugar de la amplia cobertura usualmente dada a la palabra "organización").

[167] Nota al pie de Fayol en relación a la afirmación por demás bastante severa que acaba de hacer: *"Escrito está esto desde hace mucho tiempo. En el capítulo titulado Lecciones de la Guerra, expresaré las reflexiones que los eventos recientes me han inspirado"*. Del capítulo al cual se refiere aquí Fayol sólo han sido encontradas las pocas líneas que siguen: «*6 avril 1916.* **Leçons de la guerre.** *Le soldat français a fait preuve de l'endurance la plus remarquable, d'une énergie surprenante, d'un courage sans pareil. La nation toute entière s'est donnée avec un dévouement absolu. Personne ne doute de l'intelligence de nos concitoyens. On sait qu'il y a dans notre pays des hommes hors de prix. Avec de tels hommes, un tel foyer d'énergie, de quoi la nation ne serait-elle pas capable si son organisation générale était au niveau de la valeur des individus? Or, nous avons été surpris. Puisque rien n'était préparé. Il a fallu s'organiser à la hâte, c'est à dire au prix des plus grands sacrifices de tous genres. Il n'y avait pas de programme. Pourquoi? L'organisation, les programmes sont faits par les chefs, ne peuvent être faits que par eux. Nous manquerions donc de chefs capables? Assurément. Je ne dis pas "intelligents" ou "instruits", je dis capables. Pourquoi n'y a-t-il pas eu à la tête du pays des hommes capables de gouverner, prévoyant, organisateurs, informés, sachant susciter le dévouement, inspirer la confiance? C'est parce que la nation ne sait pas quelles sont les qualités qu'elle doit demander à ses chefs. Elle croit que l'éloquence, science mathématique, qualité d'élu, donnent la capacité administrative. Grande erreur.*» Jean-Louis Peaucelle quien vía internet ha hecho accesibles las partes tercera y cuarta de AIG que Fayol no alcanzó a publicar: tanto así como el historiador que más ha centrado sus valiosas investigaciones en Fayol y el fayolismo de la época, tanto así erróneo su entendimiento del aporte de Fayol al administrar y gobernar de las empresas.

La legendaria *media de lana* no deja duda alguna acerca de la previsión de la parte de la población francesa menos afortunada; economiza para mejorar su situación y para precaverse de cara a los posibles días difíciles. Los elogios que al respecto se le dirigen comprueban que en modo alguno es costumbre universal. Esta previsión evidencia la facultad de imponerse privaciones para alcanzar un fin; no exige gran esfuerzo intelectual alguno.

La vida familiar de los obreros de élite y de los capataces es a menudo un modelo de previsión y de organización cuyo principal artífice es la mujer y cuya motivación es el deseo de un ascenso social, al menos para los hijos. El programa ya exige algunos cálculos, pero asimilable por el cerebro del jefe de la familia.

En la pequeña industria o el pequeño comercio, los asuntos más complejos exigen un grado adicional de previsión. Los que no están dotados de esta capacidad lo pagan caro. Por lo general se rinde homenaje a las cualidades de nuestras clases medias.

Sabemos cuál es la importancia de la previsión en la gran empresa así como las cualidades que exige en el personal dirigente: competencia profesional, experiencia, capacidad administrativa, actividad, valentía moral, etc. Este conjunto de cualidades se encuentra en la mayoría de las grandes empresas francesas.

Al respecto, tanto como nos lo permite juzgar la lectura de los debates parlamentarios, no se puede decir lo mismo del Estado francés.

En él, raramente las *previsiones anuales* ("budget") están terminadas en tiempo útil;

Raras son en él las *previsiones a largo plazo*.

En esta inmensa empresa, que necesita extrema previsión, se vive poco más o menos al día.

¿Por qué?

La causa inmediata es *la inestabilidad ministerial*.

Ministros que tan solo están de paso no tienen tiempo para adquirir la competencia profesional, la experiencia de los temas y la capacidad administrativa que son indispensables para la confección de un programa de acción. La elocuencia en la tribuna que muy ciertamente es de primera necesidad para un ministro, no lo exime de los conocimientos que, al cabo de cierto tiempo, proporcionan la práctica de los asuntos públicos y el ejercicio del poder. Cierta *estabilidad se impone*.[168]

La inestabilidad ministerial es una calamidad para el Estado. El día en que la opinión pública esté bien convencida de esto, los partidos, a sabiendas de que este juego se ha vuelto peligroso, ya no se entregarán a él tan a la ligera como hoy día.

Otra causa de la imprevisión del Estado es la ausencia de responsabilidad de los dirigentes. La responsabilidad *financiera* por ejemplo -poderoso estímulo de los jefes de empresas privadas- es poco más o menos que nula en el Estado. El remedio para este mal de nuevo se halla en la *estabilidad ministerial*, la cual vincula al ministro con su obra y le da el valor moral, única garantía real de gestión en las empresas muy grandes.

Por tanto, desde el solo punto de vista de la *previsión*, es necesario hacer los más grandes esfuerzos para alcanzar la *estabilidad ministerial*.

2º Organización.[169]

Organizar una empresa es dotarla de todo lo que es útil para su funcionamiento: materiales, herramientas, capitales, personal.

Pueden hacerse en este conjunto dos grandes divisiones: el organismo *material* y el organismo *social*.

Aquí tan solo será cuestión de este último.

---

[168] Recuérdese que entre los catorce principios que Fayol afirma haber más a menudo puesto en práctica figura "La estabilidad del personal".

[169] Recordar que la palabra "organización" en Fayol no se corresponde con la utilización corriente que de ella se hace para genéricamente referirse a todo tipo de agrupación humana mínimamente organizada para así ameritar la denominación de organización. En Fayol este papel referencial genérico lo cumple la palabra "empresa". Hecha abstracción de cuán bien organizada está, agrupación humana actuante que existe con miras a alcanzar ciertos logros. Repasar sub-sección "Muy importante" (p. 20).

Provisto de los recursos materiales necesarios, el personal, el cuerpo social, debe ser capaz de cumplir las seis funciones esenciales; es decir, de ejecutar todas las operaciones que la empresa supone.[170]

Misión administrativa del cuerpo social.

Entre el cuerpo social de la empresa *rudimentaria*, donde un hombre solo cumple todas las funciones, y el de la empresa *nacional* que emplea millones de individuos se encuentran todos los casos intermedios posibles.

En todos los casos, el cuerpo social tiene que cumplir la misión *administrativa* siguiente:

1º Procurar que el programa de acción se prepare detenidamente y se ejecute con firmeza;

2º Procurar que el organismo social y el organismo material se hallen conformes con la finalidad, los recursos y las necesidades de la empresa;

3º Establecer una dirección única, competente y vigorosa;

4º Concertar las acciones, coordinar los esfuerzos;

5º Formular decisiones claras, nítidas y precisas;

6º Cooperar en pro de un buen reclutamiento; debiendo cada departamento estar a cargo de un hombre competente y activo, debiendo cada agente estar en el lugar donde pueda prestar los mayores servicios;

7º Definir claramente las atribuciones;

8º Estimular la asunción gustosa de iniciativas y responsabilidades;

9º Remunerar equitativa y hábilmente los servicios prestados;

---

[170] Cuatro breves párrafos introductorios que dejan bien en claro que para Fayol "organizar" –un verbo– es dotar a la empresa del cuerpo social que requiere para ejecutar todas las operaciones constitutivas de las seis grandes funciones esenciales que introdujo muy al inicio del primer capítulo de la primera parte de AIG, para de inmediato en la sección que sigue listar, aunque no exhaustivamente, las operaciones correspondientes a la sexta función, la administrativa. **Ejercicio**: investigue la etimología de la palabra "órgano" para entender cuan acertada es la utilización del verbo "dotar" que Fayol hace al momento de aclarar lo que organizar significa. La palabra "órgano(s)" figurará con frecuencia en lo que sigue.

10º Aplicar sanciones que correspondan a las faltas y los errores;

11º Hacer respetar la disciplina;

12º Procurar que los intereses particulares se hallen subordinados al interés de la empresa;

13º Prestar particular atención a la unidad de mando;

14º Vigilar el orden material y el orden social;

15º Hacer que todo esté bajo control;

16º Combatir los abusos de reglamentación, de formalismo burocrático y de papeleo, etc., etc.

Tal es la misión *administrativa* que el personal de toda empresa debe cumplir. Es sencilla en la empresa rudimentaria; se complica cada vez más en la medida en que la empresa es más grande y el personal más numeroso.

Comprobaremos en primer lugar que, a pesar de la infinita diversidad de las empresas, todos los cuerpos sociales de igual importancia numérica tienen entre sí un gran parecido exterior, y que sobre todo difieren por la naturaleza y el valor de sus elementos constitutivos.

Seguidamente examinaremos los órganos del cuerpo social, así como los individuos que componen estos órganos y buscaremos las condiciones que los unos y los otros deben cumplir para que el cuerpo social esté bien constituido.

Por último, nos ocuparemos del reclutamiento y de la formación del personal de las empresas.[171]

---

[171] **Ejercicio**: Tres párrafos que anticipan las grandes secciones que siguen, a ser estudiadas detenidamente despejando las enseñanzas permanentes de lo simplemente circunstancial.

Constitución del cuerpo social.

(A) FORMA DEL CUERPO SOCIAL SEGÚN SUS DIVERSOS GRADOS DE DESARROLLO. –PARECIDOS. – IMPORTANCIA DEL FACTOR INDIVIDUAL. – ANALOGÍAS.

La forma general del cuerpo social depende casi exclusivamente del número de los agentes de la empresa.

Consideremos primero a la empresa *industrial* representada según sus diversos grados de desarrollo representados en el cuadro Nº 6.

(*a*) Es el artesano único de la empresa rudimentaria;

(*b*) Es el personal de la pequeña empresa en la cual solo unos cuantos obreros reciben directamente las órdenes del jefe de la empresa;

(*c*) Cuando el número de obreros sube a diez, veinte, treinta…, según los casos, un capataz, un intermediario es interpuesto entre el jefe y la totalidad o parte de los obreros. El cuerpo social asume entonces la forma (*c*);

(*d*) a (*g*) Cada nuevo grupo de diez, veinte, treinta obreros hace que aparezca un nuevo capataz; dos, tres, cuatro o cinco capataces determinan el nombramiento de un jefe de taller; dos, tres, cuatro o cinco jefes de taller dan pie a un jefe de división… Y así el número de grados jerárquicos sigue creciendo hasta el jefe supremo, no teniendo por lo general cada nuevo jefe más de cuatro o cinco subordinados directos.

A razón de quince obreros por capataz y de cuatro jefes de un grado cualquiera **Jn** para cada superior **Jn+1**, el número de los obreros de una empresa sería:

Con el jefe inicial **J**, de... 15
    —   **J1**, de... 60
    —   **J2**, de... 240
    —   **J3**, de... 960
    —   **J4**, de.. 3.840
    —   **J5**, de.. 15.360
    —   **J6**, de.. 61.640
    —   **J7**, de.. 245.760
    —   **J8**, de.. 983.040
    —   **J9**, de... 3.932.160
    —   **J10**, de... 15.728.640
    —   **J11**, de... 62.914.560
    —   **J12**, de.. 251.658.248

Cito cifras – que son las de una simple progresión geométrica cuyo primer término es 15 y la razón 4 – a fin de mostrar que la manera en que de ordinario se desarrolla el cuerpo social se presta bien al agrupamiento de un número cualquiera de agentes, y que el número de grados jerárquicos de las empresas más grandes es bastante limitado. Si el distintivo para cada grado jerárquico fuese un galón, el número de galones de los más altos jefes de la industria no pasaría de ocho o nueve y el de los más altos jefes políticos o religiosos, de diez a doce.

Cuadro n° 6 – Forma del cuerpo social según sus diversos grados de desarrollo

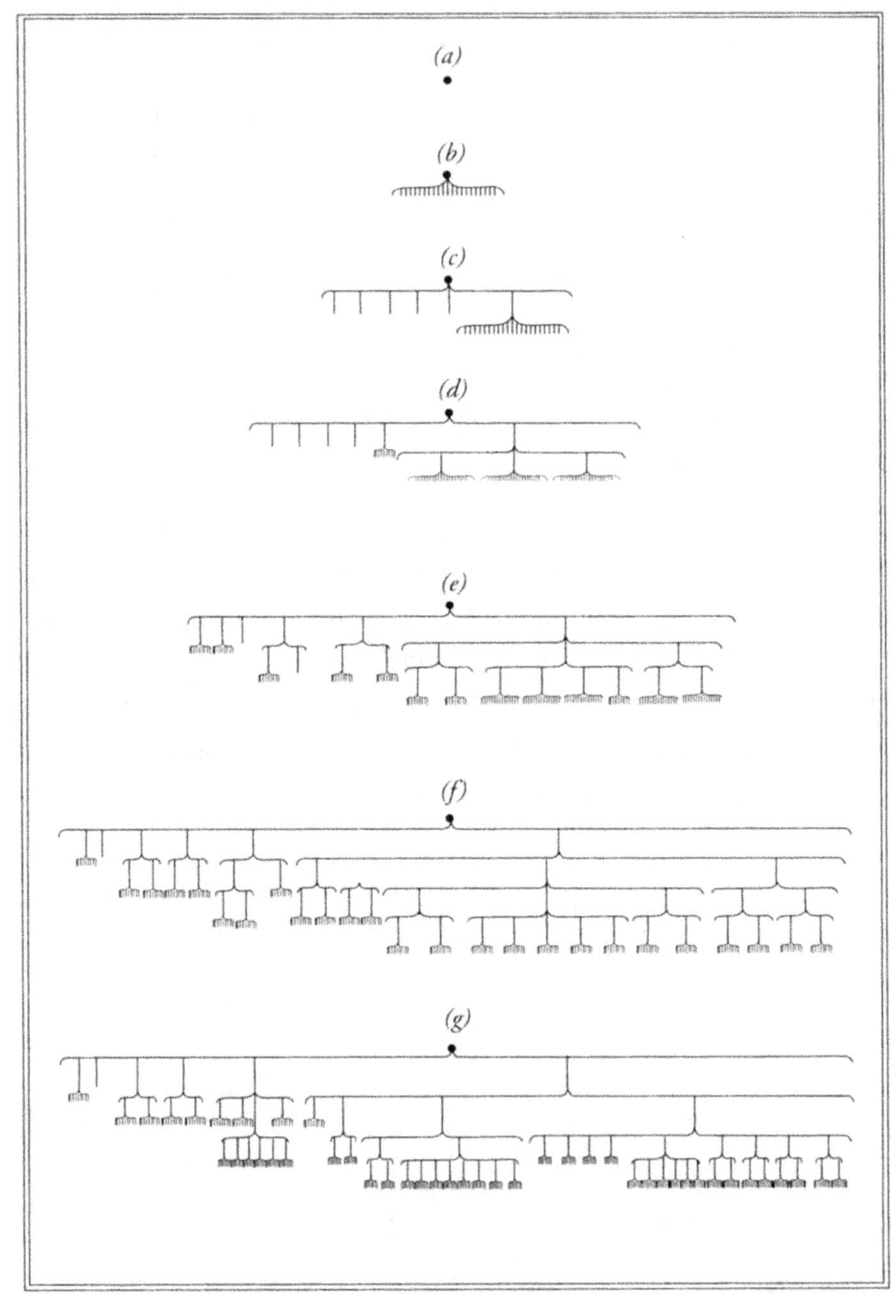

El cuerpo social de todas las clases de empresas se constituye de la misma manera que el de las empresas industriales, de suerte que todos los cuerpos sociales con el *mismo grado de desarrollo* se parecen. Este parecido se explica por lo idénticas que son las funciones en las empresas de la misma especie, o por la existencia de una mayoría de funciones semejantes en las empresas de especie diferente. Es completo en las empresas de la misma especie; incompleto, pero aún muy marcado, en las demás.

A modo de ejemplo he aquí dos cuadros (Nº 7 y Nº 8) que representan al conjunto de los mandos de dos empresas *industriales* de naturaleza diferente –una mina de carbón y una planta metalúrgica– empleando cada una entre mil y dos mil obreros.

Es el mismo aspecto general, los mismos departamentos principales con las mismas denominaciones, salvo que el departamento técnico se llama *fabricación* en un caso y *explotación* en el otro.

El mismo cuadro de mando conviene a todas las empresas industriales que emplean igual número de obreros, cualquiera sea su naturaleza.

Cuadro n° 7 - Fábrica

Dirección
Director y su organización de apoyo

Fabrica...
Ingeniero principal

- Altos hornos — Jefe del Dpto.
  - Suministros......................Supervisor
  - Fabricación......... ....Contramaestre
- Acería — Jefe del Dpto.
  - Tomás...............................Ingeniero
  - Martín...............................**d°**
- Laminados — Jefe del Dpto.
  - Reversibles................................**d°**
  - Medianos...................
  - Pequeños................... } d°
  - Elaboración chapas.................**d°**
- Tornería / cilindros.................................. d°
- Laboratorios y ensayos............................. Químico

Mantenimiento, construcción, otros...
Jefe del departamento
- Mantenimiento Y construcciones......Jefe de Oficina
- Electricidad...............Contramaestre

Departamento comercial.................
Jefe del departamento
- Compras....................Jefe de Oficina
- Ventas........................... d°
- Almacén...................Jefe de Oficina

Contabilidad...................................
Jefe del departamento
- Técnica......................Jefe de Oficina
- Comercial y general....... d°

Caja.. Cajero

Diversos...
- Contencioso.............Jefe de Oficina
- Servicio médico.............Médico
- Vigilancia.....................Guardias

Cuadro n° 8 – Mina de hulla

Dirección

Director y su organización de apoyo

Explotación — Ingeniero principal

- **Trabajos subterráneos**
  - 1ª división .... Ingeniero
  - 2ª división .... d°
  - 3ª división .... d°
  - 4ª división .... d°
  - Dpto. de planes...Jefe del Dpto.
- Canteras..Ingeniero
- **Preparación, mecánica** — Jefe del Dpto.
  - Selección................. Supervisor
  - Lavado................... d°
  - Aglomeración.......... d°
  - Carbonización.......... d°
  - Laboratorio............ Químico
- **Transportes** — Jefe del Dpto.
  - Líneas ferreas........ Supervisor
  - Equipajes.............. d°

Mantenimiento, construcción, otros........... — Jefe del departamento
- Mecánico............ Ingeniero
- Electricidad............ d°
- Edificios, Vías.. Empleado ppal.

Departamento Comercial.... — Jefe del departamento
- Compras........... Jefe del Dpto.
- Ventas.............. d°
- Almacenes....... Jefe del Dpto.

Contabilidad...................... — Jefe del departamento
- Técnica........... Jefe del Dpto.
- Comercial y general... d°

Caja ....Cajero

Diversos.............................
- Contenciosos.. Jefe del Dpto.
- Servicio médico.. Médicos
- Vigilancia............ Guardias

En las empresas industriales, preponderante es el departamento ***técnico***; si se tratase de empresas comerciales, sería el departamento ***comercial***; sería el servicio militar en el ejército, el departamento pedagógico en la escuela, el servicio religioso en la iglesia… A la función profesional característica de la empresa corresponde el órgano más desarrollado. Pero, en su conjunto, a idéntico grado de desarrollo, el cuerpo social guarda siempre el mismo aspecto general.

Mismo aspecto general no quiere decir misma constitución íntima, mismo valor orgánico. De dos cuerpos sociales con la misma apariencia, el uno puede ser excelente, el otro malo, según el valor de los individuos de los cuales están compuestos.

Si se pudiese hacer abstracción del factor individual, sería bastante fácil constituir un organismo social. Estaría al alcance de cualquiera que tuviese alguna idea de los modelos corrientes y dispusiese de los capitales necesarios. Pero para crear un cuerpo social útil no basta con agrupar hombres y distribuir funciones; hay que saber adecuar el organismo a las necesidades, encontrar los hombres necesarios y colocar a cada uno en el lugar donde pueda prestar los mayores servicios; son necesarias, en suma, numerosas e importantes cualidades.[172]

Con frecuencia se compara al cuerpo social de las empresas con una ***máquina***, con un ***vegetal***, con un ***animal***.[173]

---

[172] ¿Qué nos queda del largo desarrollo inicial de este primer gran tema? ¿Tan solo el parecido exterior vertical tenido por la gran diversidad de cuerpos sociales de las empresas? De la observación que Fayol hace de las empresas de la época, la forma (estructura) general característica común de su cuerpo social sigue la única que conoció, cual es la que más tarde habrá de calificarse como "funcional", una clara división en cascada progresiva del trabajo según las requeridas por cada empresa y sus circunstancias. Habrán de transcurrir varias décadas para que surgieran las restantes y más complej tres estructuras siguientes: "divisional", "por unidades estratégicas de negocio" y "matricial", siendo esta última la que más le sorprendería y cuestionara por ser contraria a la unidad de mando que tanto enfatizó. **Ejercicio**: profundizar en cada una de las cuatro grandes estructuras citadas, razón de ser, sus características, pro-y-contra, etc.

[173] Antes de abordar la sección concerniente a los órganos del cuerpo social de la empresa, y visto que ha de entendérsele como totalidad social, Fayol expone las otras tres grandes categorías de entes existentes en el mundo para determinar a cual mejor se asemeja en cuanto a sus características y funcionamiento, resultando que, por así decirlo, el cuerpo social de la empresa "toma prestado" de cada una, cual si fuesen modelos, ciertas características crecientemente más sofisticadas. El cuerpo social de la empresa tiene algo de máquina, pero también algo más; tiene algo de los seres vivos del mundo

Las expresiones "maquinaria administrativa", "engranaje administrativo", transmiten la idea de un organismo que obedece al impulso del jefe y cuya totalidad de partes, bien acopladas, se mueven en conjunto y concurren hacia la misma meta. Y esto es excelente. Pero también podrían dar la idea de que, al igual que el engranaje mecánico, tan solo admitiendo la pérdida de fuerza es que el engranaje administrativo podría transmitir movimiento. Esta es una idea falsa: el engranaje administrativo – todo jefe intermedio – puede y debe ser productor de movimiento y de ideas. En cada uno de estos engranajes, en cada uno de estos jefes intermedios, hay una fuerza de iniciativa que, bien empleada, puede extender considerablemente el poder de acción del jefe de la empresa.

No es por tanto únicamente en la pérdida de la fuerza inicial a través de la multiplicidad de transmisiones donde hay que buscar el límite de acción de un organismo administrativo. Antes bien lo es en una insuficiencia de la autoridad superior: la fuerza centrífuga predomina cuando la fuerza central se debilita.

La vida vegetal también ha sido ocasión de numerosas comparaciones con la vida social.

Desde el punto de vista del desarrollo, del tierno tallo único del árbol nacen ramas que a su vez se ramifican y cubren de hojas. Y la savia lleva la vida a todas las ramas y hasta las ramificaciones más débiles, tal como la orden superior lleva la actividad hasta las más ínfimas y más lejanas extremidades del cuerpo social.

---

vegetal, pero igualmente algo más y por último de los seres vivos de mayor nivel cuales son los del mundo animal, pero entendiéndose al cuerpo social de la empresa como yendo más allá de los tres anteriores, particularmente cuando destaca la transmisión incremental de energías internas que ocurre en ninguno de los tres niveles anteriores, en los cuales con cada transmisión hay pérdida de energías. En la literatura del campo de los años posteriores, esta trilogía de modelos habrá de ser substituida por dos grandes modelos puros de totalización del cuerpo social: el mecánico y el orgánico, siendo que usualmente el cuerpo social de la empresa en mayor o menor grado tendrá características de ambos. **Ejercicio**: A propósito de la dualidad Orgánico/Mecánico, investigue el ya clásico estudio inicial que asentó este muy importante contraste, realizado por Tom Burns & G.M. Stalker y reportado en su libro "The Management of Innovation", Tavistock Publications, 1961.

Los árboles "no crecen hasta el cielo"; los cuerpos sociales también tienen sus límites. ¿Acaso insuficiente fuerza de ascensión de la savia en el primer caso, insuficiente capacidad administrativa en el segundo? [174]

Pero cierta fuerza, cierta potencia que el árbol no puede alcanzar solo con su propio desarrollo, puede que resulten del agrupamiento, de la yuxtaposición, del **bosque**. Esto es lo que la empresa obtiene con los convenios, los sucursales, el trust, las federaciones. Conservando una autonomía bastante amplia, cada unidad aporta a la comunidad un concurso que le es retribuido con creces

A partir de cierto grado de desarrollo que no puede superarse sino con dificultad, el agrupamiento por **yuxtaposición** es el medio para constituir, con el menor esfuerzo administrativo, poderosas asociaciones y desarrollar individualidades o colectividades vigorosas.

Es sobre todo con el animal que el ser social es frecuentemente comparado.

El hombre desempeña en el cuerpo social un papel análogo al de la célula en el animal: célula única en la empresa rudimentaria, milésima o millonésima parte del cuerpo social en la gran empresa.

El desarrollo del organismo se opera mediante el agrupamiento de las unidades elementales (hombres o células) y los órganos aparecen, se diferencian y se perfeccionan en la medida en que el número de los elementos reunidos aumenta.

En el ente social, como en el animal, un reducido número de funciones esenciales cumplen una infinita variedad de operaciones. Numerosas similitudes pueden observarse entre las funciones de las dos clases de organismos.

El sistema nervioso, especialmente, presenta grandes analogías con el servicio administrativo. Presente y activo en todos los órganos, no es por lo general poseedor de un miembro especial, así como tampoco ser visible para el observador superficial. Recoge, en todos los puntos, sensaciones que transmite primero a centros inferiores,

---

[174] Fayol acaba de formular una pregunta que no contesta. **Ejercicio**: ¿Insuficiente capacidad administrativa? ¿Qué ha de entenderse por ella? ¿Podrá ser ella la explicación buscada? Razone su respuesta.

centros reflejos, y luego, desde allí, si ha lugar, hacia la cabeza, hacia la dirección. De estos centros o del cerebro parte luego la orden que, por un camino inverso, llega al miembro o al departamento que debe ejecutar el movimiento. El cuerpo social, como el animal, tiene sus actos reflejos o ganglionares que se efectúan sin intervención inmediata de la autoridad superior. Sin la acción nerviosa o administrativa, el organismo se convierte en una masa inerte y se deteriora rápidamente.

(B) ORGANOS O MIEMBROS DEL CUERPO SOCIAL

Estos órganos son los de las seis funciones esenciales.[175]

En la empresa rudimentaria, puede que un solo agente los represente; en la empresa nacional, las funciones esenciales, extremadamente complejas y subdivididas, emplean a mucha gente y conducen a la creación de órganos o de sub-órganos muy numerosos.

Para estudiar los órganos del cuerpo social tomaré primero como ejemplo a una gran empresa industrial, constituida como sociedad anónima, a la vez minera y metalúrgica, que emplea alrededor de diez mil personas.

El cuadro siguiente representa el conjunto de los mandos del personal de esta empresa.

---

[175] Hemos visto, en resumidas cuentas, que para Fayol "organizar" (un verbo) es "dotar" (otro verbo). **Pregunta**: ¿Dotar a la empresa de qué? La respuesta es: dotarla de todo lo que le sea útil para su funcionamiento, con especial énfasis, nos dijo, en la dotación de su organismo social. ¿Dotarlo de qué? **Respuesta**: de órganos, tema de la sección que ahora se inicia. Y cuando un conjunto de órganos se ven reunidos en un mismo ser, ¿qué tenemos? **Respuesta**: sencillamente lo que comúnmente llamamos "organismo", de allí el término "cuerpo" que Fayol utiliza anexándole el calificativo de "social" para que no se olvide su estar constituidos por agentes humanos. Surge así la labor administrativo/gubernamental de "organizar" (el verbo), resultando de ello empresas "organizadas" (el adjetivo), algunas mejor, otras peor. Luego, para referirse al gran conjunto de los entes sociales de cualquier clase o magnitud así organizados, lo natural y muy corriente hoy día será utilizar al sustantivo genérico "organizaciones", lo cual supondrá siempre, que por muy desorganizada que esté una cualquiera de ellas, algún grado aunque sea mínimo de organización ha de tener para poder ser considerada una organización. Aclarada la historia lingüística, se entiende ahora el porqué, en lugar de "organizaciones", más indicada como el substantivo genérico de universal cobertura a aplicar, está la palabra "empresas"; empresas que a su vez puede que se encuentren mejor o peor organizadas (adjetivo) en función de cuán bien sus dirigentes, incluyéndose como miembros del cuerpo social, hayan sabido dotarlas (el verbo) de agentes y de éstos agrupados en órganos.

Cuadro n° 9 – Empresa industrial grande

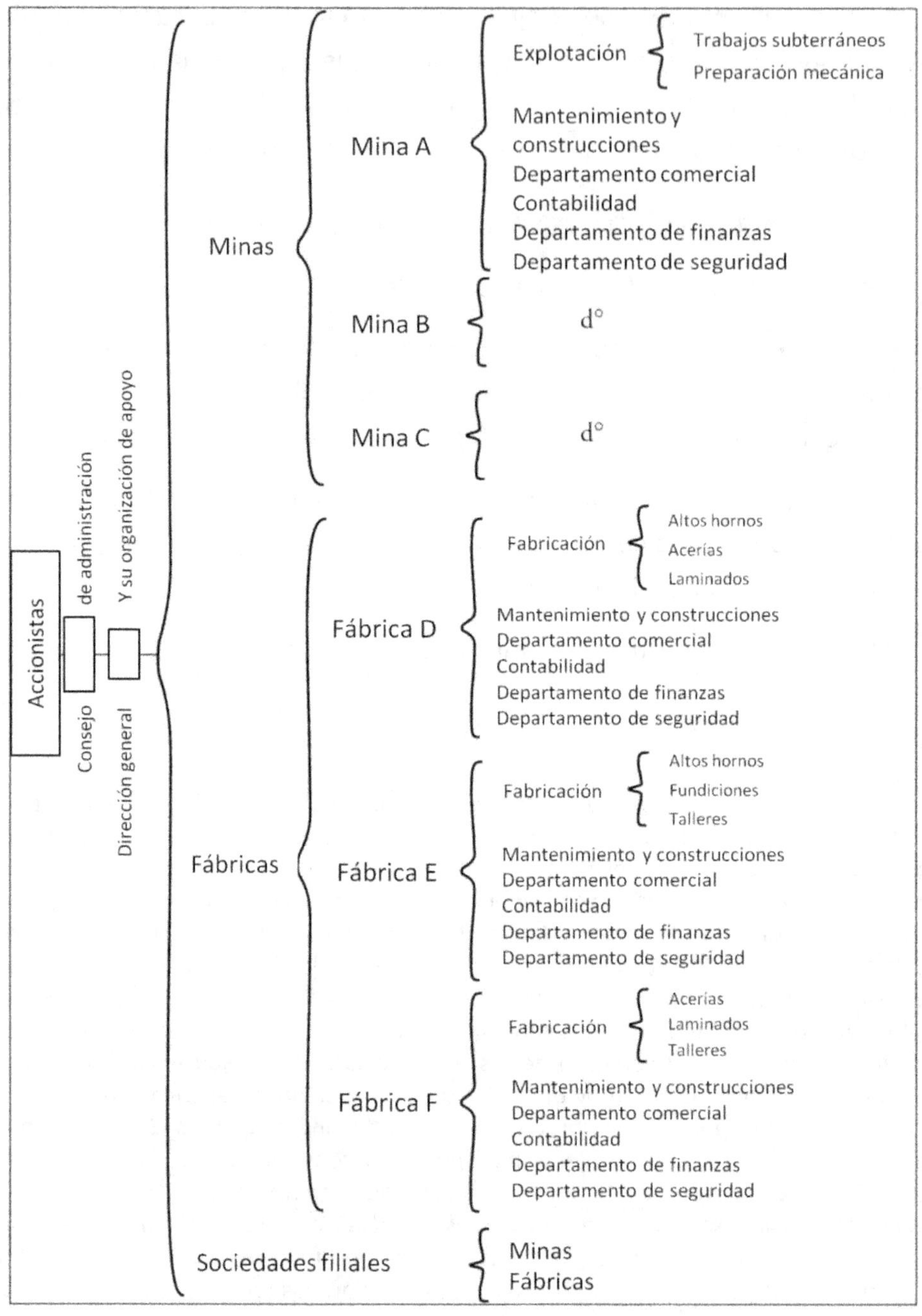

Yendo de izquierda a derecha se ve primero al grupo de los accionistas, luego al Consejo de administración, después a la dirección general. Hasta allí el poder ha estado concentrándose. A partir de este punto, se dispersa y se reparte hasta los extremos confines de la empresa pasando por las direcciones regionales, las direcciones locales y diversos jefes de departamento.

En el cuerpo social de la Sociedad anónima pueden distinguirse los principales órganos siguientes.

1º El grupo de los accionistas;

2º Consejo de administración;

3º Dirección general y su Estado Mayor;

4º Direcciones regionales y locales;

5º Ingenieros principales;

6º Jefes de departamento;

7º Jefes de taller;

8º Capataces;

9º Obreros.

1º Accionistas.

Su papel es muy reducido. Consiste principalmente:

(a) En nombrar a los miembros del Consejo de administración y a los comisarios auditores de las cuentas;

(b) En deliberar sobre las propuestas del Consejo de administración.

Se reúnen por lo menos una vez al año.

El acto más importante y más difícil de los accionistas es el nombramiento de los administradores.

2º Consejo de administración

El consejo de administración posee poderes estatutarios muy amplios. Estos poderes son colectivos.

De ellos delega una parte muy grande en la dirección general, a la cual nombra.

Debe estar en condiciones de evaluar las propuestas de la dirección general y de ejercer un control general. En el cuadro Nº 5 (p. 80) se indican las diversas capacidades necesarias al Consejo.

3º Dirección general.

La dirección general está a cargo *de conducir la empresa hacia su meta, buscando sacar el mejor partido posible de los recursos de los cuales dispone*. Es el poder ejecutivo.

Establece el programa de acción, recluta al personal, ordena el movimiento, asegura y controla la ejecución de las operaciones.

A veces se compone de uno solo, otras veces de varios directores generales.

El director general *único* puede estar en relaciones directas, sea con los directores locales, sea con intermediarios (jefes de grupos de establecimientos o jefes de servicios generales, técnicos, comerciales, etc.).

Los directores generales *múltiples* se reparten las atribuciones de la dirección general de maneras diversas.

La *unidad* tiene, sobre la *pluralidad*, la ventaja de facilitar *la unidad de puntos de vista*, *la unidad de acción*, *la unidad de mando*. Tiende a prevalecer. Pero en materias de esta clase, el valor personal de los hombres tiene una importancia enorme que prevalece por sobre el sistema.

En todos los casos, la dirección general se apoya en un Estado Mayor.

Estado Mayor. – El Estado Mayor es un grupo de hombres disponiendo de la fuerza, de la competencia y del tiempo que le pueden faltar al director general; es una ayuda, un refuerzo, una suerte de extensión de la personalidad del jefe. No está jerarquizado y no recibe órdenes sino del director general. En el ejército, este grupo de agentes se llama **Estado Mayor**; he conservado esta denominación a falta de otra que me hubiese parecido preferible.[176]

Este organismo está destinado a acudir en ayuda del jefe en el cumplimiento de su misión personal. Si el jefe está en condiciones de cumplir él mismo todas las obligaciones de su cargo, no tiene necesidad de un Estado Mayor; pero si sus fuerzas o sus conocimientos son insuficientes, o si el tiempo le falta, está obligado a hacerse ayudar, y son las personas que vienen en su ayuda las que constituyen su Estado Mayor.[177]

Ahora bien, son muy pocos los altos jefes que pueden bastarse para a la vez: **1º** cumplir sus obligaciones diarias de correspondencia, recibir visitantes, reuniones y diligencias diversas; **2º** ejercer el mando y el control; **3º** la realización de los estudios de todo tipo que la preparación de los programas relativos al porvenir y armonización de los programas en curso exigen; **4º** la búsqueda de los perfeccionamientos que sin cesar es necesario introducir en todos los dominios. Por lo que se ven en la mayoría de las grandes empresas, Estados Mayores bajo las apariencias de las más variadas: secretarios, asesores especializados (ingenieros, juristas, financistas, contadores), comités consultivos, oficinas de estudio, laboratorios, etc.

Para que puedan estar por completo a la disposición del jefe y no tener responsabilidades sino para con él, los agentes del Estado Mayor no participan en la ejecución de los departamentos subordinados. Pero nada se opone a que el mismo agente esté, durante una parte de su tiempo, vinculado al Estado Mayor y durante otra a un departamento cualquiera. Nada se opone tampoco a que el vínculo de un agente del Estado Mayor no sea exclusivo con la empresa. Semejante asesor especialista puede, por ejemplo, útilmente dedicar al Estado Mayor una hora al día, o por semana, o al mes. La constitución y el funcionamiento del Estado Mayor se prestan a muy

---

[176] En lugar de "Estado Mayor" bien pudiera la presente traducción haber recurrido a expresiones tales como "Organización de apoyo y consultas", "Equipo asesor", "Apoyo ejecutivo", etc.

[177] Dice Fayol: "está obligado a hacerse ayudar" lo cual supone reconocer las propias limitaciones, que bien se sabe no siempre es fácil de hacer; vistos, en otras cosas, el orgullo, temores diversos, desconfianza en la capacidad de los demás, etc.

diversas modalidades. Basta que por entero esté a la disposición del jefe y que, gracias a su intervención, puedan ser cumplidas todas las obligaciones de la dirección.[178]

Perfeccionamientos. – Entre estas obligaciones, una de las más importantes es la búsqueda de los perfeccionamientos. Bien se sabe que una empresa que no progresa pronto se queda a la zaga de sus rivales y que, por lo tanto, es necesario perseguir sin cesar el progreso en todos los dominios.

Para realizar perfeccionamientos, se necesita *método*, *competencia*, *tiempo*, *voluntad* y *recursos financieros*.

El *método consiste*:

En observar, recoger y clasificar los hechos, en interpretarlos, en establecer experimentos si ha lugar, y en extraer de todo este conjunto de estudios, reglas que, bajo el impulso del jefe, pasarán a formar parte de la práctica de los negocios.

La mayoría de los perfeccionamientos que han elevado la ciencia de los negocios hasta su nivel actual proceden del mismo método, que en realidad no es otro que el método cartesiano.

Desde luego, no basta con conocer la definición del *método* para ser capaz de emplearlo útilmente.

Son necesarias además, aptitudes naturales que la experiencia desarrolla.

Competencia significa aquí un conocimiento bastante profundo de la materia sobre la cual versan las investigaciones. Ahora bien, no puede el más instruido de los jefes ser

---

[178] Se pueden observar en los comúnmente denominados organigramas y entendidos como organizaciones de apoyo a los diversos dirigentes de la empresa que así las requieran, representados los diversos Estado Mayor existentes, mediante cajas transversalmente insertadas en la organización vertical de línea, representada ésta a su vez mediante el conjunto desglosado de cajas verticalmente escalonadas en descenso que atienden a la progresiva división del trabajo que la empresa requiere. "Transversal" en los organigramas no significa pues, otra cosa que todos aquellos aportes que habrán de completar o amplificar la capacidad del jefe en todo lo que le compete realizar. **Ejercicio**: Procurando reflejar su diversidad, describa algunos de los más importantes apoyos que los jefes usualmente necesitan a fin de poder cumplir sus labores de dirección.

verdaderamente competente en todos los asuntos de distinto orden que plantea la dirección de una gran empresa.

Absorbidos por la faena corriente y por los importantes asuntos que es preciso resolver sin demora, los jefes no tienen por lo general el *tiempo* que se necesita para poder consagrarse a la búsqueda de perfeccionamientos.

Admitamos que poseen la *voluntad* de mantener a la empresa a la par del progreso y que la empresa pone a su disposición ***todos los recursos financieros necesarios***.

Tal es el conjunto de factores cuya acción debe combinarse para alcanzar a descubrir cierto perfeccionamiento en uno cualquiera de los múltiples órganos materiales o sociales de una gran empresa.

Esta acción debe proseguirse sin cesar en todos los niveles y en todas las partes de la empresa.

Es necesario, pues, que el jefe (jefe de empresa, jefe de departamento, jefe de taller) tenga la *voluntad* activa y persistente del perfeccionamiento; también es necesario que disponga del *crédito* necesario para proseguir las investigaciones útiles.

Pero no pudiendo tener ni ***todo el tiempo ni todas las competencias*** que exigen estas investigaciones, preciso es que recurra a un ***Estado Mayor***.

En una gran empresa minera y metalúrgica, por ejemplo, el Estado Mayor se pone de manifiesto en torno a la dirección general gracias a asesores especializados (metalúrgicos, mineros, constructores, arquitectos, electricistas, geólogos, químicos, juristas, contadores, etc.), los unos enteramente vinculados a la empresa, otros dedicándole tan solo una parte de su tiempo; en torno a las direcciones locales, gracias a secretarios técnicos, agentes especiales, oficinas de estudio, laboratorios, etc.

Es mediante la colaboración íntima y continua del servicio ejecutivo y del Estado Mayor que se realizan la mayoría de los innumerables perfeccionamientos, cuya descripción llena las publicaciones técnicas.[179]

---

[179] Será a principios de los años ochenta del siglo XX que ingresa con fuerza en las empresas de todo tipo la filosofía del mejoramiento continuo. Autor clave del momento será W. Edwards Deming quien publica

4º Direcciones regionales y locales.

A la gran unidad industrial le sigue el grupo de establecimientos que cuenta con una **dirección general**. **La unidad industrial**, como se la entiende generalmente, es la explotación agrícola, la mina, la fábrica, el taller, con su director. Hay pequeñas unidades, las hay medianas, las hay grandes y muy grandes.

En la pequeña y mediana unidad, el director generalmente se halla en relación con todos los jefes de departamento; en la gran fábrica, frecuentemente un ingeniero principal sirve de intermediario entre el director y los jefes de departamento técnico.

Los poderes del director local dependen a la vez de la naturaleza de las cosas y del reparto de atribuciones hecha entre la dirección general y la dirección local. A veces estos poderes rayan en la autonomía; otras veces son bastante restringidos.

Las cualidades y conocimientos necesarios se derivan naturalmente de estos poderes; ya sabemos por los cuadros Nº 1 y Nº 5 (pags.: 074 y 080) que el director de un gran establecimiento industrial debe ante todo ser administrador, que debe poseer la capacidad técnica en un grado bastante elevado y que ha de estar en condiciones de asegurar la marcha de las otras cuatro funciones esenciales.

En la mayoría de las direcciones locales se halla un **Estado Mayor** pudiendo figurar en él: secretarios administrativos, secretarios técnicos, asesores especializados, oficinas de estudio, laboratorios.

---

en 1982 su obra cardinal "Out of the Crisis" (MIT, Center for Advanced Engineering Study) acerca de lo que comúnmente pasó a denominarse la Calidad Total y en la cual introduce y propone la implantación de una nueva filosofía del "Management" que expresa vía los bien conocidos 14 puntos. La sección "Perfeccionamientos" permite comprobar que la noción del mejoramiento continuo nace con el propio campo. Aunque de manera no tan explícita como Fayol, también puede leerse en Taylor el imperativo del mejoramiento continuo. **Ejercicio**: Familiarícese con la obra y filosofía de Deming. Pregúntese como es posible que el mejoramiento continuo haya surgido de las reflexiones de un matemático, especialista en los temas de probabilidades y estadísticas. Igualmente: por qué alcanza especial receptividad y éxito en las empresas del Japón..

SISTEMA TAYLOR

He procurado hacerme una idea un tanto precisa del sistema de organización llamado *Sistema Taylor*, tema muy sobre el tapete desde hace algunos años. Esto no es fácil: para algunos es la dirección del trabajo de los obreros basado en un atento y minucioso estudio del tiempo y de los movimientos; para otros, es el acero de corte rápido, son métodos de contabilidad y de remuneración, etc. Probablemente es un poco de todo esto; pero me parece que sobre todo es lo que el propio Taylor ha denominado "la organización *científica* o *administrativa* " y descrita por él con detenimiento en una de sus últimas obras, como sigue. *[Nota al pie de Fayol: (1)* ***La Direction des ateliers*** *(Dunod et Pinat, éditeurs, Paris, 1913). – Extrait de la* ***Revue de métallurgie****)]* [180]

"Una de las industrias más difíciles de organizar" dice (p. 52) *[Nº de páginas de la traducción francesa que Fayol utilizó]* "es la de un gran establecimiento de construcción mecánica, donde se fabrican máquinas de varias clases; es por ello que el autor la ha escogido para describirla."

"En la práctica todos los talleres de esta categoría están organizados con base en lo que puede llamarse el principio de la jerarquía militar. Las órdenes del general son transmitidas por los coroneles, los comandantes, los capitanes, los tenientes y los suboficiales a los hombres. De la misma manera, en los establecimientos industriales, las órdenes van del director general a los jefes de departamento (superintendentes), a los jefes de taller, a los jefes adjuntos y, vía los jefes de equipo, llegan a los obreros. En un establecimiento de esta clase, los deberes de los jefes de taller, de los jefes de equipo, etc., son tan variados y exigen una suma tal de conocimientos especiales, junto con tal diversidad de aptitudes, que no pueden ser cumplidos de manera satisfactoria sino por hombres de valor poco común, con años de un adiestramiento especial. Es debido a la dificultad (y casi imposibilidad) enfrentada para reclutar gente capaz como jefes de taller, capataces, etc., más que por toda otra razón, el que durante los

---

[180] Todo lo que sigue en esta sección lleva a comprobar que Fayol no alcanzó a conocer el contenido del otro libro clave de Frederick Winslow Taylor "The Principles of Scientific Management" publicado en 1911 (Harper & Row), sin duda más completo en cuanto a la exposición que hace de su propuesta. La obra de Taylor de 1903, traducida al francés y aquí citada por Fayol fue "Shop management" (Harper & Brothers).

primeros años sea tan raro comprobar el éxito de los nuevos talleres de mecánica general montados a gran escala."

. . . .

"Según la experiencia del autor, casi todos los talleres tienen un personal de dirección insuficiente para ejecutar el trabajo de manera económica.

En el tipo de organización militar, se considera al jefe de taller responsable de la buena marcha de su taller."

. . . .

"Debe ser buen mecánico (p. 57, ibíd.)..

Debe poder leer fácilmente los diseños y poseer suficiente imaginación como para con ellos claramente visualizar la pieza terminada..

Debe preparar la tarea y asegurar que los obreros tengan a la mano el equipo y las herramientas convenientes y que los utilizan para correctamente montar la pieza sobre la máquina y cortar el metal con la velocidad y el avance requeridos.

Debe velar que cada obrero mantenga su máquina limpia y en buen estado.

Debe velar que cada obrero produzca un trabajo con la calidad requerida.....................

Debe asegurarse que los obreros que están bajo sus órdenes trabajen de manera continua y rápida...

Debe constantemente prever todo el conjunto del trabajo y velar que las piezas lleguen a las máquinas en el orden requerido y que cada máquina reciba los trabajos que le convienen.

Debe, al menos de una manera general, vigilar el empleo del tiempo y fijar el pago por pieza del trabajo.

Debe ejercer la vigilancia de los obreros bajo sus órdenes, corregir sus salarios.............

Es, pues, evidente que los deberes impuestos al jefe de equipo ordinario exigen que sea apto para cumplir la mayoría de las nueve obligaciones arriba mencionadas. Ahora bien, cuando un hombre tal puede encontrarse, se le debe hacer director o superintendente de los talleres, y no un jefe de equipo. No obstante, considerando el hecho de que es posible encontrar un buen número hombres capaces de cumplir a la vez cuatro o cinco de estas obligaciones, queda claro que el trabajo de dirección debe subdividirse de tal manera que las diversas funciones estén a cargo de hombres con esta capacidad; una gran parte del arte de la dirección consiste indiscutiblemente en organizar el trabajo de esta manera. Según el autor, se alcanzará esto mejor ***abandonando el tipo militar de organización*** e introduciendo en la dirección dos cambios radicales:

a) Dentro de lo posible, los obreros, lo mismo que los jefes de equipo y los jefes de taller, deberán estar por completo eximidos del trabajo de organización, así como de todo trabajo de escritorio..

b) En toda la dirección, el tipo militar de organización puede ser abandonado y reemplazado por el que cabe denominar tipo administrativo.

La dirección administrativa consiste en distribuir la tarea de la dirección de tal manera que, desde el director adjunto y descendiendo todos los peldaños de la jerarquía, cada individuo tenga el mínimo posible de atribuciones. En el sistema ***ordinario*** o ***tipo militar***, los obreros están repartidos en grupos, recibiendo los de un mismo grupo sus órdenes de un solo hombre, jefe de taller o jefe de equipo. Este hombre es el único agente por intermedio de cual los diversos departamentos de dirección entran en contacto con los obreros. ***La característica exterior más impresionante de la dirección administrativa reside, por el contrario, en el hecho de que cada obrero, en lugar de estar en contacto inmediato con la dirección por un solo punto, es decir vía su jefe de equipo, recibe directamente sus órdenes diarias y ayuda de ocho jefes diferentes, cada uno de los cuales cumple una función particular*** (p.59, ibíd.)"...............................

. . . .

"En la dirección administrativa (p.62, ibíd.), vemos, pues, subdividido entre ocho personas el trabajo realizado por un solo jefe de equipo en el tipo militar de organización.

Los encargados de las órdenes de trabajo, los redactores de las fichas de instrucción, los contables a cargo del tiempo y de los gastos en mano de obra, dirigen e imparten instrucciones, desde la oficina para el reparto del trabajo.

Los jefes de cuadrilla, los jefes a cargo del ritmo de funcionamiento, los vigilantes y los jefes de mantenimiento, enseñan a los obreros como han de ser ejecutadas las instrucciones y velan que el trabajo sea realizado a la velocidad convenida.

Por último, el jefe a cargo de la disciplina ejerce su función en todo el establecimiento."

. . . .

"La dirección administrativa ya se emplea (P.64, ibíd.) en alguna medida, en muchos de los talleres mejor organizados. Cierto número de directores han apreciado las ventajas prácticas que se obtendrían de poner directamente en contacto con los obreros a dos o tres hombres especialmente instruidos en sus atribuciones particulares, en lugar de pasar   a   través   del   jefe   de   equipo,   como   en   el   antiguo método."..

. . . .

Tal es el sistema de organización preconizado por Taylor para la dirección de los talleres de una gran empresa de construcción mecánica.

Se fundamenta en las dos ideas siguientes:

1º La necesidad de reforzar a los jefes de taller y a los capataces con un Estado Mayor;

2º La negación del principio de la unidad de mando.

Tanto como la primera me parece buena, tanto así me parece falsa y peligrosa la segunda.

I.– Necesidad de reforzar a los jefes de taller y contramaestres con un Estado Mayor.– Taylor ha puesto en evidencia, mejor que nadie, la complejidad y el peso de la carga que recae sobre los jefes de un gran taller de construcción mecánica. Tan solo si son ayudados es que estos jefes pueden convenientemente cumplir su misión.

Para alcanzar el objetivo, Taylor ha ideado y practicado el modo de proceder arriba descrito: diversos especialistas adjuntos al jefe le eximen de tener una profunda competencia en cada especialidad y le descargan de múltiples intervenciones que absorberían una parte demasiado grande de su tiempo. Este es el papel del Estado Mayor.

No solo en los talleres de construcción mecánica es este engranaje necesario; su necesidad también se siente en los talleres de reparación de los grandes establecimientos mineros, metalúrgicos u otros; se la comprueba en toda clase de talleres. Hasta ahora ha sido atendida de diversos modos, rara vez de una manera suficiente.

Estimo que Taylor ha prestado un gran servicio al llamar la atención sobre la importancia de este engranaje y sobre la manera de constituirlo.[181]

II.– Negación del principio de la unidad de mando. – Según Taylor, es preciso abandonar el tipo ordinario de organización, al cual designa, no sin algo de desdén, con el nombre de ***tipo militar de organización***, "donde los obreros reciben sus órdenes de un solo hombre, jefe de taller o jefe de equipo".

"Sin embargo", añade (P.64, ibíd.), "la convicción fuertemente arraigada es que la verdadera base de la organización reside en el tipo militar, cuyo principio es que ningún obrero puede trabajar bajo las órdenes de dos jefes diferentes. Salvo en las fábricas que ha ayudado a organizar, el autor jamás ha encontrado hasta ahora un solo director que declare resueltamente y en pleno conocimiento de causa que emplea el sistema de dirección ***administrativa*** porque tal es el principio correcto."

---

[181] Se presta a una notoria ambigüedad la propuesta que Taylor habrá de expresar en su obra cardinal "The Principles of Scientific Management". Por un lado hay textos que permiten entender que la superioridad y razón de ser del jefe consiste en su dominio de la ciencia del trabajo, cuyo conocimiento le habilita para concebir y diseñar la labor que habrán de llevar a cabo los subordinados; textos que crudamente formulados expresan un: "yo pienso/tú haces", como la diferencia fundamental que ha de existir entre los subordinados y su superior. Pero otros múltiples textos en la misma obra dejan muy en claro lo que en esta sección Fayol extrajo de sus lectura de la otra obra clásica de Taylor, cual es que a los jefes de línea –quienes ciertamente no pueden saberlo todo y mucho menos hacerlo todo– conviene sean fortalecidos mediante una diversidad de agentes especializados que en el fondo pasan, cual extensión del propio jefe dirigente, a ser su organización de apoyo o Estado Mayor como hemos visto Fayol lo denomina. **Ejercicio**: Realice una primera lectura de "The Principles of Scientific Management", texto que al igual que AIG no es muy voluminoso.

Según el propio Taylor, algunos de los que le son fieles al principio de la unidad de mando no han querido renunciar a este principio, ni siquiera a instancias suyas.

En lo que me concierne, no creo que estando en flagrante violación de este principio un taller pueda marchar bien.

Y sin embargo Taylor ha dirigido con éxito grandes empresas.[182]

¿Cómo explicar esta contradicción?

Supongo que en la práctica Taylor sabía conciliar el funcionamiento del Estado Mayor con el principio de la unidad de mando. Pero ésta tan solo es una suposición mía, cuya exactitud no estoy en condiciones de verificar.

Todos los días, en las empresas, desde arriba en la jerarquía y hasta abajo, se tiene que conciliar el funcionamiento del Estado Mayor con el principio de la unidad de mando. Al respecto es necesaria cierta habilidad. Taylor debe haber estado abundantemente provisto de ella.

Creo que es peligroso dejar que se propague la idea de que el principio de la unidad de mando no tiene importancia y que puede ser violado impunemente. Conservemos pues, preciosamente, hasta nueva orden, el antiguo tipo de organización en la cual se honra la unidad de mando. Por lo demás se concilia muy bien con el refuerzo de los jefes de taller y capataces, recomendado por Taylor.[183]

Mis reservas acerca de la organización *científica* o *administrativa* de Taylor en modo alguno me impiden admirar al inventor de los aceros de corte rápido, al creador de los procedimientos minuciosos y precisos de las condiciones en que se ejecuta el trabajo del obrero, al industrial enérgico e ingenioso que luego de haber hecho descubrimientos, no ha retrocedido ante ningún esfuerzo ni dificultad alguna para

---

[182] *Aclaratoria*: Taylor no fue principalmente un dirigente empresarial y mucho menos de grandes empresas. Más bien hay que entenderlo como el creador y apasionado promotor exitoso del enfoque científico del trabajo, al punto de surgir un buen número de seguidores constitutivos de la corriente denominada "taylorismo", quienes al igual que el propio Taylor, más bien fueron asesores de empresas en la implantación del "Management" científico, que dirigentes de ellas.

[183] Vista la importancia que al principio de Unidad de Mando Fayol profesa, el que el trabajador pudiese recibir órdenes de varios "jefes" en nada podía agradarle.

hacerlos ingresar en el dominio de la práctica, y al incansable publicista que se ha esmerado en hacer que el público obtenga provecho de sus ensayos y experiencias. Al respecto, podemos hacer votos por que el ejemplo del gran ingeniero americano sea seguido por muchos de nuestros compatriotas.[184]

5º a 9º Ingenieros principales, jefes de departamento, jefes de división, jefes de taller, capataces, obreros.

Los cuadros Nºs 7 y 8 (pags.: 164 y 165) muestran, en dos industrias diferentes (hullera y fábrica metalúrgica), la misma serie de órganos subordinados a la dirección.

Esta misma serie de órganos se vuelve a encontrar, bajo nombres diferentes, en todas las grandes empresas, cualquiera sea su naturaleza.

Ya sabemos que la función *administrativa*, en un comienzo dominante, poco a poco cede el paso a la función especial – técnica, comercial u otra – que es la principal ocupación de los agentes inferiores.

Tales son los principales órganos de una empresa minera y metalúrgica. Se les vuelve a encontrar poco más o menos exactamente en todas las grandes empresas industriales, y también con algunas leves modificaciones en las empresas de todo tipo: comerciales, financieras, militares, políticas, religiosas y otras.

(C) AGENTES O ELEMENTOS CONSTITUTIVOS DEL CUERPO SOCIAL

Sigo tomando por modelo a la gran empresa industrial.

A las empresas de esta clase les es necesaria la siguiente serie de agentes: obreros, capataces, jefes de taller, jefes de división, jefe de departamento, ingenieros principales, directores, directores generales.

---

[184] **Ejercicio**: Toda vez que haya concluido su lectura de "Administración industrial y general" de Fayol aquí en curso, estudie detenidamente la obra cardinal de Taylor, "The Principles of Scientific Management", con la misma acuciosidad con la cual habrá estudiado y asimilado la presente. *Estará entonces en condiciones de entender el muy particular inicio dual del campo que nos concierne, cuyas bases, a título de proyecto a desarrollar, asentaron de manera profundamente diversa, aunque no necesariamente reñidas, sus dos y más reputados principales Padres fundadores, Fayol y Taylor. Entenderá la profesión para la cual ha decidido formarse.*

Así como la calidad de los materiales de los cuales se dispone influye sobre la forma y la solidez de un edificio, igualmente la calidad de los agentes que se emplean influye sobre la forma y el valor del edificio social. La forma y las proporciones de los órganos y del cuerpo social mismo dependen del valor de los agentes de los cuales se dispone; naturalmente, para cada empleo se debe buscar al mejor agente posible.

Intentemos primero poner de manifiesto las cualidades necesarias a los jefes.

Dirección y ejecución se confunden en la empresa rudimentaria donde todas las operaciones son efectuadas por la misma persona.

En la pequeña empresa, el jefe todavía está a cargo de la dirección cuya entera responsabilidad retiene, pero descargado de la ejecución de un gran número de operaciones.

Conforme la empresa crece, la parte del jefe en la ejecución de las operaciones disminuye en tanto que su papel directivo se torna más importante y más difícil. Pese a una excelente organización de los departamentos subordinados, este papel no tarda en superar las capacidades de una sola persona. Entonces, en torno al director se ven aparecer agentes que tienen por misión especial aliviar la tarea personal del jefe: secretarios administrativos, secretarios técnicos, asesores especializados en materias diversas, agentes de enlace y de control, comités consultivos, etc.

Para determinar las cualidades necesarias a los jefes de empresa es indispensable saber a qué atenerse con respecto al papel que el Estado Mayor puede estar llamado a desempeñar en la dirección de los negocios.

El jefe ideal sería aquél que, poseyendo todos los conocimientos necesarios para resolver los problemas administrativos, técnicos, comerciales, financieros y otros que le fuesen sometidos, gozara aún de un vigor físico e intelectual y de una capacidad de trabajo suficientes para hacer frente a todas las cargas de relaciones, de mando y de control que pesan sobre la dirección. Excepcionalmente tal jefe puede hallarse en las pequeñas empresas; no existe en las grandes, con mayor razón en las muy grandes. No hay hombre cuyo saber abarque todas las cuestiones que el funcionamiento de una gran empresa plantea; ninguno hay que disponga de las fuerzas y del tiempo exigidos por las múltiples obligaciones de una alta dirección.

Forzoso es, pues, recurrir al Estado Mayor.[185] Hay allí una reserva de fuerzas físicas, de fuerzas intelectuales, de competencia, de tiempo… de las cuales puede valerse el jefe según su voluntad.

Los trabajos del Estado Mayor pueden dividirse en cuatro grupos: **1º** concursos diversos prestados al jefe en su faena corriente, correspondencia, recepción de visitantes, estudio y preparación de expedientes, etc.; **2º** enlace y control; **3º** estudios referentes al porvenir, programa a elaborar o armonizar; **4º** búsqueda de perfeccionamientos.

Todas estas cosas forman parte de las atribuciones de la dirección. El interés de la empresa exige que se hagan. El jefe debe realizarlas, sea con sus solas fuerzas, sea con la ayuda del Estado Mayor.

Los dos primeros grupos de trabajos del Estado Mayor generalmente se efectúan de manera satisfactoria; pero la preparación del porvenir y la búsqueda de los perfeccionamientos, dos factores importantes del éxito, con frecuencia son lamentablemente desatendidos. En lo acostumbrado aún no ha penetrado bien el considerar al Estado Mayor como un órgano de pensamiento, de estudio, de observación, cuya principal función, bajo el impulso del jefe, consiste en preparar el porvenir y en investigar los perfeccionamientos posibles. Para que el Estado Mayor pueda cumplir bien con esta parte de su papel, es necesario que se encuentre libre de toda responsabilidad en cuanto al funcionamiento de los departamentos.

Ninguna parte del organismo social reclama del jefe de la empresa más atención, más sindéresis, más experiencia, más autoridad ni más ponderación. Es un servicio que debe instituir en el interés y sólo en el interés de la empresa, y que en alguna medida tiene la apariencia de un servicio personal, ya que está destinado a colmar las lagunas del propio jefe. Se presta fácilmente a los abusos y despierta enérgicamente la

---

[185] Lo expresado en los cinco párrafos finales de esta sección en gran medida completa y precisa lo ya introducido por Fayol en la sección "Estado Mayor" previa (pags.: 172-174).

atención crítica. Quizás sea esta la razón por la cual no se le solicitan todos los servicios que podría prestar.[186]

Jefes de las grandes empresas.

En cuanto a la investigación de las cualidades necesarias a los jefes de empresa, hemos, pues, de tomar en cuenta a la vez el poder y las responsabilidades transmitidas a los jefes de departamento y el concurso que el jefe puede obtener de su Estado Mayor.

Por lo demás, hemos comprobado que los caracteres principales de un buen gobierno son, poco más o menos exclusivamente, de orden ***administrativo***.[187] Admitido está, en efecto, que cuando la previsión, la organización, el mando, la coordinación y el control se ejercen eficazmente sobre todas las partes de la empresa, todas las funciones se efectúan convenientemente y la marcha de la empresa es satisfactoria.

De ahí podemos concluir que la ***primera condición que debe satisfacer el jefe de una gran empresa es ser buen administrador***.[188]

---

[186] Seguidamente una propuesta de perfeccionamiento de los usualmente denominados organigramas como representación gráfica de las estructuras organizativas de las empresas. En lugar de cajas verticales para representar la organización de línea junto con, en el mismo organigrama, otras transversales para las organizaciones de apoyo, una sola clase de caja podría ser más que suficiente a la par de evitar malentendidos entre ambas. Para un Director, por ejemplo, reunir en una sola caja al propio Director y su organización de apoyo (Estado Mayor como lo llama Fayol) y que la caja entera se denomine Dirección. Quedaría bien claro que la acción de línea solo compete al Director. Ningún miembro de las organizaciones de apoyo tendría autoridad de línea alguna sobre cualquier otro componente de la estructura organizativa. Existen exclusivamente para fortalecer y amplificar las capacidades del Director en el cumplimiento de su labor; misma representación conjunta para cada uno de los otros dirigentes de la empresa que disponga de una organización de apoyo. **Ejercicio**: Localice un típico organigrama de empresa con sus dos clases de cajas. Modifíquelo según la sugerencia de perfeccionamiento aquí sugerida.

[187] Explícitamente como no lo había hecho hasta aquí: Fayol destacando cuan dependiente es el buen gobierno de la administración –cuan dependiente el buen gobernar del administrar–, según, claro está, el entendimiento que de ambos desde el primerísimo capítulo de AIG nos ha propuesto tener.

[188] Finalidad expresa que vía su obra cardinal "Administración industrial y general" Fayol se propuso transmitir. La necesidad y posibilidad de enseñar a administrar como fundamento del oficio de gobernar, precisamente los dos temas centrales que le vimos desarrollar en los tres capítulos de la primera parte de la obra.

Pero su capacidad administrativa no lo exime de tener que tomar decisiones sobre importantes cuestiones técnicas, comerciales, financieras y otras. No puede ser competente en todo, y debe por lo tanto basar un gran número de decisiones en la opinión de los jefes de departamento y de su Estado Mayor. Pero inadmisible es su incompetencia en la profesión especial característica de la empresa: técnica en la industria, comercial en el comercio, política en el Estado, militar en el ejercito, religiosa en la iglesia, médica en el hospital, pedagógica en la escuela, etc. – Es evidentemente bueno que sobre las cuestiones más importantes y más frecuentes de la empresa pueda pronunciarse con conocimiento de causa.

De esto resulta que la ***segunda condición*** requerida en el jefe de una gran empresa es ***poseer una competencia suficientemente grande en la función especial característica de la empresa***.[189]

Debido a que la capacidad de las facultades humanas es limitada, no se le pide al jefe de la empresa el mismo grado de competencia en las demás funciones esenciales. En cuanto a las funciones secundarias de la empresa, basta con desear que posea las nociones generales suficientes para que, apoyándose en las opiniones de los jefes de departamento y del Estado Mayor, pueda tomar decisiones competentes sobre todas las cosas.[190]

En resumen, las cualidades y conocimientos deseables en todos los altos jefes de empresa son los siguientes:

1º   Salud y vigor físico;

2º   Inteligencia y vigor intelectual;

---

[189] Saber gobernar que de manera importante supone saber administrar, sí, pero, ojo, ello no es suficiente, indispensable también ser conocedor del negocio.

[190] Cumplidas las dos condiciones, sin olvidar un cierto dominio inteligente, también necesario, de las otras cuatro funciones esenciales (comercial, financiera, de seguridad y contabilidad) estaremos en presencia, por definición, de quien es capaz de gobernar la empresa en cuestión, cualquiera sea su clase o magnitud.

3º   Cualidades morales: voluntad reflexiva, firme, perseverante; actividad, energía y, si hay lugar, audacia; valor ante las responsabilidades; sentimiento del deber, preocupación por el interés general;

4º   Sólida cultura general;

5º   Capacidad administrativa;

      Previsión.– Habilidad para establecer y hacer que se establezca el programa de acción;

      Organización.– En particular, saber constituir el cuerpo social;

      Mando.– El arte de emplear a los hombres;

      Coordinación.– Armonizar los actos, hacer converger los esfuerzos;

      Control;

6º   Nociones generales sobre todas las funciones esenciales;

7º   La más amplia competencia posible en la profesión especial característica de la empresa.

De estos siete grupos de cualidades y conocimientos deseables en los jefes de grandes empresas, muy notable es que seis de ellos se componen de elementos semejantes, cualquiera sea la naturaleza de la empresa, y sólo uno, el séptimo, comprende condiciones especiales diferentes para cada clase de empresa.[191]

Los elementos comunes son: la salud, el vigor físico, la inteligencia, las cualidades morales, la cultura general, nociones sobre todas las funciones esenciales y una fuerte capacidad administrativa.

El jefe industrial, el jefe comercial, el jefe político, el jefe militar, el jefe religioso del mismo nivel jerárquico, se parecen según los seis primeros grupos de cualidades y no se diferencian sino por la cualidad profesional característica de la empresa.

Las más de las veces es por esta capacidad profesional que los hombres que han llegado a ser altos jefes han comenzado por atraer la atención: una maestría especial

---

[191] El listado de cualidades y conocimientos listados aquí con miras a los jefes de grandes empresas, guarda bastante semejanza con el ya presentado al inicio del capítulo 2 de la primera parte de AIG como el listado de las grandes categorías de cualidades y conocimientos, cual bases genéricas de la capacidad distintiva poseída por los agentes de la empresa. Pero hay diferencias entre los dos cuadros. **Ejercicio**: Compare ambos listados apuntando a determinar semejanzas y diferencias notorias y su razón de ser.

hizo que se destacaran; luego sus cualidades generales los elevó hasta el primer rango. Ocurre que los éxitos profesionales ocultan las cualidades generales: se persiste en ver en el gran industrial tan solo al eminente técnico o al hábil negociante; en el jefe de gobierno, tan solo al general afortunado o al parlamentario elocuente. Sin embargo la más brillante capacidad especial no es suficiente para hacer de alguien un buen jefe de gran empresa. Para ser un jefe perfecto sería necesario poseer en alto grado todas las cualidades y conocimientos arriba enumerados. Los hombres que se acercan a esta perfección son muy raros; hay que admitir debilidades, incluso lagunas. ¿En qué medida?

La ausencia de salud puede aniquilar todas las demás cualidades reunidas; igualmente un gran debilitamiento intelectual. Con los jefes de departamento y el Estado Mayor es posible, en gran medida, suplir una carencia de conocimientos funcionales, incluso de aquellos que conciernen la función profesional característica de la empresa; pero nada puede compensar la incapacidad administrativa.[192] La menor imperfección moral del alto jefe puede tener consecuencias de las más graves.[193] La altura jerárquica es como un brazo de palanca cuya longitud incrementa considerablemente la potencia; cualidades y defectos tienen cien veces más importancia en un jefe de siete u ocho galones que en un capataz.

Jefes de las empresas medianas y pequeñas.

Entre las cualidades y conocimientos necesarios al jefe de una gran empresa, incluso a un jefe de Estado, y aquellas necesarias a un artesano, jefe y único agente de su industria o de su comercio, tan solo hay diferencias de grado. Son elementos de la misma naturaleza los que, asociados según grados diversos, constituyen el valor de los grandes y pequeños jefes.

---

[192] **Ejercicio**: Otras carencias son compensables, pero Fayol tajantemente afirma: "nada puede compensar la incapacidad administrativa". Su reto: profundizar en el porqué.

[193] ¿Simplemente para recordarnos la importancia de la ética o mucho más: todo el listado de cualidades reunidas en la tercera categoría "Cualidades Morales" del cuadro, cuya menor imperfección en el alto jefe podría tener consecuencias de las más graves? **Ejercicio**: Agrupadas bajo el numeral 3° están listadas algunas de las cualidades morales que Fayol quiere destacar. Examínelas una a una procurando en cada caso visualizar de manera general las implicaciones y consecuencias que podría para la empresa el no poseerlas a cabalidad.

Para el jefe de la empresa muy grande, la capacidad administrativa no es solamente la más importante de todas, sino que por sí sola aventaja en importancia a todas las demás capacidades reunidas. Sin embargo la ausencia completa de una de las capacidades secundarias sería una grave laguna para este jefe. Cierto es que puede ponerle remedio con el Estado Mayor.

Para el jefe de la empresa rudimentaria, la capacidad más importante es la capacidad técnica – es decir la que corresponde a la profesión característica de la empresa. Pero las capacidades comercial y financiera tienen para este jefe una importancia relativa mayor que para el jefe de la empresa muy grande.

El cuadro Nº 4 (p. 079) muestra las transformaciones graduales que se operan en la importancia relativa de las diversas capacidades esenciales del jefe, en la medida en que la empresa crece o disminuye.

No hay que olvidar que en este cuadro tan solo se presentan valores relativos y que casi nada hay en común entre cierta capacidad del jefe rudimentario y la capacidad con el mismo nombre del alto jefe.

Jefes de departamento.– Bajo la serie de los jefes de empresa

$$JE1, JE2, JE3, JE4\dots\dots\dots\dots\dots\dots\dots\dots\dots\dots JE^n$$

se encuentra la serie de los jefes de departamento.

$$JD1, JD2, JD3\dots\dots\dots\dots\dots\dots\dots\dots\dots\dots JD^{n-}$$

Los jefes de empresa tienen la responsabilidad del conjunto y deben asegurar la ejecución de todas las funciones; la responsabilidad de los jefes de departamento tan solo abarca una parte de la empresa.

Los cuadros Nº 3 y Nº 4 (p.: 079) muestran que el valor de los jefes de departamento se compone de los mismos elementos que el de los jefes de empresa. Sin embargo, entre un jefe de empresa JE^{n-} y un jefe de departamento del mismo nivel JD^n, siempre hay esta diferencia: la responsabilidad del primero es total y la del segundo parcial.

Agentes inferiores. – Obreros.– Incluso para los agentes inferiores de las empresas el valor se compone de los mismos elementos que para el de los altos jefes; pero la importancia absoluta y la proporción de estos elementos son tan diferentes en el valor de los unos y de los otros, que de buenas a primera apenas si pueden reconocerse idénticos.

Echaremos ahora un vistazo sobre los diversos elementos que constituyen el valor de los jefes y de los agentes de las empresas y sobre las proporciones en las cuales estos elementos entran en el valor de los unos y de los otros.

Elementos del valor de los jefes y de los agentes de las empresas.[194]

1º Salud y vigor físico. – La salud es necesaria a todos los agentes de la industria, desde el obrero hasta el más alto jefe.

Dependiendo de la función, cierto vigor físico es igualmente necesario a todos. [195]

2º Inteligencia y vigor intelectual. – La inteligencia se compone de aptitud para comprender y asimilar, de juicio y de memoria.

El vigor intelectual permite, sea concentrar poderosamente el pensamiento sobre un tema urgente, sea tratar sin transición temas diferentes y múltiples.

Inteligencia y vigor intelectual son tanto más necesarios cuanto más numerosas, extensas y complejas sean las operaciones que la función acarrea. El alto jefe necesita de una amplitud de miras y de una flexibilidad de espíritu, que solo en muy débil grado reclaman las funciones de capataz y aún menos las del obrero.

Un debilitamiento de la memoria menoscaba en mucho el valor intelectual.

---

[194] La estructura de la presentación que sigue coincide con la listada unas pocas páginas atrás (P.: 187), solo que ahora ampliada con comentarios y apuntando al valor que hayan de tener todos los jefes y agentes de la empresa cualesquiera ellos sean. **Ejercicio:** Apuntando a enriquecer su entendimiento de los componentes clave de la capacidad de quienquiera, esfuércese por profundizar, más allá de los ya expresados por Fayol, cada uno de los comentarios que siguen.

[195] **Comentario.** Por obvios, pareciera innecesario referirse a la salud y vigor físico y sin embargo su atención y cuido son usualmente concebidos como labor que desempeñan otros varios oficios. En todo caso claramente distintos al oficio de gobernar que nos concierne. Fayol hace excepción. Gobernar supone administrar y por lo tanto necesariamente atender a la capacidad de cada quien en la empresa. Componentes esenciales de esta capacidad precisamente son la salud y vigor físico.

3º Cualidades morales. – Con la palabra carácter a menudo se designa ciertas cualidades morales tales como la energía, la firmeza, la honestidad, la iniciativa; evito el empleo de esta palabra a causa de su imprecisión.

Se pide a todos los agentes de la industria, cualquiera sea su rango, disciplina, rectitud, devoción. La iniciativa también es un don precioso para todos, pero tanto más útil cuanto más elevado el rango. En cuanto a la firmeza, al sentimiento de ponderación, al valor ante las responsabilidades, su importancia crece con el puesto, y pueden ser colocadas a la cabeza de las cualidades útiles a los altos jefes.

4º Cultura general. – Esta cultura se compone de nociones que no son del dominio propio de la función ejercida. Se adquiere, parte en la escuela y parte en el transcurso de la vida. Se ve a hombres que, tan solo habiendo pasado por la escuela primaria, han ascendido hasta altos puestos industriales o comerciales, políticos o militares, y cuyo saber siempre ha estado al nivel de las circunstancias. Notemos de paso que todos los hombres que ascienden necesitan desarrollar su cultura general, de la cual la Universidad apenas si se ocupa más allá de la enseñanza secundaria.

5º Conocimientos administrativos. – Estos conocimientos se refieren a la previsión, a la organización, al mando, a la coordinación y al control.

Rudimentarios para el obrero, son extremadamente extensos para los funcionarios de un orden elevado y sobre todo para los jefes de las grandes empresas.

No se enseñan en la escuela; por lo tanto hay que aprenderlos en el taller donde el empirismo reina soberanamente. Nada de extraño, pues, que la educación administrativa sea generalmente insuficiente. Me parece que ya es hora de sistematizar los datos de la experiencia y de poner una doctrina al alcance de todos.

6º Nociones sobre las demás funciones. – Ascendiendo del obrero al capataz, y desde allí al jefe de taller y a los agentes superiores hasta el director de una empresa industrial, se comprueba que el número de las especialidades u oficios de los cuales cada uno debe ocuparse aumenta sin cesar: comúnmente el obrero tan solo tiene un oficio; el capataz extiende su vigilancia sobre cuatro o cinco; el jefe de taller sobre ocho o diez; el ingeniero sobre un número mayor. En cuanto al director, debe tener nociones, no solamente sobre todas las especialidades técnicas que se ejercen en la empresa, sino también sobre las funciones comerciales, financieras y otras, de las cuales obligado es que se ocupe.

Se sigue de lo anterior que el capataz es por lo general menos competente que cada uno de sus obreros en su especialidad; que el jefe de taller es menos competente que el capataz en los trabajos especiales de cada equipo; que el ingeniero es menos competente que el jefe de taller en su dominio. En cuanto al director, no podría tener la pretensión de estar más versado que cada uno de sus jefes de departamento en su especialidad respectiva; pero debe tener nociones sobre todos los departamentos y servicio que prestan. El número de los conocimientos aumenta en la medida en que se asciende.

7º Capacidad profesional especial característica de la empresa. – Esta capacidad, que constituye la casi totalidad del valor del obrero, tan solo entra por un cuarto a un décimo en el valor de los altos jefes. En estos últimos, viene mucho después de la capacidad administrativa.

No hay que perder de vista que, aplicada a los diversos grados de la escala jerárquica, la palabra *capacidad* no designa el mismo conjunto de cualidades y de conocimientos.

<h3 align="center">Cuadros de organización.[196]</h3>

Cuadros sinópticos configurados tal los cuadros Nº 7 y Nº 8 (pags.: 164 y 165) facilitan mucho la constitución y la vigilancia del cuerpo social. Permiten captar de un vistazo, mejor de lo que podría hacerse por medio de una larga descripción, al conjunto del organismo, los departamentos y sus límites, la gradación jerárquica; atraen la atención sobre los puntos débiles, tales como superposiciones o usurpaciones de funciones, dualidades de mando, funciones sin titular, ausencia de un jefe único, etc.

Este modo de representación conviene a todas las clases de empresa, tanto para los grandes establecimientos como para los pequeños, tanto para los negocios en desarrollo o declive como para aquellos en creación. En este último caso, el cuadro de organización es cual un marco con compartimientos adonde para inscribirse llegan los agentes, conforme ocurran el reclutamiento y la constitución de los departamentos.

El empleo del cuadro sinóptico no se limita a la creación del organismo. Apenas concluida la obra, se imponen modificaciones resultantes de cambios en el estado de los negocios o de las personas. Ahora bien, toda modificación en una parte del cuerpo

---

[196] Se trata de los que corrientemente pasarán a ser denominados "organigramas" u "organogramas". Ver notas 178 y 186 concernientes respectivamente a su tradicional representación y posible mejoramiento.

social puede tener amplias repercusiones e influir sobre el funcionamiento general. El cuadro brinda particulares facilidades para descubrir estas repercusiones y prevenirlas; pero es preciso actualizarlo constantemente.[197] Cumplida esta condición es un precioso instrumento de dirección.

En el cuadro de organización están a la vista el conjunto del personal, la constitución y los límites sociales de cada departamento, quien ocupa cada puesto, los jefes a quienes obedece un agente y los subordinados a los cuales manda; pero no se le pueden pedir ni el valor personal de los agentes, ni sus atribuciones, ni los límites topográficos de su responsabilidad, ni la designación de los suplentes. Para estas informaciones diversas, ciertos estados especiales deben acompañar al cuadro de organización. La composición de los Estados Mayor también queda al margen de las llaves en el cuadro.

Algunos ejemplos de cuadros de organización social tomados de la práctica de los negocios, se encontrarán en la 3a parte de estos Estudios.

RECLUTAMIENTO [198]

El reclutamiento consiste en procurarse los agentes necesarios para la constitución del cuerpo social.

Esta operación se ubica entre las más importantes y más difíciles de las empresas; influye mucho en su destino.

Las consecuencias de una mala selección están en relación con la categoría del agente; generalmente poco importantes en el caso de un obrero, siempre graves si el agente es superior.

---

[197] En la práctica, incluso cuando en las grandes empresas existe un departamento especializado al efecto, difícilmente se encontrarán los manuales de organización al día. Y es que la organización y los múltiples aspectos que Fayol mencionó en el primer párrafo, varían continuamente, lo cual supondría una constante notificación de los cambios ocurridos en los diferentes departamentos, los cuales centrados en la ejecución de sus propias operaciones, no están inclinados a disciplinadamente informar acerca de las modificaciones ocurridas, y mucho menos cuando son de poca monta.

[198] **Ejercicio**: ¿Por qué habría de figurar el reclutamiento en el gran tratamiento que Fayol le está dando al elemento "Organización" en la que es la más extensa sección de AIG. **Su respuesta**: "muy sencillo, debido a que organizar es ___________ y que reclutar no es otra cosa que una de tantas maneras en que el ___________ ocurre".

La dificultad de la selección aumenta con el nivel jerárquico del agente: algunos días, a veces algunas horas, bastan para apreciar el valor de un obrero; se necesitan semanas o meses para conocer el valor de un capataz; a veces transcurren años antes de exactamente saber a qué atenerse en cuanto al valor del jefe de una gran empresa. Por lo tanto y en sumo grado, importa no cometer errores en la escogencia de los altos jefes.[199]

La cuestión del reclutamiento preocupa a las empresas de toda índole y particularmente a las más grandes. La operación más importante de una asamblea de accionistas, es el nombramiento del Consejo de administración; la principal preocupación del Consejo de administración, es tener una buena dirección general; el reclutamiento de los agentes para todos los niveles de la jerarquía es una de las más grandes preocupaciones del poder ejecutivo.

El "Comité des Forges de France" provocó, hace algunos años, una discusión que puso de manifiesto hasta qué punto el mundo industrial y el público en general se preocupan por el reclutamiento de los agentes superiores de la industria.

"El número de hombres" – decía el presidente del `Comité des Forges´, en una carta abierta dirigida al Ministro de obras públicas – "cuya claridad y amplitud de inteligencia, rectitud y profundidad de juicio designados para dirigir las grandes empresas, crear nuevas y mantener a Francia en el rango que, a pesar de la debilidad de sus recursos naturales, ha sabido con su claro genio colocarla a la cabeza del progreso de las ciencias y de las artes industriales, ha disminuido singularmente desde hace algunos años.....

Nuestros jóvenes ingenieros son, en su mayoría, incapaces de utilizar con provecho los conocimientos técnicos que han recibido debido a la incapacidad en la que se encuentran de presentar sus ideas en informes claros, bien compuestos y redactados de tal manera que puedan captarse claramente los resultados de sus investigaciones o las conclusiones a las que les han conducido sus observaciones..."

---

[199] Al efecto y visto su gran importancia existen, incluso con categoría mundial, empresas que se especializan en prestar los servicios de búsqueda y selección de personal de alto nivel, reservándose, claro está, las empresas clientes la última palabra en cuanto a la contratación y sus condiciones.

Y el presidente del `Comité des Forges´ atribuía esta deplorable situación, al menos en gran parte, a la nueva orientación dada a la enseñanza secundaria de la Universidad desde 1902.

Que los hombres capaces de dirigir bien las grandes empresas sean raros y que muchos ingenieros no sepan elaborar informes claros, de ello no cabe duda y el hecho es lo bastante grave como para que se le busque con perseverancia las causas y los remedios.

En mi opinión, estas causas no radican en los programas de la enseñanza secundaria, sino en la *concentración industrial* y en la manera en que se entiende y practica la enseñanza *técnica superior*.

La dirección de las grandes empresas siempre ha presentado dificultades muy grandes; para darse cuenta de ello basta con echar un vistazo a las cargas, tan numerosas como variadas, que pesan sobre un alto jefe de empresa. Estas dificultades son inherentes a la naturaleza de las cosas y siempre han existido. Pero lo que no ha existido siempre, es el desarrollo reciente de la industria y la *concentración industrial* que aumentan considerablemente la proporción de grandes empresas y ponen de relieve la escasez de altos jefes.

 Al sustituir cierto número de empresas pequeñas y medianas por una sola gran empresa, la concentración industrial produce efectos diversos que concurren hacia los mismos resultados:

1º Dando origen a grandes organismos, hace un llamado a hombres de mayor talla que los antes necesarios;

2º A la par de crear la necesidad de hombres superiores, hace desaparecer un gran número de empresas que podían considerarse escuelas de aprendizaje para directores;

3º En las empresas medianas, la fuerza de las circunstancias hace que, en cierta medida, los jefes de departamentos diversos se inicien en las funciones de los vecinos. En las empresas muy grandes, cada departamento es lo bastante importante como para absorber la inteligencia y el tiempo del jefe, así como permitirle alcanzar un grado elevado donde con frecuencia acaba su carrera. De nuevo le es restado al semillero de directores un grupo de hombres distinguidos.

Así, pues, no hay duda que la concentración industrial aumenta la necesidad de los altos jefes y hace más difícil su formación.

En mi opinión, la manera en que se dirige la enseñanza técnica superior podría ser mucho más útil para las necesidades de la industria, de lo que actualmente es.

Formación de los agentes de empresa.[200]

La proporción de las cualidades y conocimientos necesarios a los agentes de las empresas es una cuestión de medida, tanto más delicada cuanto más elevado y más complejo el puesto. Cada caso requiere de un examen especial.

Sin embargo, cualquiera sea la dificultad en la **selección** de los agentes, puede que no sea tan grande como la de su **formación**. El buen agente –técnico, comercial, financiero, administrativo u otro– no es un producto espontáneo de la naturaleza; para que exista fue necesario formarlo y esta formación generalmente representa largos y laboriosos esfuerzos, en los cuales participan la familia, la escuela, el taller y el Estado.

La cuestión de la formación de los agentes preocupa intensamente a todas las categorías de empresas –industriales, comerciales, militares, políticas, religiosas, sociales...– [201] Los esfuerzos que en todas partes se hacen para obtener buenos agentes y buenos jefes son considerables y se asemejan.

---

[200] **Ejercicio**: ¿Por qué habría de figurar la "Formación de los agentes de la empresa" en el extenso tratamiento que Fayol le está dando al elemento "Organización". **Su respuesta:** "muy sencillo debido a que organizar es ___________ y formar es precisamente una de las tantas maneras en que el ___________ ocurre". En lo que sigue, vista la importancia que le concede, veremos a Fayol tratando extensamente el tema de la formación.

[201] **Inciso entre guiones largos:** un listado abierto en el cual tan solo figuran seis de las muchas categorías de empresas que pueden existir. Esto confirma la preferencia de Fayol por utilizar la palabra "empresa", cualquiera sea la clase a la que pertenezca, como denominación genérica, en lugar de la palabra "organización" comúnmente utilizada a tal fin.

Gran parte de lo que voy a decir acerca de la formación de los agentes de la industria minera y metalúrgica en Francia, se aplica a la formación de los agentes de las empresas industriales de toda índole.

FORMACION DE LOS AGENTES DE LA INDUSTRIA MINERA Y METALURGICA

a) Papel de la Escuela.– b) Papel del Taller (del patrono).

c) Papel de la Familia.– d) Papel del Estado.

a) PAPEL DE LA ESCUELA:

1º Enseñanza técnica superior.
2º Enseñanza secundaria.
3º Enseñanza primaria.

1º ***Enseñanza técnica superior.***

Abuso de las matemáticas.
Duración de los estudios.
Consejos a los futuros ingenieros.

2º ***Enseñanza secundaria.***

a) Enseñanza universitaria.
b) Enseñanza especial.

3º ***Enseñanza primaria.***

b) PAPEL DEL TALLER (del patrono).
c) PAPEL DE LA FAMILIA.
d) PAPEL DEL ESTADO.

A. – PAPEL DE LA ESCUELA

1º Enseñanza técnica superior.

En Francia, de la más diversa es la procedencia de los agentes superiores y de los jefes de la industria minera y metalúrgica: sin embargo mayormente egresan de las *"Écoles supérieures du génie civil" ("École nationale supérieure des mines de Paris", "École nationale des mines de Saint-Etienne", "École centrale des arts et manufactures", etc.)*

Los programas de admisión y de enseñanza de estas escuelas permiten darse cuenta del pensamiento rector que allí reina.

En primer lugar observemos que los cursos son casi exclusivamente **técnicos**, que en ellos no es cuestión ni de **administración**, ni de **comercio**, ni de **finanzas**, apenas de **seguridad** (entendida en el sentido de seguridad de la empresa) y muy poca **contabilidad**. Añadamos que la cultura general tiene poca influencia en el *ranking* de egreso, no figurando en él las cualidades físicas y morales.

Por último observemos que el concurso de admisión otorga a las matemáticas un lugar muy preponderante.

Hay tal distancia entre esta educación y las cualidades y conocimientos de los cuales han de estar provistos los ingenieros y los jefes de industria, que mal podría extrañar el que no se alcance el resultado al cual se aspira.

Es así que nuestras escuelas de ingeniería parecen ignorar que la salud y el vigor físico cuentan entre las importantes cualidades necesarias a los ingenieros y directores de establecimientos industriales.[202]

Más caso les hacen los ingleses. ¿Se exceden quizás? Aunque la afición por los deportes ya esté presente en nuestro Estado, no creo que por un buen tiempo estemos al respecto expuestos a caer en el exceso, y a la opinión pública le queda aún mucho por

---

[202] Obsérvese que en los párrafos y sección que siguen, empezando con la salud y vigor físico, Fayol sigue de cerca el listado de cualidades y conocimientos deseables en todos los grandes jefes de empresa que antes introdujo (pags.: 186-189) y que luego comentó con cierto detenimiento en la sección "Elementos del valor de los jefes y de los agentes de las empresas" (pags.: 191-193). En esta ocasión amplía grandemente, en una nueva sección, lo concerniente a los conocimientos administrativos, no haciéndole ya falta en esta ocasión enfatizar la necesidad de "La más amplia competencia posible en la profesión especial característica de la empresa" a la cual –punto 7°– se refirió antes. **Ejercicio**: Sin olvidar el listado de cualidades y conocimientos listados al inicio del capítulo 2 de la primera parte de AIG, consolide en un solo gran resumen que consolide todo lo concerniente a la diversidad de cualidades y conocimientos que Fayol ha expresado en estas cuatro grande ocasiones.

hacer para imponer a las escuelas una preocupación suficiente por la salud y por el vigor físico de sus alumnos.[203]

La *iniciativa*, la *energía*, la *ponderación*, la *valentía ante las responsabilidades*, el *sentimiento del deber*, etc., son otras tantas cualidades morales que dan gran valor a los agentes superiores de la industria. Acerca de la importancia de estas cualidades, no se sabría, ni demasiado pronto ni en exceso, instruir a los futuros jefes.

En nuestras escuelas de ingeniería, el aprecio por la *cultura general* no es mucho mayor que el tenido por la cultura física o moral. Toda la atención se centra en las cuestiones técnicas.

Esto no es todo: siendo que la selección de los candidatos mayormente es hecha con base en las matemáticas, los cursos preparatorios mayormente se componen de matemáticas, y en ellos apenas si es cuestión de literatura, historia o filosofía.

Ahora bien, salvo algunas raras excepciones, los jefes de industria y los ingenieros necesitan saber hablar y escribir; no necesitan matemáticas superiores.[204] Insuficientemente sabido es que la *regla de tres simple siempre ha bastado a los hombres de empresas, así como a los jefes de las fuerzas armadas*. Muy mal cálculo se hace al sacrificar a lo largo de cuatro o cinco años la necesaria cultura general por un exceso de matemáticas.

Sobre este tema regresaré más adelante.

Conocimientos administrativos. – En una gran empresa industrial la función que con mayor intensidad y más directamente solicita la atención del jefe es la función

---

[203] De nuevo vemos a Fayol destacar la importancia de la salud y del vigor físico, usualmente considerados como asuntos que exclusivamente habrían de ser atendidos por ciertos otros oficios distintos al oficio de gobernar, cual si a la hora de administrar (prever, organizar, mandar, coordinar y controlar) –parte clave del gobernar– pudiesen la salud y vigor físico no ser parte del oficio de gobernar integralmente entendido.

[204] **Ejercicio**: Independientemente de que más adelante Fayol dedicará toda una extensa sección al abuso de las matemáticas, medite con miras a que se le hagan muy explícitas las razones por las cuales independientemente del contexto, en general, en la vida, saber hablar y escribir –saber leer, oír y callar también– son mucho más necesarios que los conocimientos de las matemáticas, cualquiera sea el nivel de éstas.

administrativa (programa de acción, reclutamiento, organización y dirección del personal, coordinación, control). Inmediatamente después vienen las funciones *técnica* y *comercial*, y por último, con menores exigencias de acción personal, las funciones *financieras*, de *seguridad* y de *contabilidad*.

La acción administrativa del jefe es considerable y absorbente.

Para el ingeniero de división la capacidad administrativa tiene tanta importancia como la capacidad técnica. Este hecho puede sorprender; se explica fácilmente: el jefe de departamento, de una división metalúrgica por ejemplo —altos hornos, fundición de acero, laminadoras, etc.— lleva algunos años tan solo ocupado de metalurgia y solamente de una división limitada de la metalurgia. — Todos los detalles que aprendió en la Escuela concernientes a las minas, a los ferrocarriles, a la construcción, etc., no le son más que de una vaga utilidad, en tanto que el manejo de los hombres, el orden, la previsión, en una palabra, todos los elementos administrativos retienen sin cesar su atención. Alcanzado tal nivel jerárquico, los servicios que en lo sucesivo podrá prestar y su propio ascenso dependerán muy probablemente mucho más de su capacidad administrativa que de su capacidad técnica.

Y si ha de ascender hasta la dirección, no es solamente la administración la que deberá añadir a sus conocimientos, sino también el comercio y las finanzas de los cuales nada le han dicho en la Escuela, y la contabilidad acerca de la cual poco se le entretuvo.

Sin grandes esfuerzos puede idearse una enseñanza que mejor se adapte a lo requerido.

Sin duda el ingeniero necesita de una sólida instrucción técnica. Necesita estar provisto de nociones generales suficientes para poder iniciarse rápidamente en las operaciones técnicas en las cuales haya de tomar parte. Pero en la industria, recién egresado de la Escuela, no se espera que sea capaz de dirigir un alto horno, la excavación de un pozo de mina o la construcción de una máquina. Ni aun el más destacado de su promoción es capaz de cumplir inmediatamente estas funciones; tan solo luego de una iniciación práctica más o menos larga es que lo logrará.

Una preparación de la misma clase desde el punto de vista administrativo es igualmente necesaria, y su ausencia, así como la de nociones suficientes de comercio, de finanzas, de seguridad y de contabilidad, es un vacio grave en la formación de los agentes superiores de la industria.

La enseñanza actual de nuestras escuelas superiores de ingeniería descansa en dos ilusiones.

La primera, es que el valor de los ingenieros y de los jefes de industria se compone casi únicamente de capacidad técnica.

La segunda, es que el valor de los ingenieros y de los jefes de industria está en relación directa con el número de años que han consagrado al estudio de las matemáticas. Esta no es menos funesta que la primera y será quizá más difícil de destruir.

Abuso de las matemáticas. – El que las matemáticas sean una de las ramas más importantes de la enseñanza; el que sean la gran herramienta de progreso de las ciencias físicas y mecánicas; el que todos aquellos que se consagran a la industria tengan necesidad de poseer de las matemáticas nociones más o menos extensas, nadie piensa ponerlos en duda. Pero está la ***justa medida*** que no debe perderse de vista.

La filosofía, la literatura, la historia natural, la química, también son grandes factores de progreso social; ¿se extrae de esto un pretexto para imponer a nuestros futuros ingenieros varios años de cultivo forzoso de cada una de estas ramas del conocimiento?

Se abusa de las matemáticas en la creencia de que cuanto mayor es su conocimiento, más apto se es para el gobierno de las empresas y que su estudio, más que cualquier otro, desarrolla y rectifica el juicio. Estos son errores que causan un serio perjuicio a nuestro Estado y que me parece útil combatir.[205]

¿Dónde comienza el abuso?

---

[205] Puede que hoy día en gran medida se haya atenuado el abuso, pero ciertamente en aquellos tiempos aún se evidenciaba un marcado fetichismo generalizado por las matemáticas al punto de estar fuertemente engranado en la cultura misma de la sociedad francesa y que Fayol, hombre de industria, objeta en su revisión, por lo demás bastante crítica, de los planes de estudio de ingeniería de entonces. Hay que recordar que Francia es la patria de Descartes así como engendradora de una nada despreciable secuencia de grandes y muy admirados matemáticos.

Para facilitar la discusión llamaré matemáticas *superiores* a las que no figuran en el programa actual del bachillerato. Este programa forma parte de la *cultura general* universitaria; más allá, las matemáticas se denominan *especiales* y se convierten, en efecto, en una especialidad de los candidatos en la "École politechnique" y en las Escuelas de ingeniería. A partir del momento en que los jóvenes ingresan en las clases denominadas "matemáticas especiales" se acabó para ellos, por así decirlo, la cultura general; se especializan.

Una larga experiencia personal me había enseñado que el empleo de las matemáticas *superiores* es nulo en el *gobierno de las empresas* y que los ingenieros, mineros o metalúrgicos, casi nunca recurren a ellas. Deploraba, pues, que a todos los alumnos de nuestras grandes escuelas les fuesen impuestos largos e inútiles estudios cuando hay tantas cosas necesarias por aprender y que la industria necesita de ingenieros jóvenes y con buena salud física y moral. Mi deseo era que se redujeran los programas de matemáticas y que se introdujeran en la enseñanza nociones de *administración*.

El "*Congrès des Mines et de la Métallurgie de 1900*" me otorgó la ocasión de expresar públicamente estas ideas. *[Nota al pie de Fayol: "Congrès international des mines et de la métallurgie", 23 de junio de 1900, "Bulletin de la société de l'Industrie minérale", tomo XV, 1901.]*

A continuación de mi discurso el Presidente del Congreso, el Sr. Haton de la Goupillière, pronunció las siguientes palabras:

"Señores, vuestros aplausos bastante le indican al Sr. Fayol cuan acertado fue… Sin embargo me permitirá, lo espero, algunas observaciones, ya que buena falta hace aquí que las matemáticas encuentren alguna defensa.

Señores, comencé mi carrera por las matemáticas puras. Durante veinte años he enseñado en la "École des mines" o en la Sorbone los cálculos diferencial e integral, así como la mecánica. En lo que concierne a la "École des mines", convencido estaba de las ideas que el Sr. Fayol ha desarrollado para Uds.; dictaba un curso muy limitado de cálculo diferencial e integral que había *reducido a diez lecciones* y en el cual, para poner a los alumnos en condiciones de lograr cursar todo el resto de la enseñanza, había cuidadosamente condensado todo lo que me parecía necesario. Más tarde, pasé al curso de explotación de minas y máquinas. El de análisis le fue confiado entonces a un hombre absolutamente eminente (los profesores de la "École des mines" saben bien a quien me refiero), un matemático de primer orden que creyó **deber darle a este curso un desarrollo totalmente diferente. Desde entonces, se ha respetado esta amplitud introducida por mi sucesor**; pero creo que lo que dice el Sr. Fayol es lo justo, y que convendría **reducir las matemáticas puras a lo que de ellas han de aplicar los jóvenes**. No obstante, voy a introducir aquí una reserva a mi aprobación. En efecto, no sólo es necesario que el ingeniero esté en condiciones de ejecutar los cálculos futuros, los cuales según el Sr. Fayol se reducirían a casi nada, hace falta en primer lugar que el alumno pueda atravesar la Escuela y es necesario que en ella la enseñanza se presente con precisión matemática, siempre que esto por lo demás sea posible.

Pero sobre todo pienso, Señores, que las matemáticas son un todopoderoso instrumento de formación para el espíritu. Una vez formado el espíritu de ingeniero, aparte Ud. las matemáticas si Ud. así lo quiere, vuestro alumno no será con ello menos capaz de llegar a ser un gran ingeniero o un hábil administrador. Hubiese Ud. hecho pasar al mismo hombre por una educación débilmente matemática y jamás alcanzaría el mismo nivel.

Tal es la única corrección que quisiera aportar a las excelentes palabras de mi eminente y muy querido contradictor.

Por otra parte le recordaré al Sr. Fayol lo bien colocado que está para darle a sus puntos de vista toda la influencia posible, pues es miembro de un Consejo de primera importancia, el de la "École des mines de Saint-Etienne". Este Consejo consta, en adición a los profesores, de un número notable de grandes industriales; seguramente no se podría encontrar a alguien más indicado que él en cuanto a importancia industrial y como espíritu de elevada capacidad."

De modo que la opinión del Sr. Haton de la Goupillière, ilustre matemático y gran profesor, era reducir la enseñanza de las matemáticas en la "École superieure des mines" a lo que **para lograr cursar la escuela** les es útil a los alumnos. No podía mi opinión encontrar apoyo en mayor autoridad.

Queda por saber si el estudio de las matemáticas superiores debe absorber varios años de la vida de los futuros ingenieros con la única esperanza de formar su juicio.

Que el estudio de las matemáticas elementales contribuye a formar el juicio, como toda otra rama de cultura general, lo creo firmemente; pero que tenga el mismo efecto el someter sin necesidad a los futuros ingenieros el cultivo intensivo de las matemáticas superiores, de ninguna manera lo creo. El cultivo excesivo de cualquier ciencia es perjudicial para la salud física y para la salud intelectual; el estudio de las matemáticas no es excepción a la regla; proseguido largamente con intensidad, no deja intactos sino a los cerebros muy bien equilibrados. Se citan matemáticos trascendentes desprovistos de razón práctica; los hombres sensatos, no matemáticos, son innumerables.

Auguste Comte ha hecho ver que los hechos matemáticos son los más simples, los menos complejos y también, como fenómenos, los más "burdos", los más abstractos o los más pobres, los más alejados de la realización, en oposición a los hechos sociales que son los más complejos y los más sutiles.[206]

Si el juicio dependiese de una mayor o menor posesión de conocimientos matemáticos superiores, largo tiempo hubiese estado la humanidad privada de él, y hoy día pocas personas podrían pretender poseerlo; abogados, sacerdotes, médicos, literatos, comerciantes, estarían desprovistos de él, y todos los capataces cuyo robusta sensatez a menudo constituye la principal fuerza de la industria, todas las amas de casa que administran tan maravillosamente su modesto hogar, estarían carentes de este precioso bien que es el juicio ¡solo reservado a los matemáticos! Evidentemente nadie sueña con sostener tal proposición. La virtud educativa no está más reservada a las matemáticas que a las literaturas antiguas; estribe sobre todo en los problemas sociales que la vida nos impone. Toda aplicación del espíritu, todo problema, cualquiera sea su naturaleza, puede contribuir a formar el juicio.

Sin embargo, es indiscutible que las matemáticas superiores gozan en nuestro Estado de un prestigio muy grande.

---

[206] Auguste Comte: reputado padre del positivismo moderno.

¿Por qué?

No se debe a los servicios que prestan a los jefes de industria, pues no las utilizan.

¿Será por los que prestan a los jefes del ejército? Tampoco.

"So pretexto que los progresos de las ciencias y de la industria serán utilizados para la lucha armada en contra de las naciones", dice el general Maillard, "se proclama que la conducción de la guerra será totalmente científica y que exigirá conocimientos matemáticos desarrollados. *[nota al pie de Fayol:* **Eléments de la guerre***, par le général Maillard, commandant de la "École de guerre."]*

Nada más opuesto al espíritu de la guerra. La regla de tres simple ha bastado hasta ahora y seguirá bastando para la solución de los problemas, necesitados de cálculo, que puedan presentarse en el curso de las operaciones."

De modo que la ***regla de tres simple*** es suficiente tanto para los jefes del ejército como para los jefes de industria.

Si nos remitimos a los estudios que Napoleón pudo haber hecho quince años antes del comienzo del siglo pasado, tenemos todos los motivos para creer que el *dios de la guerra* jamás utilizó formula alguna más complicada.

No es, pues, tampoco por este lado que el prestigio nacional de las matemáticas encuentra explicación.

En cuanto a los ingenieros de los establecimientos mineros o metalúrgicos, sean egresados de la "École Centrale", de una "École des mines" o de una "École d'arts et métiers", jamás los he visto servirse de matemáticas ***superiores*** en el cumplimiento de su servicio. Sólo aquellos que se ocupan más particularmente de construcción —y que por lo general son alumnos de artes y oficios que no han asistido al curso de matemáticas ***superiores***— hacen uso con bastante frecuencia de formulas que se encuentran en los formularios.

Huelga señalar que la ciencia esencial de los altos jefes, la ***administración***, nada en lo absoluto tiene de común con las matemáticas superiores.

La única explicación plausible que he encontrado al prestigio de las matemáticas *superiores* en nuestro Estado es la siguiente:

La "École polytechnique" goza en nuestro Estado de un prestigio muy grande y justificado.

Este prestigio proviene:

1º De los puestos que el Estado reserva a los alumnos de esta escuela en las funciones públicas y en el ejército, posiciones que les proporciona una considerable influencia en muchas de las grandes empresas públicas y privadas;

2º Del valor personal de los alumnos.

Es muy natural que la juventud inteligente y estudiosa haga grandes esfuerzos para obtener el título de politécnico y cosechar sus ventajas. Las familias, los dirigentes de la enseñanza, orientan a todos los muchachos inteligentes hacia esta meta.

Y como sobre todo es gracias a las matemáticas que se ingresa en la "École" y se egresa de ella en los primeros rangos, el público concluye que las matemáticas son la ciencia por excelencia, ya que conduce a posiciones muy buscadas.

Se toma aquí el efecto por la causa. Nada o muy poco tienen las matemáticas que ver en el aprecio que se le tiene a la "École polytechnique": este aprecio resulta de los privilegios reservados por el gobierno a los alumnos de esta escuela y del valor natural de estos alumnos.

Sin estos privilegios, el prestigio de la "École" pronto habría desaparecido; no son las matemáticas las que podrían sostenerlo.

Si, por el contrario, mantenidos estos privilegios, en los exámenes de admisión y de egreso se calificaran a las matemáticas en pie de igualdad con la química, la geología o los ejercicios físicos, y si además el arte de hablar y de escribir se beneficiase de una cuota favorable, la "École" sería tan solicitada como antes, la gran mayoría de los alumnos no serían menos aptos para ejercer los puestos que les están reservados, pero ipso facto las matemáticas superiores habrían perdido todo su prestigio.

Los alumnos de la "École polytechnique", reclutados de entre los muchachos inteligentes del Estado entero, constituyen indiscutiblemente una élite ¿Serían menos élite de ya no estar sometidos al exceso de matemáticas? ¿Existe la certeza de que esta enseñanza no les es más nociva que útil?

Hay que preguntarse por qué las matemáticas *superiores*, que los jefes de empresa no las utilizan, que de poco le sirven a los ingenieros y militares, cuya acción sobre el juicio de los jóvenes estudiantes sobrecargados con ellas es poca y más bien nociva, se han mantenido en primerísima fila en el programa de admisión y clasificación en el curso de los estudios de la "École polytechnique". Me ha entristecido comprobar que la opinión general atribuye esta práctica a la facilidad de clasificación que las matemáticas le proporcionan a los examinadores.

Sea lo que fuere, hago votos por que la "École polytechnique" reduzca sus programas de matemáticas, que en ellos las letras ocupen un mayor lugar y la administración no sea olvidada.

Estoy convencido de que en nada le harían perder prestigio, y nuestras escuelas de ingeniería, que se creen obligadas a imitarla, cesarían de someter a sus candidatos y alumnos a pruebas inútiles y por consiguiente nocivas.

Duración de los estudios. – Decía yo en el "congrès des mines y de la métalurgie" de 1900:

"Nuestro futuros ingenieros permanecen demasiado tiempo en los bancos de la escuela. La industria que necesita de jóvenes, saludables, flexibles, sin pretensiones, incluso diría, llenos de ilusiones, con frecuencia recibe ingenieros fatigados, anémicos de cuerpo y de espíritu, menos bien dispuestos de lo que pudiera desearse, para las ocupaciones modestas y esos hermosos esfuerzos que todo lo facilitan.

Estoy convencido de que se les podría entregar antes a la vida activa, igual de bien preparados, suprimiendo de la enseñanza las cosas inútiles…"

Desde l900 mi opinión sobre la duración excesiva de los estudios de ingeniería no ha hecho más que confirmarse.

Estimo que cuatro años son ampliamente suficientes para hacer que un buen alumno de la enseñanza secundaria se gradúe de las escuelas técnicas superiores. El joven ingeniero podría estar preparado para ingresar en la industria a los 21 o 22 años; a esta edad está en condiciones de ser útil. *[nota al pie de Fayol: Egresado de la "École des mines de Saint-Etienne", me inicié como ingeniero de división de las minas de hulla de Commentry a los 19 años. Corría el año 1860. En esa lejana época el servicio militar no era obligatorio.]*

Este resultado debe obtenerse aun consagrando seis meses a lecciones de **administración**, de **comercio**, de **finanzas**, de **seguridad** y de **contabilidad**, de las cuales hoy día carecen las grandes escuelas.

Lo necesario es, pues, recuperar al menos dos años del tiempo consagrado a las matemáticas superiores y a algunos detalles inútiles de los cursos técnicos.

Estoy convencido de que esto puede llevarse a cabo preparando a los alumnos de ingeniería para sus destinos industriales mucho mejor de lo que hoy día lo son.

Queda la cuestión del servicio militar, que no creo tener que examinar aquí.

No se sabría con demasiado esmero ocuparse de la formación de estos jóvenes sobre quienes descansa gran parte del porvenir industrial del Estado. Este pensamiento es el que, de estar en mí poder hacerlo, me ha resuelto a formular aquí algunos consejos que de buen grado les daría en el momento en que dejaran atrás los bancos de la Escuela.

Consejos a los futuros ingenieros. – Les alegra pensar que por fin van a poder ser útiles, y tienen el legítimo deseo de conquistar una situación honorable mediante la prestación de sus servicios.[207]

Las cualidades que van a tener que poner en práctica no son exactamente las mismas que permiten alcanzar los primeros puestos en la Escuela. Es así que la salud, el arte de manejar a los hombres, el porte y la presencia, que los exámenes no evalúan, tienen cierta influencia en el éxito del ingeniero. Las circunstancias también son diversas; no

---

[207] Una sección que hasta el día de hoy mantiene mucho de su frescura. De lectura obligada para los ingenieros, pero que mutatis mutandis vale para cualquier profesional joven ingresante en el mundo laboral.

tiene nada de extraño, pues, que los primeros de la clase, incluso los más destacados, no siempre sean los que mayor éxito alcancen.

No están ustedes preparados para asumir la dirección de una empresa, incluso pequeña. La "École" no les ha proporcionado ni las nociones administrativas, ni las nociones comerciales, ni siquiera las nociones de contabilidad que necesita un jefe de empresa. Habérselas provistas que aún carecerían de lo que se llama *práctica*, *experiencia* y que no se adquiere más que en el contacto con los hombres y con las cosas.

Tampoco están ustedes preparados para de inmediato conducir un gran departamento técnico. Ningún jefe de industria cometerá la imprudencia de confiarles inmediatamente la excavación de un pozo minero, la conducción de un alto horno o de una unidad de laminación. Es necesario, en primer lugar, que aprendan el oficio que no conocen.

Por lo tanto, como la mayoría de sus predecesores, darán sus primeros pasos en calidad de ingeniero adjunto o en funciones más modestas.

No se espera de ustedes un juicio maduro, un conocimiento práctico de los procedimientos técnicos ni una visión amplia de los mil detalles que de manera más o menos cercana conciernen vuestra función; pero se les pide traer, con su diploma, reflexión, lógica, espíritu de observación, devoción en el cumplimiento de vuestra tarea. Las nociones teóricas que poseen os permitirán asimilar rápidamente los detalles de cualquier clase de trabajo.

Vuestro porvenir dependerá mucho de vuestra capacidad técnica, pero dependerá aún más de vuestra capacidad administrativa. Incluso para un principiante, saber mandar, prever, organizar y controlar es el complemento indispensable de los conocimientos técnicos. No se les evaluará por lo que saben, sino por vuestras obras.

Muy pocas cosas lleva a cabo el ingeniero sin la intervención de otros, incluso en sus comienzos. Saber manejar a los hombres es para él una necesidad inmediata.

Como subordinados directos tendrán primero a capataces, la mayoría antiguos obreros que fueron seleccionados de entre sus camaradas en virtud a su inteligencia, a su comportamiento y a su aptitud para el mando. Tienen la experiencia con los obreros y el taller que a ustedes les falta, y lo saben bien. También saben que ustedes son relativamente muy sapientes y tienen por la ciencia un amistoso respeto. Estas son las bases del acuerdo tácito que debe establecerse entre ustedes.

No olviden que el capataz representa numerosos años de experiencia y un juicio desarrollado por una práctica cotidiana, y piensen que la relación con él les permitirá adquirir preciosos e indispensables elementos prácticos, complementos necesarios a la enseñanza de la "École".

Con respecto a los obreros, observen una actitud de cortesía y benevolencia; con dedicación estudien su comportamiento, su carácter, sus aptitudes, su trabajo e incluso sus intereses personales.[208] Recuerden que en todos los medios sociales se encuentran hombres inteligentes. Mediante un hábil mando se obtiene, no solamente disciplina, sino también dedicación plena, pudiendo llegar hasta la abnegación, al sacrificio propio, en circunstancias difíciles o peligrosas.

En el departamento midan cuidadosamente sus palabras y no expresen ningún reproche inmerecido. Llegado el caso, no duden en abiertamente reconocer que vuestra advertencia estaba basada en una interpretación inexacta de los hechos o de los reglamentos.

Mediante un celo de buena ley en el ejercicio de vuestras funciones, esfuércense por granjearse la simpatía de vuestro jefe; tendrá para con ustedes una benevolencia de la cual no deberán abusar.

En la apreciación de las cosas y de la gente que os rodean aporten reserva y ponderación. Formular críticas teniendo en mente contribuir con un mejoramiento,

---

[208] Oración muy explícita de Fayol. **Ejercicio**: Ocasión propicia para formular y procurar tener respuestas para ciertas preguntas de gran importancia práctica acerca del, en general, conocer a la gente en su individualidad (no solamente a obreros). Interrogantes acerca de las cuales no conviene haber reflexionado a la ligera. **1°** Concretamente, ¿qué significa conocer a alguien? ¿Qué significa eso de "conocer a la gente por dentro"? **2°** ¿Cómo se llega a conocer a alguien? **3°** ¿Cómo saber que se lo ha logrado, hasta dónde y cuán profundamente? **4°** Logrado, aunque jamás plenamente, ¿qué provecho(s) proporciona(n), cuándo, cómo y dónde? (***Dato:*** cuando menos, el "hábil mando" al cual se refiere en la oración que sigue) Tema profundizado en la nota al pie N° 216.

está muy bien; pero toda otra clase de crítica es un acto de ligereza o de mala intención.

Tengan confianza en ustedes mismos sin caer en la presunción; no es cuestión de menospreciar las opiniones ni de desdeñar la experiencia de los demás, pero hay que saber defender los puntos de vista propios con confianza y entusiasmo, cuando se domina el tema y se está seguro de sí mismo. Si ustedes mismos no están convencidos, difícilmente alcanzarán a convencer a los demás.

Vuestras labores profesionales jamás absorberán por completo vuestro tiempo; siempre podrán encontrar el tiempo necesario para el estudio.

Trabajen en completar vuestros conocimientos profesionales, pero no descuiden vuestra instrucción general. Ya lo verán, los jefes que os inspiran más estima y admiración no han dejado de instruirse vía un constante esfuerzo.

Estén convencidos de que hay mucho que aprender en torno vuestro. Todo es interesante con tal que haya dedicación. Tomen nota de las cosas en la medida en que se les presenten en su espíritu; si metódicamente las clasifican, no tardarán en comprobar haber hecho un trabajo útil.

Si ustedes aman su oficio no hay duda de que pronto encontrarán temas que les atraerán y que querrán profundizar. Conságrenles los ratos de ocio; investiguen lo que otros han hecho sobre los mismos temas; vean si no han dejado algún problema por resolver.

El saber no les llegará cumpliendo únicamente con las tareas cotidianas: instrúyanse mediante libros, mediante revistas, mediante el esfuerzo personal, de lo contrario tan solo cosecharán desengaños.

Inscríbanse como miembros en las principales sociedades técnicas de vuestra especialidad, denle seguimiento a las reuniones, asistan a los congresos. Se pondrán así en contacto con los hombres eminentes de vuestra profesión. Sobre temas que hayan estudiado, ejercítense tempranamente en publicar notas, inicialmente modestas, que les permitirán medirse y ser medidos.

Tener buena salud es una condición esencial para abrirse camino en el mundo. Por lo tanto es preciso cuidarla. No rebasen la medida de vuestras propias fuerzas. A los efectos combinen los ejercicios físicos y los esfuerzos intelectuales.

Bajo circunstancias críticas podrá ocurrir que tengan que mantenerse en una labor intensa de día y de noche hasta el agotamiento. Algo de reposo fácilmente devolverá a vuestras facultades un funcionamiento normal. Pero sepan que los excesos de trabajo a veces son tan peligrosos como los demás excesos. Cuando el cerebro está fatigado y deja de obedecer, es tiempo de distraerse. Jamás tomar vacaciones es un hábito perjudicial; el rendimiento individual se resiente tanto en cantidad como en calidad.

Sed valerosos y entusiastas como conviene a la juventud; jamás se abandonen al desánimo.

Cuando se ha puesto en la propia obra lo mejor de sí mismo, que para llevarla a cabo se han soportado fatigas y sinsabores, es en la satisfacción de verla cobrar vida que se encuentra la recompensa al esfuerzo propio realizado.

Tengan iniciativa, incluso tengan audacia. El temor ante las responsabilidades es una señal de debilidad.

No olviden que toda la inteligencia, todos los esfuerzos, todas las cualidades consagradas a la prosperidad de una empresa pueden fracasar; a veces el azar, las circunstancias ejercen una gran influencia sobre el éxito de las empresas y por consiguiente sobre el de los hombres que las dirigen.

Pero no hay que exagerar el papel de la suerte. Aquél que logra algo una primera vez, puede que simplemente haya sido afortunado; si su éxito se repite, forzoso será admitir que es su valor personal el que desempeña el papel principal en el éxito. [209]

---

[209] Otra interesante oportunidad que nos proporciona Fayol debido a lo que destaca tanto en el presente párrafo como en el inmediato anterior. Maquiavelo: posiblemente uno de los autores que más insistió en poner de relieve una estructura inescapable de la existencia humana. Insistencia que se evidencia en la muy frecuente aplicación de un par de nociones que utiliza a la hora de analizar e interpretar los muy diversos hechos y realidades humanas de su época, así como de los múltiples casos que extrae de las antiguas historias de Grecia y Roma. Se trata de las nociones de "virtud" y "fortuna", cuya reiterada aplicación se observa en sus escritos (i.e.: El Príncipe, 1513 y Historias florentinas, 1521-1525).

Ustedes pertenecen a la élite intelectual, no deben por lo tanto desinteresarse de su época; deben estar al tanto de las ideas generales que agitan a la sociedad moderna en todos los dominios.[210]

Expliquemos brevemente de que se trata. Siempre que concerniéndole, algo le ocurre a un determinado ente humano (trátese de algún ser humano individualmente considerado o de más de uno conformando cierta agrupación social de las múltiples y diversas maneras y tamaños en que ello puede ocurrir), ineludiblemente lo que le ha ocurrido se debe a cierta combinación de lo aportado por el propio ente humano **Y** por la suerte, o en palabras de Maquiavelo de una cierta combinación de "Virtud" **Y** "fortuna". Precisemos. De lo ocurrido y le afecta, cierta parte ha de serle atribuida a lo que, para su propia <u>ventaja</u> <u>o perjuicio</u>, haya aportado el ente humano en cuestión. Aporte en el sentido muy amplio de la palabra; esto es, de cualquier cosa poseída: conocimientos, pericias, ingenio, experiencia, apoyo de aliados, recursos disponibles, etc. En fin de todo aquello que Maquiavelo reúne bajo la denominación de "virtud", en tanto que bajo la denominación de "fortuna" estaría reunido todo lo achacable a lo extraño (también en el sentido muy amplio de la palabra), <u>favorable</u> <u>o</u> <u>perjudicial</u>, que no haya provenido del propio ente humano afectado. Las combinaciones, no siempre fácilmente determinables en cuanto proporciones y naturalezas, son todas las concebibles, ***pero en todo caso jamás combinación alguna con cero atribución a la "virtud" o con cero achacable a la "fortuna"***. Las muy variadas proporciones reflejan actitudes de vida diferentes por parte de los entes humanos, desde aquellos que mayormente ponen su porvenir en manos de lo que la "fortuna" les depare, hasta, en el otro extremo, aquellos otros que claramente aspiran a tener mayormente en sus propias manos —esto es, "virtud" propia— su porvenir. **Ejercicio**: Elabore una lista de oficios y actividades humanas que a lo largo del continuo "virtud-fortuna" sean claramente representativos de la diversidad de actitudes existenciales que los seres humanos, individualmente o en grupo, pueden asumir. Actitud que se traduce, grosso modo, en una determinada proporción: cuanto (%) de su provenir ponen en manos de la suerte; cuanto (%) de él ponen en manos propias (***dato***: jugador empedernido en un extremo; oficio de gobernar conscientemente asumido en el otro extremo)

[210] Interesarse por la época —cuestión de poseer la necesaria ***cultura general***— equivale a prestarle atención al gran contexto dentro del cual todo lo demás se halla y ocurre. Contexto que, cuando cual gigantesca "nave" posee un claro e inteligible rumbo, entonces tanto así enriquece y facilita nuestro entendimiento del hacia dónde va todo lo que en ella, cual "pasajeros", allí se halla y ocurre, incluido todo aquello que de manera más inmediata y cercana nos concierne. Pero que cuando por el contrario... "nave" sin un claro rumbo que va al deriva, entonces tanto así queda de opacado nuestro entendimiento del hacia dónde va todo lo que precisamente nos concierne. Entre estos dos extremos así descritos están, claro está, toda la gradación de entendimientos posibles. Piénsese también que lo aquí descrito es extensible a la existencia de contextos de mayor envergadura abarcando total o parcialmente a otros de menor amplitud, con lo cual fácil es visualizar una serie escalonada de contextos que van de mayores a menores cada vez menos incluyentes, hasta arribar a los asuntos que de manera más inmediata y cercana conciernen. Se entiende de quien procure tener en sus propias manos su porvenir, que inicie su entendimiento a partir del contexto mayor que le sea pertinente a los asuntos que en cascada descendiente le conciernen de manera cada vez más inmediata y cercana. **Ejercicio**: Asumiendo los asuntos que de manera más inmediata y cercana conciernen a cierta universidad de prestigio

No se deben sólo a ustedes mismos, sino también a vuestros colegas, a vuestros jefes, y a la empresa que sirven; vuestro porte, vuestra actitud, vuestras palabras, vuestro comportamiento deben poner de manifiesto que tienen el exacto sentir de vuestra responsabilidad.

Finalmente no pierdan de vista que el matrimonio es el acto más importante de la vida civil; que de este acto dependen mucho la felicidad de la vida y el éxito mismo de la carrera; que deben esforzarse por ser dignos de una buena compañera y que deben hacer una escogencia digna de vosotros.

2º Enseñanza secundaria

La enseñanza secundaria de los liceos tiene por finalidad la *cultura general* y por sanción aprobatoria el *bachillerato*.[211] No prepara para ninguna carrera en especial. Sus alumnos están menos bien preparados que los de la escuela primaria para los puestos inferiores de la industria y en modo alguno lo están para los altos cargos. Son como una suerte de producto intermedio que necesita de una nueva elaboración para poder ser útil.

Para los futuros ingenieros, esta elaboración se lleva a cabo en las escuelas técnicas superiores, a las que los candidatos llegan luego de un año o dos de preparación especial. Si esta preparación no es la que debería ser, sea desde el punto de vista de las necesidades del Estado, sea desde el punto de vista del porvenir de la gente joven, no es al liceo a quien hay que echarle la culpa, sino a la escuela técnica superior que fija sus condiciones de admisión. El liceo está sometido al programa de enseñanza de los cursos preparatorios; no es responsable de ellos. El día en que las escuelas técnicas

---

internacional, liste escalonadamente a partir del contexto mayor pertinente, la complejidad –de hecho muy posiblemente arborescente– de los múltiples y diversos contextos que, abarcándose los unos a los otros de manera total o parcial, de mayores a menores, conviene a las autoridades universitarias tomar en cuenta a la hora de procurar entender los impactos –beneficiosos o perjudiciales– de esos contextos sobre el porvenir de la institución que dirigen.

[211] Cultura general cuyo desarrollo, en nuestra experiencia docente, creemos estar siendo profundamente descuidada en lo que atañe la formación integral de quienes habrán de ser los futuros miembros de la sociedad. **Ejercicio**: Repasar detenidamente la nota al pie anterior con miras a determinar las grandes categorías de conocimientos constitutivos de una buena cultura general. ¿Plan de estudios indicado; contenido y manera de ser transmitido?

superiores requieran menos matemáticas de sus candidatos, mayor claridad de expresión de su pensamiento y algo de administración, los liceos pondrán su enseñanza en armonía con los programas de admisión. Espero que ese día no esté muy lejano.

a) Enseñanza universitaria. – La enseñanza secundaria de la Universidad no tiene directamente en la mira a la industria. Sus alumnos se orientan hacia muy diversas carreras: la medicina, el derecho, el profesorado, el comercio, la agricultura, las escuelas industriales, el ejército, etc.

¿Ha dado la Universidad a todos estos jóvenes la cultura general que a esos efectos le fueron confiados antes de su especialización?

Desde el punto de vista industrial, el "Comité des Forges" ha respondido: No, haciendo recaer la responsabilidad en los programas adoptados en 1902. Algunos otros representantes de la actividad social han emitido opiniones contradictorias; la mayoría no ha dicho nada.

No creo que todo esté a pedir de boca en la enseñanza secundaria universitaria y estoy muy convencido, por ejemplo, de que los resultados serían mejores si en la dirección de los estudios las reglas administrativas de unidad de acción, de coordinación y de control se observasen mejor. Pero estos temas no tienen nada que ver con el programa y no creo que los programas de 1902 tengan mucho que ver con el mal del cual hay quejas. Desde este punto de vista, la enseñanza secundaria me parece mucho menos defectuosa que la enseñanza técnica superior y en mi opinión es a ésta última que el esfuerzo debe primero y sobre todo dirigirse.

b) Enseñanza especial. – Los agentes medios que la industria no encuentra entre los alumnos de la enseñanza secundaria universitaria, en gran medida los recluta de las escuelas especiales, cada vez más numerosas, cada vez más importantes, instituidas especialmente con miras a preparar buenos capataces y buenos jefes de taller. La construcción, las minas, la metalurgia, la agricultura, la química, la electricidad, el ramo textil, tienen sus escuelas especiales, locales o regionales, de donde egresan cada año un ejército de buenos sujetos. El conjunto de estos jóvenes, provenientes por lo general de una selección efectuada en el transcurso de los estudios de primaria, constituye una élite bien dispuesta para el servicio industrial. De ellos, llegan a ser jefes de empresas cierto número; algunos alcanzan las más altas posiciones industriales.

Hasta ahora la ***administración*** no ha formado parte de los programas de enseñanza de las escuelas técnicas secundarias; esta es una lamentable omisión. Destinados a llegar a ser jefes, los alumnos de estas escuelas deben poseer nociones bastante amplias acerca del arte de prever, de organizar, de mandar, de coordinar y de controlar.

3º Enseñanza primaria.

Nadie duda que una buena enseñanza primaria sea una excelente preparación para los trabajos industriales. Previo a que el Estado tomara a su cargo la enseñanza primaria, las grandes empresas generalmente tenían sus escuelas; no es que se hayan desinteresado de esta enseñanza desde entonces. Intervienen, ya sea con tratos preferenciales reservados a los mejores alumnos, ya sea con subvenciones destinadas a la creación de cursos superiores o especiales, ya sea de algún otro modo.

Hoy en día, los obreros mineros o metalúrgicos tienen tanta, sino más instrucción que la que en promedio tenían los capataces y maestros mineros medio siglo atrás. El resultado es apreciable; aún lejos del máximo posible.

Creo que sería bueno introducir en la enseñanza primaria algunas nociones de administración. Dos páginas de texto y algunos cuadros gráficos bastarían para introducir en el espíritu de los niños el germen de conocimientos que se desarrollarían de manera natural en el transcurso de la vida.

B.– PAPEL DEL TALLER (DEL PATRONO)

Recién egresado de la escuela, el agente industrial tan solo es un aprendiz, aprendiz obrero, aprendiz capataz, aprendiz ingeniero, aprendiz director. Incluso cuando ha realizado estudios especiales, su preparación es incompleta; le falta la experiencia del medio donde el factor humano y la lucha comercial tienen una importancia, de la cual es difícil dar en la escuela una idea exacta. La educación de los alumnos necesita de un complemento; tan pronto concluye el papel de la escuela, debe comenzar el del taller.

La función educadora del patrono debe ejercerse en todos los niveles; debe sin cesar estar alerta.

Es preciso descubrir las aptitudes, estimular los esfuerzos, facilitar la iniciación, el aprendizaje, recompensar el celo y el éxito, realizar una continua selección. Así se alcanza a formar un buen personal.

Cualquiera sea el nivel al cual pertenezca, un agente formado así en casa está en mucho mejores condiciones de cumplir su función que aquél otro que podría haberse traído de otra parte. Incluso al ascender internamente a los agentes que se conocen, no se está al abrigo de desengaños; pero ¡cuanto más expuesto se está trayéndolos de afuera, pese a todas las precauciones de las cuales se haya podido uno rodear!

Para la formación **técnica** de los agentes de todos los niveles, existen prácticas casi idénticas en todas las empresas similares; prácticas resultantes de la doctrina científica y de la experiencia; para instruirse, el agente tan solo tiene que abrir los ojos, reflexionar y esforzarse por cumplir bien su misión.

En cuanto a la formación **administrativa** no sucede lo mismo. La ausencia de doctrina provoca titubeos, contradicciones, en medio de las cuales a menudo difícil es ver otra cosa que la omnipotente voluntad del jefe.

Testimonio de una buena administración es la formación metódica, perseverante, de los agentes de todas las clases y de todos los grados que se necesitan. Al respecto, unos cuantos años de esfuerzos hábiles pueden dar resultados maravillosos. Lamentablemente, tampoco se necesita mucho tiempo para que una dirección torpe anule el valor de un buen personal, sobre todo desde el punto de vista administrativo.

Si el jefe predica con el ejemplo iniciando, en la medida de lo posible, a sus subordinados inmediatos en los problemas generales de la empresa; si logra que el ingeniero decida inculcar en el capataz un poco de su ciencia a cambio de las nociones experimentales que de él recibe; si logra que el capataz procure instruir a los obreros, hay grandes posibilidades de que pronto la empresa disponga de un buen personal.

C.– PAPEL DE LA FAMILIA

Como toda otra empresa, la familia tiene necesidad de administración, es decir de previsión, de organización, de mando, de coordinación y de control. La familia podría ser una excelente escuela de administración; los principios, las formas de proceder, los métodos, penetrando de manera natural en el espíritu de los niños, se constituirían en nociones transmisibles y perfectibles. Nada de esto ocurre. Al respecto cada quien cree tener nociones suficientes y deja que su inspiración le guie o deja que las cosas ocurran a merced de los acontecimientos. Desde el punto de vista administrativo, la familia proporciona ejemplos de los más variados, desde el mejor hasta el peor; y esto se repite constantemente sin progreso sensible.

Sólo una doctrina enseñada, sometida por lo tanto a la discusión pública, puede poner fin a este tanteo general que en el aislamiento de los hogares prosigue.

Sólo entonces podrá la familia desempeñar el papel que le corresponde en la formación administrativa de la juventud.

D.– PAPEL DEL ESTADO

El Estado puede contribuir a la formación administrativa de los ciudadanos por medio de sus escuelas y sus ejemplos.

Hemos visto que por lo general las escuelas del Estado hasta ahora han descuidado casi por completo la enseñanza administrativa. Por este lado todo está por hacerse.

En cuanto a los ejemplos del Estado, ellos son, como los de la familia y del taller, de valor muy diferente y variable. En los grandes departamentos de servicio nacional, la previsión, la organización, el mando, la coordinación y el control no están al alcance sino de inteligencias de élite, robustecidas de experiencia empresarial. Ahora bien, el sistema actual de reclutamiento frecuentemente lleva al poder a hombres ajenos a los quehaceres empresariales y no preparados, o apenas preparados, para, investidos de repente, estar a cargo de difíciles funciones públicas. Bajo estas condiciones, la administración es forzosamente desigual, buena, incluso quizás a veces muy buena, pero inapropiada para formular la educación administrativa de los ciudadanos.

Creo que una buena enseñanza administrativa podría mejorar esta situación.

3º Mando.

Estando el cuerpo social constituido, se trata de hacerle funcionar: tal es la misión del **mando**.[212]

Esta misión se reparte entre los diversos jefes de la empresa, teniendo cada uno la carga y la responsabilidad de su unidad.

Para cada jefe, la meta del mando es extraer el mejor partido posible de los agentes que componen su unidad, en el interés de la empresa.[213]

El **arte de mandar** estriba en ciertas cualidades personales y en el conocimiento de los principios generales de administración. Se manifiesta tanto en las pequeñas como en las grandes empresas. Tiene, como todas los demás artes, sus grados.[214] La unidad muy grande que funciona bien y proporciona su máximo rendimiento suscita la admiración

---

[212] ¿Ha de interpretarse la palabra inicial "Estando" como sugiriendo un ordenamiento temporal de los elementos? ¿primero prever, después organizar, ahora mandar y quizás luego coordinar hasta llegar a controlar? ¿Es ésta la mejor y única manera de interpretar la definición del administrar que propuso Fayol en el primer capítulo de la primera parte de AIG? **Ejercicio**: Repase los desarrollos que al respecto figuran muy al inicio del presente último capítulo de "Administración industrial y general", particularmente las implicaciones que vimos desprenderse del calificar/concebir a cada uno de los cinco verbos constitutivos de la definición cómo "elementos" del "Administrar".

[213] Esta oración definitivamente suena bastante fuerte. Para caracterizarla brevemente: suena a algo así como "exprimir naranjas". **Ejercicio**: Reflexionar acerca de las interrogantes que siguen, así como otras que se le puedan ocurrir a fin de practicar la formulación de preguntas de alta calidad: ¿Tiene el mandar diversas maneras de ocurrir, algunas más exitosas que otras a la hora de querer extraer algo de alguien? Pero, de entrada, ¿qué significado puede dárGsele a eso de "extraer algo de alguien"? ¿Supone su total pasividad? Y si no pasivo, ¿qué ha de poner de su parte para que el mando de quien mande sea exitoso? Pero entonces, ¿no significará esto que el éxito en el mandar jamás habrá de solo depender del querer y pericia de quien manda? ¿Puede quien manda tener, por así decirlo, "la última palabra"? Y si no la tiene, ¿quién? ¿No será que a la final cierta clase de acuerdo habrá de existir entre ambos, quien imparte órdenes y a quien las órdenes obligan? ¿Qué clase de acuerdo?

[214] Muy explícitamente acaba Fayol de calificar al mandar como un arte. De inmediato surge la controversia acerca de sí el mandar y por lo tanto el administrar y el gobernar, no son al menos en parte, posiblemente muy importante, más arte que ciencia o a la inversa más ciencia que arte. **Ejercicio**: Con miras a dilucidar la mencionada controversia, investigue y profundice todo lo posible en ambos, ciencia y arte, primero por separado, para luego contrastarlos y ser capaz, para algunas de las grandes áreas diferentes de la actividad humana, determinar la singularidad o combinación en cada caso requerida de arte y ciencia. Dato: ¿Cuánto de arte, cuánto de ciencia, el oficio militar? ¿Proporción en el caso de un predicador religioso? ¿Capitán/piloto de un avión a reacción? Etc.

pública. En todos los dominios, en la industria, en el ejército, en la política u otros, el mando de una unidad muy grande exige raras cualidades.

Me limitaré aquí a recordar algunos preceptos que tienen por objeto facilitar el *mando*.[215]

El jefe a cargo de un *mando* debe:

1º   Tener un profundo conocimiento de su personal;

2º   Eliminar a los incapaces;

3º   Conocer bien los convenios que vinculan a la empresa y a sus agentes;

4º   Dar el buen ejemplo;

5º   Realizar inspecciones periódicas del cuerpo social; en estas inspecciones valerse de cuadros sinópticos;

6º   Celebrar reuniones con sus principales colaboradores, en las que se preparen la unidad de dirección y la convergencia de esfuerzos;

7º   No dejarse absorber por los detalles;

8º   Apuntar a que en el personal reine la actividad, la iniciativa y la dedicación.

. . . .

1º Conocimiento profundo del personal.

Ante una gran unidad que cuente con cientos o miles de agentes, el problema en un principio parece insoluble. Pero la dificultad se encuentra singularmente reducida por el modo de constitución del cuerpo social; modo que ciertamente tiene por origen esta dificultad misma.

---

[215] Al decir "facilitar", Fayol nos anticipa tener que entender que ninguno de los preceptos que siguen reúne por sí solo la totalidad de las condiciones necesarias y suficientes que asegure un mando eficaz. Estos preceptos no causan, no aseguran la eficacia del mandar; es más: tampoco lo aseguran todos estos preceptos reunidos o cierto subconjunto de ellos.

A un jefe, cualquiera sea su nivel jerárquico, jamás corresponde ***directamente*** mandar más que a un número muy pequeño de subordinados, usualmente menos de seis. Sólo el jefe J1 (capataz o equivalente) a veces manda directamente a veinte o treinta hombres, cuando la operación es simple.

Por lo tanto no le es imposible al jefe, incluso en una empresa muy grande, estudiar a sus subordinados ***directos*** y llegar a saber lo que puede esperar de cada uno; que grado de confianza puede otorgarles.

Este estudio siempre exige cierto tiempo. Es tanto más difícil cuanto más elevado es el nivel de los subordinados, que sus funciones les alejan a los unos de los otros y más raros los contactos entre jefes y subordinados, como a veces ocurre en la cúspide de las grandes empresas. No se compagina con la ***inestabilidad*** del alto personal.

En cuanto a los subordinados ***indirectos***, es decir todos los que, de grado en grado, van hasta la base de la pirámide de la cual él es la cima y sobre los cuales su acción no se ejerce más que por la vía de intermediarios, es evidente que no puede conocer a todos individualmente y que el conocimiento que de ellos tiene se debilita en la medida que su número aumenta. Esto, sin embargo, no impide del todo la acción personal directa; la del ejemplo entre otras.[216]

---

[216] Aparte de los comentarios fácilmente comprensibles que con respecto a este primer precepto Fayol expone, ciertas preguntas previas se imponen; preguntas de gran importancia práctica acerca de lo que en general significa conocer a la gente en su individualidad. Interrogantes acerca de las cuales no conviene haber reflexionado a la ligera. **Ejercicio**: concretamente 1° ¿**Qué** ha de entenderse por "conocer a alguien"? 2° ¿**Cómo** se alcanza a conocer a alguien? 3° "Conocimiento profundo" nos dice Fayol, pero... ¿cómo ha de entenderse el calificativo de "profundo" cuando de gente se trata? ¿Tendrá algo que ver con eso de "conocer a la gente por dentro"? "Por dentro", sí, pero, ¿**adónde** se halla ese "dentro"? 4° ¿**Cómo** saber que se ha logrado conocer a alguien, hasta dónde y cuán profundamente? 5° Logrado, aunque jamás plenamente, ¿**qué** provecho(s) proporciona, **cuándo**, **cómo** y **dónde**? 6° Acerca del agente, ¿necesita el jefe saber mucho acerca de él o sólo las cosas pertinentes a la labor que de él se espera? (**indicio**: ¿Sólo la lista que Fayol presentó de cualidades y conocimientos que sustentan la capacidad del agente o algo más? Y si algo más, ¿por qué habría de ser necesario o conveniente al jefe estar al tanto de ese algo más?) La presente nota al pie mucho más exigente que lo ya planteado en la nota N° 208.

2º Eliminación de los incapaces.

Para mantener su unidad en buen estado de funcionamiento, el jefe debe eliminar o proponer la eliminación de todo agente que, por cualquier razón, se ha vuelto incapaz de cumplir bien su función. Este es un deber imperioso siempre grave, a menudo arduo.

Tomemos, por ejemplo, el caso de un antiguo empleado de alta categoría, estimado y querido, que ha prestado grandes servicios y cuyas facultades -sin que se dé clara cuenta de ello- se han debilitado al punto de dificultar la marcha de la empresa. La eliminación se ha vuelto necesaria. Pero ¿quién es el juez de esta necesidad? ¿Quién está a cargo de establecer el momento preciso de la ejecución? Sólo el jefe, sin que ningún principio, ninguna regla, oculte su responsabilidad. El recuerdo de los servicios prestados, el afecto, las repercusiones ciertas, inclinan a diferir una medida que va a sorprender y entristecer profundamente a un agente abnegado y respetado; sólo el interés general, del cual el jefe es juez y responsable, la impone sin demora. El deber está dictado; hay que cumplirlo con habilidad y valentía; esto no está al alcance de cualquiera.

El cuerpo social todo se siente alcanzado por la amputación de uno de sus miembros, sobre todo de un miembro importante. La seguridad de cada uno de los agentes se vería perturbada, su confianza en el porvenir y seguidamente, su celo, se verían disminuidos si no tuviese la convicción de que la operación era necesaria y justa.

Esta convicción, hay que transmitirla.

Para esta clase de contingencias, la empresa ha previsto compensaciones pecuniarias, satisfacciones honoríficas, funciones ligeras que permiten conservar algo de actividad. El jefe benévolo y hábil encuentra en estos recursos y en su corazón el medio para sanar las heridas de amor propio y de interés que se ha visto obligado a causar; al mismo tiempo encuentra la forma de tranquilizar a todos los miembros del cuerpo social acerca de su porvenir.

Con este ejemplo se ve que la eliminación de los miembros incapaces del personal pone en juego las más altas cualidades morales del jefe, y sobre todo cierta valentía civil que a veces es más difícil de practicar que el valor militar.[217]

3º Conocimiento profundo de los convenios que vinculan a la empresa y a los agentes.

La empresa y sus agentes están vinculados mediante convenios.

El jefe debe velar por la ejecución de estos convenios. Esto le impone un doble papel: defender el interés de la empresa respecto a sus agentes, defender el interés de los agentes respecto al patrono.

La empresa se halla expuesta a múltiples ataques causados, sea por el deseo de una mayor retribución o de un esfuerzo menor, sea por los consejos de la holgazanería, de la vanidad o de otras pasiones y debilidades humanas. De estos ataques los más temibles son aquellos que proceden del propio jefe, cuando olvida que sólo el interés de la empresa debe guiar su conducta, que debe evitar con esmero todo lo que parezca favoritismo cuando se trata de su familia, de sus camaradas, de sus amigos.[218] Para cumplir esta primera parte de su papel, el jefe necesita integridad, tacto y energía.

---

[217] **A tomar en cuenta**. En cuanto a los muy valiosos comentarios que Fayol expone relativo a éste segundo precepto y su énfasis en la eliminación de <u>agentes</u> vueltos incapaces cabe la siguiente observación. Si en lugar de sólo referirse a agentes vuelto incapaces Fayol hubiese aplicado el concepto mucho más general de "incapacidad", ello le hubiese permitido abordar una amplia gama de otras modalidades de eliminación. Un simple ejemplo: Detectar la insuficiente formación financiera en un agente permite considerar como eliminación de una incapacidad de hecho sólo <u>parcial</u>, el que haya asistido a los cursos complementarios de formación que le eran necesarios. Supuestos excelentes cursos muy bien aprovechados por el agente, la empresa habría eliminado, no a un agente, sino tan solo a una muy particular incapacidad suya. **Ejercicio**: Desarrolle unos cuantos ejemplos de otras modalidades de eliminación sustentadas, no en la eliminación de agentes como tales, sino en el concepto más general de "incapacidad" aquí introducido. (***Ejemplo***: Algo tan elemental como mejorar la iluminación de la oficina de un subalterno puede grandemente reducir su incapacidad para rendir a tiempo sus informes).

[218] Recordando la importante relación existente entre los convenios y la disciplina (repasar el 3º principio, pags.: 100-102), muy evidente resulta ser que la indisciplina más temible es la proveniente del propio jefe cuando haciendo caso omiso de su espíritu, incumple o viola alguna de las "cláusulas" de los convenios existentes, sean ellos explícitos o tácitos, impuestos o libremente asumidos por las partes. **Ejercicio**: Procure visualizar algunos de los comportamientos de los jefes que en la generalidad de las empresas ciertamente serían vistos como casos flagrantes de clara indisciplina por su parte. Cuatro

Para proteger al personal contra los posibles abusos del patrono, necesita de un conocimiento muy completo de los convenios, de un sentimiento profundo del deber, y de equidad.

La observancia atenta e inteligente de los convenios no exonera su conciencia. Buenos o malos, los convenios tan solo tienen un tiempo. Siempre llega el momento en que dejan de estar en sintonía con las condiciones económicas o sociales en curso; so pena de parar un día en algún inquietante conflicto, es preciso tener en cuenta la evolución.

Nadie está mejor situado que el jefe de unidad para observar los convenios y, si para ello tiene el poder, aconsejar o realizar las modificaciones que el tiempo y las circunstancias han vuelto necesarias.

4º El buen ejemplo del jefe.

Se entiende que todo jefe tiene el poder de hacerse obedecer. Pero muy mal servida estaría la empresa si tan solo del temor a la represión obtuviese obediencia. Para lograr una obediencia más fértil en resultados, generadora de esfuerzos espontáneos y de iniciativas concienzudas, hay otros medios.

Ciertos jefes, sin esfuerzo aparente, obtienen la obediencia, la actividad, el celo e incluso la abnegación; otros jamás lo consiguen.

Uno de los medios más eficaces de entrenamiento es el ejemplo.

Cuando el jefe da el ejemplo de la puntualidad, nadie se atreve a llegar tarde. Cuando es activo, valeroso, abnegado, se le imita, y si sabe cómo arreglárselas, logra que el trabajo se vuelva algo amable.

Pero el mal ejemplo también es contagioso y, cuando procede de arriba, las repercusiones que tiene sobre la unidad toda son de las más graves. Ésta es una de las innumerables razones que hacen desear un buen jefe.[219]

---

ejemplos de irrespeto según si el convenio es explícito o tácito, impuesto o de libre asunción. (*Ejemplo*: Tácito está que el superior no debería tener por costumbre solicitar de su asistente la realización de diligencias personales diversas que no son de la empresa).

[219] Aparte de la ya clásica razón según la cual es altamente favorecedor del aprendizaje vicario el que de los jefes provengan muy visibles buenos ejemplos a la par de evitar proyectar los malos, como lo expone

5º Inspecciones periódicas del cuerpo social.

Sería muy imprudente no hacer revisiones periódicas de todos los órganos de una máquina, sobre todo de una máquina complicada. Se estaría expuesto a malos rendimientos, a accidentes e incluso a catástrofes. La vigilancia diaria, algo superficial, no es garantía suficiente.

La necesidad de revisiones periódicas de los engranajes administrativos no es menor, pero se practican infinitamente menos. Los motivos son numerosos:

En primer lugar, no se sabe bien a qué atenerse en cuanto a la forma del modelo a adoptar. En tanto que sí se sabe muy bien lo que debe ser un órgano o una pieza de una máquina en buen estado, no se tienen por lo general nociones precisas acerca de cuál debería ser el organismo de una función, o uno de los elementos de este organismo. Acostumbrado a aspectos diversos y variables, la reparación a efectuar no se manifiesta claramente.

En segundo lugar, lo que atañe al personal generalmente exige más tiempo, mayor tacto y más energía moral que una operación material.

En las reformas del personal es preciso afirmarse en el sentimiento de una alta responsabilidad moral, que difícilmente se aviene con la inestabilidad de los jefes.

Por lo tanto es prudente tener una regla que automáticamente, por así decirlo, imponga el examen periódico del cuerpo social.

La siguiente regla responde a esta necesidad:

Fayol en los últimos tres párrafos del presente cuarto precepto, y consideramos jefes a todos aquellos que en razón de su superioridad jerárquica se encuentren a uno o más niveles por encima de cierto subordinado que —digamos— aspira a alcanzar ciertos puestos de jefatura por encima de su nivel jerárquico actual, vía ascensos merecidos y una bien planificada y ejecutada formación y desarrollos propios… **Ejercicio**: En general ¿qué mensaje implícito proviene de esos jefes, en la justa medida en que las actuaciones que les caracterizan afianzan la legitimidad de su superioridad jerárquica, provocan sinceros sentimientos de admiración en los subordinados a la par de frecuentemente ser vox pópuli el cómo lograron meritoriamente ascender a sus actuales cargos; (**Dato**: "póngase en los zapatos" del agente que aspira a elevar su nivel jerárquico).

"Todos los años, a propósito de la confección del *programa* anual, se lleva a cabo un estudio minucioso de la constitución del cuerpo social, con el empleo de cuadros sinópticos."

Los *cuadros sinópticos* representan la jerarquía de los jefes de la empresa, indicando para cada uno de ellos al superior directo y a los subordinados directos. Es una suerte de fotografía de los cuadros de mando para un momento preciso. Dos cuadros sinópticos elaborados en fechas diferentes muestran las modificaciones que durante el intervalo se han producido en la constitución del cuerpo social.

Son preciosos instrumentos para las inspecciones periódicas.

No lo son menos en la función ordinaria para evitar las formas viciosas que proceden con demasiada frecuencia de modificaciones apresuradas del organismo. Estos vicios de organización social, que difícilmente se advierten en una descripción, saltan a la vista en los *cuadros*. Son cual plantilla que no deja pasar una forma defectuosa.

Además, prestan grandes servicios desde el punto de vista del principio de la *unidad de mando*. Sabemos que la dualidad es fuente de múltiples conflictos. Ahora bien, frecuentemente la dualidad se introduce en el personal vía pequeños defectos de organización que los cuadros revelan y permiten evitar.

Los *cuadros sinópticos del personal*, que se actualizan constantemente, forman parte del modo de proceder al cual constantemente recurre un jefe de unidad, sobre todo de una gran unidad.[220]

6º Reuniones e informes.

En una *reunión* que en torno suyo agrupa a sus principales colaboradores directos, el jefe puede exponer un programa, recoger las ideas de cada quien, tomar una decisión, asegurarse de que sus órdenes se han comprendido y que cada uno conoce la parte

---

[220] Compárese la exposición de los "cuadros sinópticos" que Fayol acaba de hacer en estos últimos cinco párrafos del presente quinto precepto, con la exposición que de los mismos realizó en la sub-sección "Cuadro de organización" (pags.: 193-194); dos expresiones que por lo visto Fayol utiliza como refiriéndose a una misma cosa. **Ejercicio**: Reúna en una sola exposición las descripciones que en ambas sub-secciones hace del instrumento.

que debe tomar en su ejecución, todo esto en un tiempo diez veces menor del que hubiese necesitado para llegar al mismo resultado sin la reunión.[221]

Se puede incluso decir que si estos colaboradores son altos jefes de departamento, sin contacto frecuente entre ellos y con el jefe, como a menudo ocurre en las empresas muy grandes, no es posible, incluso a costa de mucho tiempo y de esfuerzo, obtener sin la reunión la seguridad y la fuerza que ésta puede proporcionar.

El jefe debe saber todo lo que ocurre, sea por sí mismo en la pequeña unidad, sea indirectamente en la grande.

Los informes verbales, los informes escritos, son complementos de vigilancia y control que debe saber utilizar.

7º No dejarse absorber por los detalles.

En un alto jefe un grave defecto consiste en consagrar mucho tiempo en detalles que agentes subalternos podrían ejecutar, tan bien sino mejor que él, mientras importantes problemas esperan una solución, porque no llega a encontrar tiempo para ocuparse de ellos.

Algunos creen que son muy útiles ocupándose personalmente de las cosas más pequeñas; otros no pueden acostumbrarse a creer que una cosa pueda estar bien hecha sin su intervención, y este pensamiento hace que la decisión de algunos sea dejar en suspenso los asuntos mientras están ausentes.

Despreocupándose del juicio de las personas que creen que un alto jefe siempre debe mostrarse muy atareado, debe más bien siempre procurar reservar para sí mismo la libertad de pensamiento y de acción necesarios para el estudio, la dirección y el control de los grandes asuntos empresariales.

---

[221]   A propósito de las reuniones, vemos a Fayol destacar la conducción del jefe así como los beneficios que puede extraer de ellas. Son tres los grandes propósitos de toda reunión; la realización de uno de ellos, dos de ellos o de los tres en la misma ocasión. *Son*: **1-** Reunir, compartir, discutir e integrar datos, informaciones y conocimientos provenientes de los diferentes puntos de vista, entendimientos e interpretaciones acerca del caso o situación vivida por la empresa que pudieran los asistentes manifestar; **2-** Decidir él o los cursos de acción a seguir y sus respectivos responsables **3-** Asegurar la ejecución y conducción mancomunada requerida.

Debe, sobre sus subordinados y el Estado-Mayor, descargarse de todo trabajo que no esté estrictamente obligado a efectuar por sí mismo. Jamás serán excesivos el tiempo y las fuerzas que le queden para las cuestiones que constantemente solicitan su atención personal.

No dejarse absorber por los detalles, no quiere decir que no haya que considerar los detalles. Un jefe debe saberlo todo; pero no puede ni verlo todo, ni hacerlo todo.[222] El cuidado que preste a las cosas pequeñas no debe hacerle descuidar las grandes. Al efecto es propicia una buena organización.

8º Apuntar a que en el personal reine la unión, la actividad, la iniciativa y la dedicación.[223]

El jefe puede contribuir en mucho a la unión del personal apartando los gérmenes de división que la ***dualidad de mando***, las ***atribuciones mal definidas***, los ***reproches inmerecidos***, etc., engendrarían.[224]

Puede desarrollar la ***iniciativa*** de sus subordinados cediéndoles la mayor parte de acción que la situación y capacidad de ellos permitan, incluso a costa de algunas faltas cuya importancia, por lo demás, le es posible limitar mediante una vigilancia atenta. De guiarlos discretamente sin reemplazarlos, de estimularlos con oportuna alabanza, de beneficiarlos haciendo de vez en cuando algunos sacrificios de amor propio, el jefe puede con bastante rapidez transformar hombres bien dotados en agentes de élite.

Cuidando que en todos los niveles jerárquicos lo mismo se haga, puede mejorar con bastante rapidez al conjunto del personal y prestar un servicio muy grande a la empresa.

---

[222] El oficio de gobernar está marcado por el constante enfrentar dilemas: continua exigencia de encontrar y practicar muy delicados y sutiles equilibrios de todas las clases que habrán de presentársele. **Ejercicio**: Haga explícitos dos o tres ejemplos de casos o situaciones generalmente vividas por quien gobierna y que exigen se manifieste en los jefes semejante facultad equilibrista.

[223] Octavo precepto del "facilitar el mando" presentado de una manera tan amplia como para casi involucrar al gobernar mismo del cuerpo social de la empresa.

[224] Realzando al jefe como importante artífice de la realización del catorceavo principio: la Unión del personal (Pags.: 126-128).

Por el contrario, una acogida distraída y desdeñosa, el rechazo o aplazamiento indefinido de toda propuesta no tardan en agotar las fuentes de la iniciativa y dedicación. [225]

No se precisa mucho tiempo para con una dirección hábil o torpe cambiar, para bien o para mal, las disposiciones de un personal.[226]

Muchos otros consejos podrían o podrán añadirse a los expuestos.[227] Son otros tantos medios cuya naturaleza la experiencia indica ser aptos para facilitar la tarea del jefe. No hay que olvidar que ni siquiera el mejor instrumento exime al artista.[228]

4º Coordinación.

Coordinar es establecer la armonía entre todos los actos de una empresa de manera a facilitar su funcionamiento y éxito;

Es dar al organismo material y social de cada función las proporciones que le convienen para que pueda cumplir su papel de modo seguro y económico;

---

[225] Tres párrafos que realzan las sutileza necesarias a la hora de proponerse el jefe realizar el trece avo principio, cual es la "Iniciativa" (Pag.: 125)."

[226] Muy brevemente expresado lo exigido, pero que pone de relieve los delicados equilibrios de ejecución por parte del jefe (e.g.: iniciativa concedida a los agentes de la empresa, pero sin que se traduzca en indisciplina; disciplina pero que no coarte indebidamente las iniciativas necesarias). **Ejercicio**: Exponga con cierta minuciosidad los detalles de dos o tres situaciones que polarmente opongan requerimientos a conciliar.

[227] Bien puede verse a "Administración industrial y general" como una obra en la que abundan los consejos. **Tarea del lector:** En lugar de pasar por encima de ella cual si ya se entendiese a cabalidad lo leído, ir más despacio y procurar de cada consejo, muchos de ellos muy evidentes como tales, otros textos convertibles en tales, extraer el mayor provecho posible visualizando situaciones que podrían requerir de su particular aplicación. Relecturas de la obra tras haber estado cierto tiempo alejado de ella proporciona la satisfacción de ver el crecimiento propio tenido en el ínterin.

[228] Los instrumentos, las herramientas, las técnicas, los métodos, los insumos, etc., por si solos no son suficientes. Su exitosa utilización siempre supone la posesión de un "cierto algo más". En alto grado calificaremos de artista al ejecutor. En bajo grado le llamaremos ingeniero; aquél que a partir de las ciencias que conoce deduce que hacer para alcanzar el éxito. **Ejercicio**: Mediante una escala de diez puntos, ordene una gama de oficios y actividades humanas, desde las artísticamente menos demandantes hasta las de mayor sino máxima exigencia. ¿Coincide esta gama con la que va desde oficios y actividades fácilmente enseñables hasta, para todos los efectos prácticos, los de imposible transmisión formal a nuevos aspirantes?

Es tomar en cuenta para una operación cualquiera -técnica, comercial, financiera u otra- las obligaciones y consecuencias que esta operación acarrea para todas las funciones de la empresa;

Es proporcionar los gastos a los recursos financieros, la amplitud de los inmuebles y herramientas a las necesidades de fabricación, los suministros al consumo, las ventas a la producción;

Es construir la casa ni demasiado pequeña, ni demasiado grande, adaptar la herramienta a su empleo, la vía al vehículo, los procedimientos de seguridad a los peligros;

Es subordinar lo accesorio a lo principal;

Es, en suma, dar a las cosas y a los actos las proporciones que convienen, adecuar los medios a los fines.[229]

En una empresa bien coordinada se comprueban los hechos siguientes:[230]

---

[229] Son siete los párrafos que introducen al elemento coordinación; párrafos de los cuales, Ud., en cuanto lector, debería ser capaz de extraer al que podríamos calificar de "espíritu" de la coordinación, alcanzando así un significado más amplio y profundo que el usualmente entendido como la simple articulación de operaciones y actividades. Por ejemplo: ¿Acaso no podríamos considerar como un coordinar la actuación de un superior conducente a la disolución de un fuerte conflicto entre dos de sus subordinados? **Ejercicio**: En cada uno de los siete párrafos figuran palabras clave. Subráyelas. Consideradas en su conjunto, ¿cree Ud. posible reunirlas en un solo gran término que pudiese expresar el "espíritu" de la coordinación? A la luz de esa, expresable o no, concepción más profunda y amplia, desarrolle unos cuantos otros ejemplos de coordinación muy distintos a los usualmente así considerados por la concepción corriente.

[230] **Ejercicio**: Leer con mucho cuidado las tres descripciones –párrafos a, b y c– que resumen la empresa bien coordinada. A los efectos de contrastar las dos situaciones polarmente opuestas descritas por Fayol, ayudará también leer los tres –párrafos d, e y f– que ponen de relieve la falta de coordinación en una empresa. Ahora bien, supuesta la existencia teórica de una empresa perfectamente coordinada hasta el más mínimo detalle, ¿cuál podría considerarse ser la resultante global del sinnúmero de coordinaciones de todas las clases, grados y niveles, sincrónicas y diacrónicas, de facto existentes en ésta empresa? **Inténtelo**: Reducida a una muy pocas palabras –óptimamente una sola– ¿no podría tal resultante global ser la más clara expresión del "espíritu" de la coordinación, –noción introducida en la nota al pie anterior– que le permitiese a todos y cada uno de los miembros del cuerpo social de la empresa –sobre todo a los de alta jerarquía– entender con toda claridad su cuota parte de contribución a la realización, cual norte segundo al cual apuntar, de una empresa perfectamente coordinada?

a) Cada departamento marcha de acuerdo con los demás: el departamento de suministros sabe lo que debe proveer y en qué momento; el departamento de producción sabe lo que se espera de él; el departamento de mantenimiento cuida que el material y las herramientas estén en buen estado; el departamento financiero procura los capitales necesarios; el departamento de seguridad asegura la protección de los bienes y de las personas; todas las operaciones se efectúan con orden y seguridad.

b) En cada departamento, las divisiones y subdivisiones están informadas con exactitud acerca de su participación en la obra común y sobre la ayuda mutua que deben prestarse.

c) El programa que gobierna el funcionamiento de los diversos departamentos y de las subdivisiones de cada departamento constantemente se armoniza con las circunstancias.

Tal resultado exige una dirección inteligente, experimentada y activa.[231]

Cabe creer que estas tres condiciones no siempre se cumplen ya que, en ciertas empresas, pueden observarse los siguientes signos de una indiscutible falta de coordinación:

d) Cada departamento ignora y quiere ignorar a los demás. Funciona cual si él mismo fuese su propia finalidad y razón de ser, sin que le preocupen ni los departamentos vecinos, ni el conjunto de la empresa.

e) Las divisiones y las oficinas de un mismo departamento, así como los diferentes departamentos, existen cuál compartimientos estancos. La gran preocupación de cada unidad es poner a salvo su responsabilidad personal tras un escrito, una orden o una circular.

---

[231] En este brevísimo párrafo obsérvese destacada de manera muy especial la importancia de la palabra "dirección". Y sin embargo, aunque utilizada con cierta frecuencia a lo largo de la obra, no resulta estar incluida en la lista de los términos clave del lenguaje desarrollados por Fayol. A estos efectos, recomendable a todo lo largo de su lectura y relecturas de la presente traducción mantener siempre muy presente la detallada explicación de las palabras y términos utilizados por Fayol muy al inicio del libro (Introducción general, sexta dificultad, pags.: 015-021).

f) Nadie piensa en el interés general. La iniciativa y la dedicación están ausentes.

Esta disposición del personal, desastrosa para la empresa, no resulta de una voluntad concertada de antemano. Es el desenlace de una coordinación nula o insuficiente.

Un buen personal no tarda en decaer si no se le recuerdan constantemente sus obligaciones para con la empresa y hacia todos los miembros del cuerpo social.

Uno de los mejores medios para mantener apresto al personal y facilitarle el cumplimiento de su deber es la reunión de los jefes de departamento.

Reunión semanal de los jefes de departamento. – La reunión de los jefes de departamento tiene por finalidad informar a la dirección sobre el funcionamiento de la empresa, precisar el concurso que los diversos departamentos se deben entre sí, y aprovechar la presencia de los jefes para resolver diversos problemas de interés común.

No se trata, en estas reuniones, de preparar el programa de acción de la empresa, sino de facilitar la realización de este programa conforme se desarrollan los acontecimientos. Cada reunión no prolonga su acción más que sobre un corto período –usualmente una semana– durante el cual lo que se trata es de asegurar la armonía de los actos y la convergencia de los esfuerzos.

A título de muestra, he aquí la práctica seguida al respecto en los diversos establecimientos de una gran empresa minera y metalúrgica donde ha dado excelentes resultados.

En cada establecimiento –mina o fábrica– todos los jefes de departamento se reúnen una vez por semana, en fecha fija, bajo la presidencia del director.

Cada jefe de departamento expone a su vez la marcha de su departamento, las dificultades que enfrenta, la asistencia que requiere y las soluciones que propone. El director solicita la opinión de todos sobre las cuestiones que se presentan o que él mismo plantea.

Tras la discusión se decide. Queda entendido que ningún asunto desaparecerá del orden del día por simple olvido.

Para cada sesión se levanta un acta y leída al inicio de la sesión siguiente. Generalmente esta acta es elaborada por un secretario que no es jefe de departamento.

La sesión siempre tiene lugar en la fecha pautada, incluso si el director no puede asistir. Entonces lo reemplaza un suplente designado de antemano.

En la *reunión* están presentes los jefes de fabricación o de explotación, de suministros, de ventas, de mantenimiento, de nuevas construcciones, etc.

Gracias a estas competencias reunidas, el director puede al examen de cada asunto dar una amplitud, una precisión y una rapidez que no podrían obtenerse de otro modo. En un tiempo relativamente corto –alrededor de una hora– el director queda informado sobre la marcha general de los negocios; puede tomar decisiones que son a la vez de interés para varios departamentos y precisar los concursos que los diversos departamentos deben prestarse. – Cada jefe de departamento se retira a sabiendas de lo que debe hacer, teniendo en mente que ocho días más tarde regresará para rendir cuentas acerca de lo hecho por él.

Esta cohesión no podría obtenerse sin reunión, fuesen empleados diez veces más tiempo y esfuerzos.

Es así que por lo general el director cuida mucho este precioso instrumento. Prepara la reunión anotando por adelantado los asuntos que allí serán tratados, y cuida la redacción del acta. Hace los esfuerzos necesarios para que siempre haya cortesía en la discusión y sea interesante para todos.

Una reunión bien dirigida siempre es útil. Pero se necesita cierto talento sin el cual puede transcurrir sin brillo, fastidiosa y estéril. Supuestas iguales todas las demás cosas, el director que sabe extraer buen partido de las reuniones es muy superior al que no lo sabe.[232]

---

[232] Reuniones exitosas suponen un hábil conductor.

La experiencia me ha enseñado que una reunión de *coordinación* semanal basta para establecimientos mineros o metalúrgicos que emplean unos cuantos centenares o unos cuantos miles de agentes.

La observación me ha convencido que, con un personal equivalente al de los establecimientos mencionados, una reunión semanal conviene igualmente para la coordinación de las empresas de cualquier clase.

Creo que, desde el punto de vista de la coordinación, *la reunión semanal de los jefes de departamento* se impone en las más grandes unidades, en los ministerios y en el propio gobierno.[233]

Para todas las empresas haría de ella una obligación de rigor.

Agentes de enlace. – Pero para que la reunión tenga lugar es preciso que ninguna imposibilidad de distancia u otra se oponga a la reunión de los jefes de departamento.

Si tan solo hay dificultad, se pueden espaciar las sesiones; si hay imposibilidad, es necesario reemplazar en la medida de lo posible la reunión por *agentes de enlace*.

El mejor de los agentes de enlace sería el propio director acudiendo sucesivamente a cada uno de los jefes de departamento; pero las obligaciones de su cargo por lo general no le permiten imponerse tales desplazamientos.

Por tanto hay que recurrir a otros agentes; según las circunstancias, serán hombres de alto valor o agentes ordinarios.

Por lo general los agentes de enlace forman parte del Estado-Mayor, cuyas atribuciones y funcionamiento ya hemos estudiado.

En la empresa muy grande compuesta de establecimientos distintos y más o menos alejados los unos de los otros, la *coordinación* queda asegurada con la acción combinada de la dirección general, que vela por el conjunto, y de las direcciones locales que se dedican a la prosperidad de cada una de las partes.

---

[233] "… en los ministerios y en el propio gobierno." A lo largo de AIG Fayol no pierde oportunidad para extender sus recomendaciones a realidades otras que las empresas del sector privado; particularmente aplicables a sus no muy bien disimuladas insistencias en las deficiencias del sector público.

También allí, más aún quizás que en el caso del establecimiento único, es importante aprovechar la fuerza que proporciona la reunión.

Para hacer que reine la armonía entre las diversas partes del organismo material o social de una empresa muy grande, entre su poder técnico, su poder comercial y su poder financiero, entre sus diversas operaciones, no solo es necesario un buen programa y una buena organización, sino también una constante coordinación. Sin cesar se tienen que equilibrar las fuerzas en juego; evitar que inesperadamente, debido a una medida aplicada sobre un solo punto, la marcha del conjunto se vea perturbada.

Ningún proceder es superior a la reunión para asegurar la unidad de dirección y la convergencia de los esfuerzos, para inspirar colaboración espontánea en los diversos jefes de departamento llamados a perseguir un fin común. Desaparecen los compartimientos estancos cuando todos los jefes de departamento han de explicarse y entenderse en presencia de la autoridad superior.

La ***reunión de los jefes de departamento*** es para la coordinación lo que el ***programa de acción*** es para la previsión, y lo que los ***cuadros sinópticos del personal*** son para la organización social, es decir señal característica e instrumento esencial. Si la señal está ausente, grandes son las probabilidades de que la función se esté cumpliendo mal. La presencia de la señal no es garantía absoluta de buen funcionamiento; es necesario además que el jefe sepa servirse bien del instrumento. El arte de manejar estos diversos instrumentos es una de las cualidades del administrador.[234]

5º Control.

En una empresa, el ***control*** consiste en verificar si todo ocurre conforme al programa adoptado, a las órdenes impartidas y a los principios admitidos.[235]

---

[234] Desde los tiempos de Fayol y Taylor el campo ha visto multiplicarse enormemente el número y diversidad de herramientas, cuantitativas y cualitativas, especializadas para cada área del campo. No se las puede dominar todas, pero hay que saber cuales existen y el contexto o situación que amerita su inteligente aplicación, así como saber recurrir a los expertos en su utilización.

[235] **Ejercicio**: Comparar esta presentación del "control" con la muy breve ya hecha por Fayol acerca del "controlar" en el capítulo 1 de la 1ª parte de AIG (pag.: 062) en ocasión al desglose de la muy explícita primera definición del "administrar" propuesta en términos de sus cinco elementos.

Tiene por finalidad señalar las faltas y los errores a fin de poder repararlos y evitar su retorno.[236, 237]

Se aplica a todo, a las cosas, a las personas, a los actos.[238] Desde el punto de vista **administrativo**, hay que asegurarse que el programa existe, que se aplica y mantiene al

---

[236] Poder reparar faltas y errores hasta donde sea posible, ciertamente, pero de gran importancia: "...evitar su retorno". Es así que se nos presenta como evidente que la finalidad última de controlar es aprender. **Ejercicio**: En la literatura correspondiente Ud. encontrará una diversidad de definiciones acerca del concepto "aprendizaje", sin a la final saber a cual atenerse. Se le propone el siguiente ejercicio. En lugar de formular o procurar encontrar una definición conceptual plenamente satisfactoria ya hecha, cosa quizás poco plausible, darle una vuelta significativa a cómo abordar el asunto y que la interrogante a contestar sea la siguiente: en relación a cualquier acto particular, tangible o intangible, complejo o sencillo, ¿qué significa haber aprendido lo que correspondía?". Expresada así, en tiempo pretérito y en términos de lo experimentado por el propio actor, a lo que hay que apuntar, en lugar de a la abstracción de un concepto, es a la elaboración de una muy precisa descripción de lo aprendido en el caso particular del cual se trate. A fin de practicar, seleccione unos pocos ejemplos que involucren actuaciones de carácter tangible, sencillas o complejas, y elabore la descripción correspondiente de lo aprendido (ejemplo: cocinar cierto manjar según su correspondiente receta luego de fallido el primer intento). Igualmente, para practicar, seleccione unos cuantos ejemplos que involucren actuaciones de carácter intangible, sencillas o complejas, y elabore la descripción correspondiente de lo aprendido (ejemplo: un economista, tras el estudio teórico de lo que son los modelos econométricos y como primera experiencia práctica haber desarrollado uno para el Estado que más directamente le concierne, haberlo corrido en diversas ocasiones y comprobado su escaso poder predictivo).

[237] Cabe preguntar: ¿sólo procurar haber aprendido algo cuando se trate de actuaciones no exitosas como las explicadas en la nota al pie anterior? ¡Pues no! Siempre conviene mantener en mente que la suerte habida, la que Maquiavelo denomina "fortuna", puede haber intervenido del mil maneras en el resultado final de cualquier actuación. Que nunca puede el actor pretender que la totalidad del éxito alcanzado se deba exclusivamente al mérito propio, a lo que provino se sí mismo, a lo que Maquiavelo denomina "virtud". **Ejercicio**: Con nuevos o con los mismos ejemplos desarrollados a los efectos del ejercicio propuesto en la nota al pie anterior, en cada caso determine en primer lugar, posibles intervenciones clave que la buena o mala suerte pudiera haber tenido sobre el resultado final "favorable" o "perjudicial" de la actuación realizada y, seguidamente elabore la descripción de lo que debería procurar el actor haber aprendido de esa primera actuación para que cuando más adelante lleve a cabo una actuación de la misma clase, sea el propio actor quien intencionalmente provoque la presencia de los factores favorables y evite la ocurrencia de los perjudiciales, antes simples productos de la sola suerte.

[238] "Se aplica a todo, a las cosas, a las personas, a los actos", así inicia Fayol lo que expresa en los siguientes seis párrafos. Habría que añadir que controlar ocurre de un sinnúmero de maneras. **Ejercicio**: Es de esperar que haya leído con especial detenimiento cada uno de esos seis párrafos, precisamente los correspondientes a los seis grandes grupos de operaciones o funciones esenciales. Procure meditar y visualizar lo que en cada caso controlar supone y cómo ocurre. En ninguno de estos párrafos ha

día, que el organismo social está completo, que los cuadros sinópticos del personal se emplean, que el mando se ejerce según los principios, que las reuniones de coordinación se llevan a cabo, etc., etc.

Desde el punto de vista **comercial** hay que asegurarse que los ingresos y egresos de materiales están con exactitud apreciados en cuanto a cantidades, calidades y precios, que los inventarios están bien hechos, que los compromisos se cumplen como es debido, etc.

Desde el punto de vista **técnico**, hay que observar cómo marchan las operaciones, sus resultados, sus discrepancias, el estado del mantenimiento, el funcionamiento del personal y de las máquinas, etc.

Desde el punto de vista **financiero**, el control recae sobre los libros y la caja, sobre los recursos y las necesidades, sobre el empleo de los fondos, etc.

Desde el punto de vista de la **seguridad**, hay que asegurarse que los medios adoptados para proteger los bienes y las personas se hallan en buen estado de funcionamiento.

Finalmente, desde el punto de vista de la **contabilidad**, hay que comprobar que los documentos necesarios llegan con rapidez, que proveen una clara visión de la situación de la empresa, que el control encuentra en los libros, en las estadísticas y diagramas buenos elementos de verificación y que no existe ningún documento o estadística inútil.

Todas estas operaciones, en tanto puedan ser ejecutadas por el jefe de la empresa y sus colaboradores jerarquizados, son competencia de la **supervisión**. En una empresa metalúrgica, por ejemplo, el mineral que ingresa en la fábrica es objeto de una recepción por parte del departamento técnico; los productos elaborados se someten al control del departamento comercial antes de ser puestos a la venta. Cada departamento supervisa a sus agentes. La autoridad superior tiene la vista puesta en todo.

---

pretendido Fayol agotar todo lo susceptible de control, pero confirma la seriedad con la que ha de entenderse la clausula inicial "Se aplica a todo,..." con la cual inició su exposición.

Pero cuando ciertas operaciones de control llegan a ser demasiado numerosas, o demasiado complejas, o demasiado extensas como para poder ser ejecutadas por los agentes ordinarios de los diversos departamentos, es preciso recurrir a agentes especiales denominados **agente de control** o **inspector**.

Ocupándome aquí únicamente de administración, no me detengo sobre el control que se ejerce entre dos empresas diferentes y que, por generalmente referirse a las recepciones de mercancías, es incumbencia del departamento comercial. Sobre todo tengo puesta la vista en el control interior, aquél que tiene por finalidad contribuir a la buena marcha de cada departamento en particular y de la empresa en general.

Para que el control sea eficaz, es preciso que se realice en tiempo útil y seguido de sanciones.

Es muy evidente que el control, incluso muy bien realizado, habrá sido una operación inútil si sus conclusiones llegan demasiado tarde para que sea posible utilizarlas.

No menos evidente es la inutilidad del control si las conclusiones prácticas que de él se desprenden son voluntariamente desatendidas.

Estas dos faltas son de las que una buena administración no deja cometer.

Otro peligro a evitar es que el control se inmiscuya en la dirección y la ejecución de los departamentos.

Esta intrusión constituye la **dualidad de dirección** bajo su aspecto más temible: de un lado, el control irresponsable y sin embargo provisto del poder para perjudicar, a veces dentro de holgados límites; del otro, el departamento ejecutor que no dispone sino de débiles medios de defensa contra un control malintencionado. La tendencia del control a la intrusión es bastante frecuente sobre todo en las grandes empresas, y puede tener consecuencias de las más graves. Para combatirla es necesario primero definir de una manera tan precisa como sea posible las atribuciones del control, indicando bien los límites que no debe traspasar; la autoridad superior tiene luego que vigilar el uso que el control hace de sus poderes.[239]

Conociendo la finalidad del control y las condiciones dentro de las cuales debe ser ejercido, podemos deducir que el buen agente de control debe ser competente e imparcial.

La ***competencia*** del agente de control no requiere demostración. Para juzgar la calidad de un objeto, evaluar un procedimiento de fabricación, la claridad de los registros, los medios de mando empleados, es preciso, evidentemente, en cada caso, estar provisto de la competencia adecuada.

La ***imparcialidad*** tiene por fundamento una conciencia recta y una completa independencia del agente de control con respecto al controlado. El control se presta a sospecha cuando, cualquiera sea el nivel, el agente de control depende del controlado, e incluso cuando solamente existen entre ambos relaciones demasiado estrechas de interés, de parentesco o de camaradería.[240]

Tales son las principales condiciones que el agente de control debe llenar; incluyen la competencia, el sentimiento del deber, la independencia respecto al controlado, juicio y tacto.

---

[239] Un párrafo muy breve acompañado por otro más largo para prevenir posibles y hasta graves abusos del control. Usualmente representado mediante cajas transversales en los usualmente denominados organigramas y al igual que otras funciones de apoyo, el control no es parte de la organización de línea, la cual muestra los diferentes niveles de supervisión jerárquicos existentes en la empresa así como los distintos departamentos en cada nivel y sus correspondientes jefes. El control es pues parte de la organización de apoyo. ¿Apoyo a quien? A cada uno de los jefes de línea, usualmente los más altos, poseedores de una organización de apoyo, la que Fayol denomina Estado Mayor. Jefes de línea que además de estar a cargo de dirigir las operaciones de sus respectivos departamentos o divisiones, se nutren de los insumos provistos por su organización de apoyo, a la par de supervisar de cerca su comportamiento a fin de impedir que por estar cerca suyo ejerzan ilegítima autoridad inmiscuyéndose en las operaciones de los distintos departamentos de línea. Cualquier acción o sanción que el control sugiera es sometida al jefe correspondiente, quien de créelas convenientes en naturaleza y oportunidad decide ponerlas en práctica. El control sugiere todo lo que persuasivamente quiera y pueda, pero no ejecuta ni aplica sanción alguna.

[240] En el mundo de la política nada infrecuente es observar como el poder ejecutivo tiende a poder y evidencia esfuerzos por limitar, incluso impedir el control que sobre él corresponde a los poderes legislativo y judicial ejercer.

Bien ejecutado, el control es un precioso auxiliar de la dirección; puede suministrarle ciertas informaciones necesarias que la supervisión jerárquica sería a veces incapaz de suministrar. Puede ejercerse sobre toda cosa; de la dirección depende que su funcionamiento sea eficaz. Un buen control previene sorpresas enojosas que podrían degenerar en catástrofes.

A propósito de cualquier operación, no importa cual, siempre es bueno poder responder esta pregunta: "¿cómo se ejerce el control?"

Por aplicarse a todas las operaciones, cualquiera sea su naturaleza, y a los agentes de todo nivel, el control se ejerce de mil maneras diferentes. Al igual que los demás elementos de la ***administración*** –previsión, organización, mando y coordinación– exige siempre una atención sostenida y a menudo mucho arte.

Al respeto tendré ocasión de citar algunos ejemplos en la tercera parte de estos estudios.

En la primera parte de estos estudios procuré establecer la necesidad y la posibilidad de una enseñanza administrativa.

En la segunda parte he indicado cual podría ser esta enseñanza.

En la tercera parte expondré cómo he acumulado, en el transcurso de una larga carrera industrial, los materiales para esta obra.

En la cuarta parte, extraeré de los hechos recientes nuevas pruebas de la utilidad de una enseñanza administrativa.[241]

---

[241] De la tercera parte disponible está en el internet un crudo largo borrador; de la cuarta parte apenas un muy breve párrafo.